新围棋阶梯培训教程

（初级篇）

苏 旷 金玉龙 编著

辽宁科学技术出版社
沈 阳

图书在版编目（CIP）数据

新围棋阶梯培训教程. 初级篇 / 苏旷，金玉龙编著. —沈阳：辽宁科学技术出版社，2023. 6
ISBN 978-7-5591-3013-6

Ⅰ. ①新…　Ⅱ. ①苏…　②金…　Ⅲ. ①围棋—教材　Ⅳ. ①G891.3

中国国家版本馆CIP数据核字（2023）第090055号

出版发行：辽宁科学技术出版社
（地址：沈阳市和平区十一纬路25号　邮编：110003）
印 刷 者：辽宁新华印务有限公司
经 销 者：各地新华书店
幅面尺寸：170 mm × 240mm
印　　张：12
字　　数：200千字
印　　数：1-4 000
出版时间：2023年6月第1版
印刷时间：2023年6月第1次印刷
责任编辑：于天文
封面设计：潘国文
版式设计：颖　溢
责任校对：尹　昭　王春茹

书　　号：ISBN 978-7-5591-3013-6
定　　价：48.00元

联系电话：024-23284740
邮购热线：024-23284502
E-mail:mozi4888@126.com
http://www.lnkj.com.cn

序言

围棋历史悠久，源远流长。它是一种有胜负的游戏，其教育功能也被越来越多的人接受和认可。它对学习者的思维习惯、观察能力、计算能力、判断能力和心理素质的养成，有着重要的意义。

当前，围棋教学图书种类繁多，但能帮助爱好者们从入门到成为业余高手的阶梯式教学图书，寥若晨星。

本书编者从学习围棋到从事围棋教学工作已有20余年，具有扎实的围棋理论功底和丰富的实战教学经验，对于一名普通围棋爱好者从初级到中级、段位、高级各时期所应掌握的知识点驾轻就熟，了然于胸。编者结合多年的悉心教学与苦心钻研，总结出了这套阶梯式围棋教程。新围棋阶梯培训教程包括4册，分别是：入门篇、初级篇、段位篇、高级篇。

· 入门篇适合零基础到5级读者阅读，内容包括入门基础知识，基本围棋技术，配练习题和答案（分析讲解）。

· 初级篇适合5级到1段读者阅读，内容包括基本定式，围棋术语导入技术讲解，官子基础，数地和初步大局观概念，配练习题和答案。

· 段位篇适合1段到3段读者阅读，内容包括常用定式，布局分析，中盘手筋应用（战术常型），初级官子等。

· 高级篇适合3段以上读者阅读，内容包括定式之后变化（打入与攻防）演练，对局思路，中级官子等。

希望可以帮助广大围棋爱好者在各个阶段都可以更为系统地了解、学习、掌握围棋知识，探索围棋中的奥妙，在浩瀚的棋海中纹枰论道，快乐博弈!

目录

第一章　常用定式

在本节我们继初级教程后继续学习一些常用的定式，来进一步加强布局的变化与选择的多样性。

一、星位定式

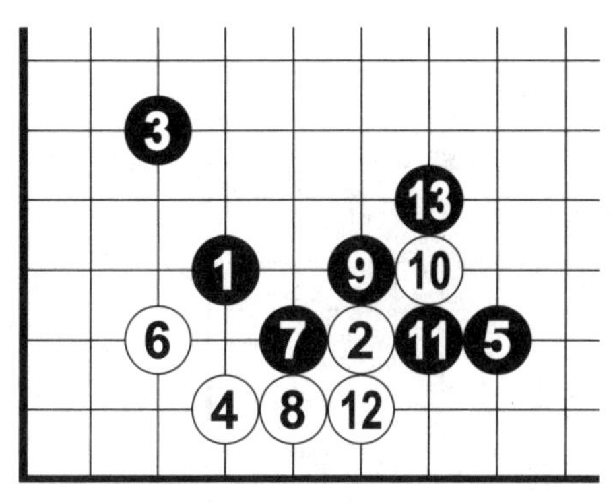

图1–1

如图1–1所示，是星位的一种常见定式。黑1星位占角，意图控制角部；白2小飞挂角，影响黑方角的发展，并意图后续进攻；黑3小飞守角，保护角的另一个方向；白4小飞进角，夺取黑方地盘；黑5一间低夹，攻击白棋并以此建立外势；白6三三抢角，夺取黑棋角部实地；黑7尖顶，为包围白棋做好准备；白8挡，防止被断掉；黑9扳，防止白棋跑出；白10扳，为黑棋的包围圈留下隐患；黑11断打；白12粘；黑13征吃。

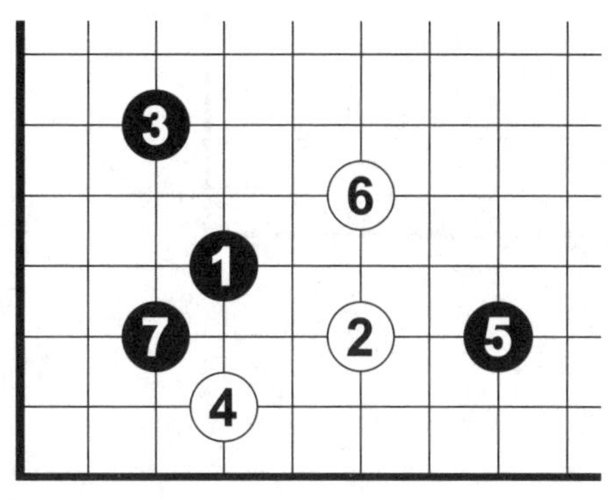

图1–2

上图的白6不能下在图1–2所示跳的位置，若这样的话，黑棋马上把角上补掉，再加上黑5的夹击，白棋缺乏眼位以后会成为黑棋的进攻目标。

此定式的白10也可以不扳，这样会形成图1–3所示的棋形，此形也是定式。但为什么图1–1所示的白棋要扳一下呢？

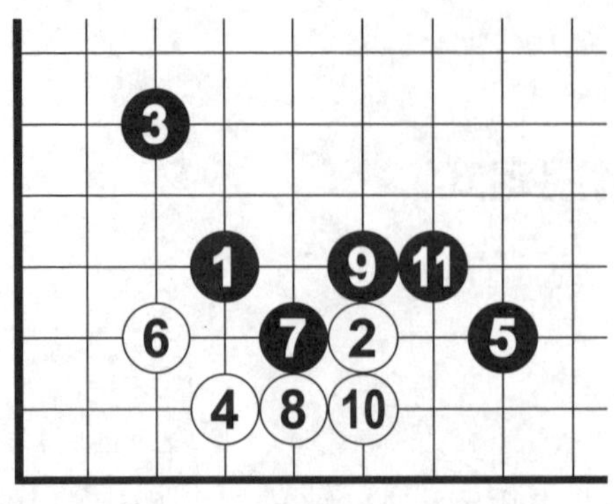

图1–3

如图1–4所示，左下角此定式进行完后，白棋在14位挂角，正好起到引征作用。如果黑棋在A处提子，则白棋可以在B、C处进攻黑角；若黑棋防守右上角，则白棋可以伺机跑出白10一子。所以在实战中黑棋以后要想办法找机会去补这个引征，这样白棋就能抢到先手（也就是先在它处下棋的权利）。

关于先手和后手的问题我们会在后边讨论。

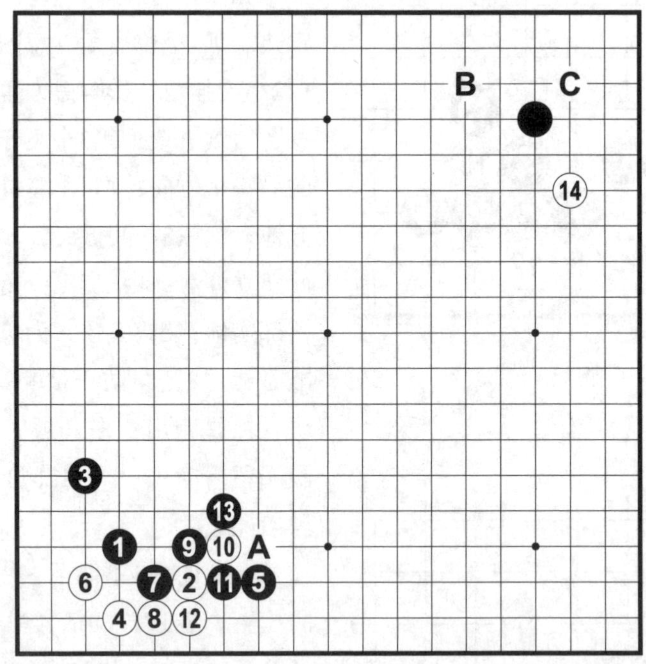

图1–4

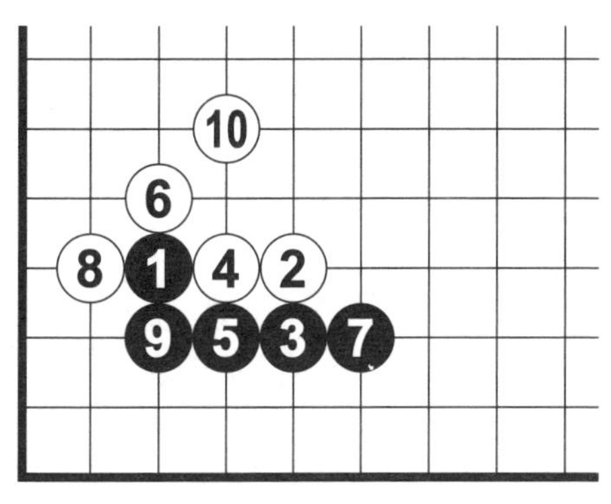

图1–5

二、小目定式

如图1–5所示，黑1小目占角，意图稳固地控制角部；白2单关挂角，影响黑方角的发展，尤其是阻止黑棋形成无忧角并意图后续进攻；黑3托，扩大角部实地；白4顶，加强自身并使黑棋变弱；黑5挡，防守地盘；白6扳，构筑外势；黑7长，防止被白棋全部包围；白8打吃，加强此侧外势；黑9粘，补强角部；白10虎，补断点。

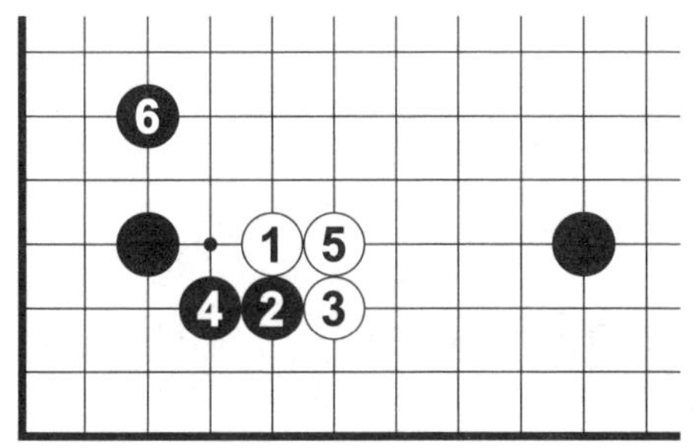

图1–6

如图1–6所示，白棋按照正常的托退定式进行的话，行至黑6后白棋无法正常拆三，如果委屈地去拆一白棋太苦。

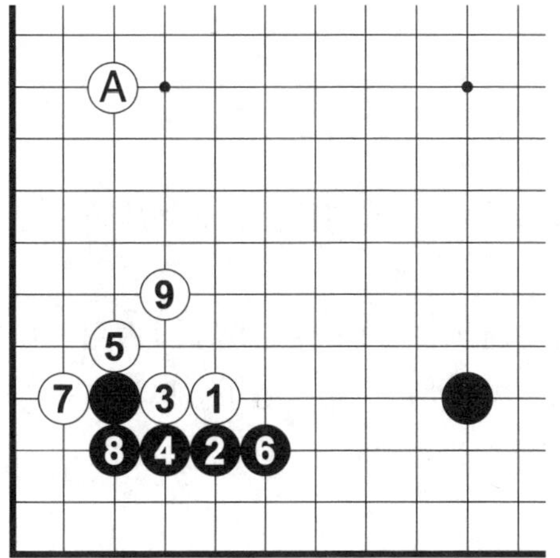

图1–7

那么这个时候可以考虑下转换方向。如图1–7所示，如此进行A处区域无黑棋存在，白棋安全且以后也可以抢A的斜拆扩大地盘。

所以，此定式的学习能帮助大家丰富一下小目定式的选择，增加实战的应对能力。

第二章　中盘

第一节　基础术语

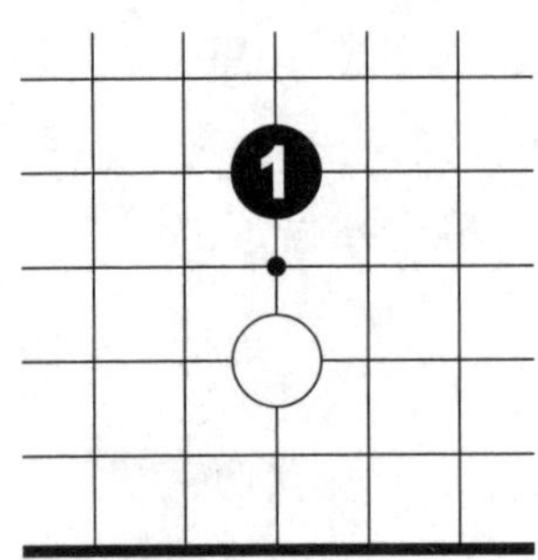

图2–1–1

一、镇

以单关的形式下在对方棋子的上方。

如图2–1–1所示，黑1即为镇。因镇是下在对方棋子的上方，所以其与压的作用类似，限制对方向中央发展。

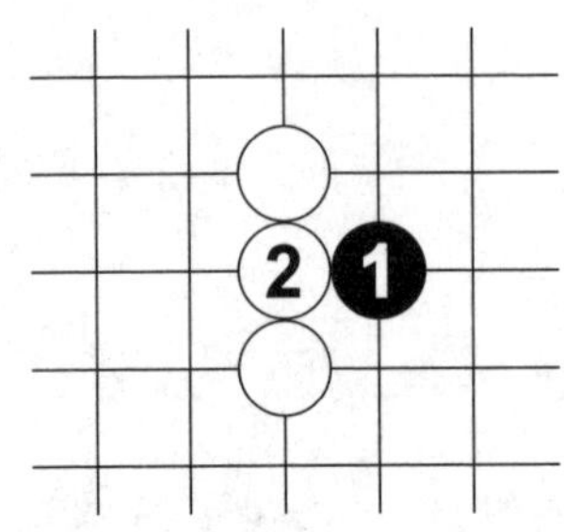

图2–1–2

二、刺

走在对方断点的外侧，逼迫对方补棋，使其变成坏形的下法。

如图2–1–2所示，黑1即为刺。刺的作用一般是用来降低对方棋的效率，或为以后行棋留有头绪。

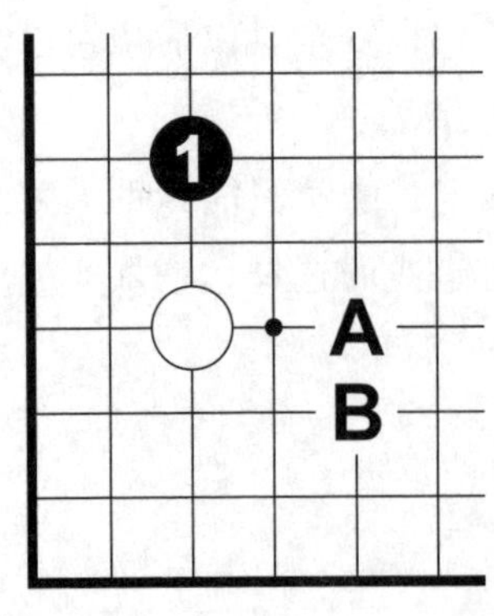

图2–1–3

三、逼

逼迫对方向另一个方向行棋，起到压迫、追赶的作用。

如图2–1–3所示，黑1逼住白棋小目占角，白棋大体可以在A、B等处补一着，防止被黑棋夹击，这样黑棋就限制了白棋在黑1一侧的发展。

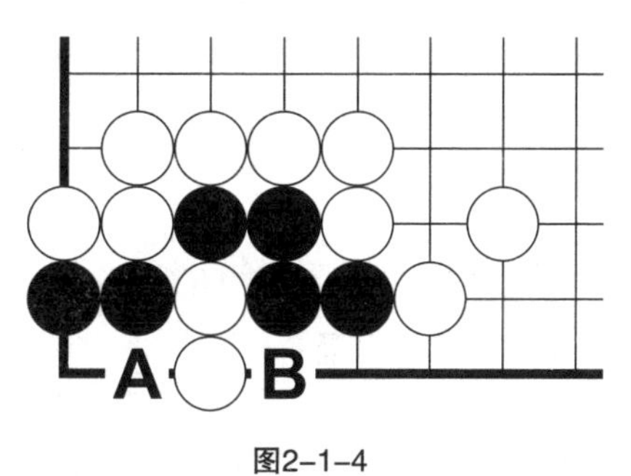

图2-1-4

四、不入气

下在一个位置后，这块棋只有一口气，那么这个位置称为不入气。

如图2-1-4所示，黑棋是可以下在A、B两处的，但是不论下在哪里，黑棋那块棋就会变成一口气，会被白棋直接提掉。A、B两处对于黑棋来讲就是不入气。

这里强调一个问题，初学围棋者可能会将禁入点与不入气弄混。禁入点是不能下的；不入气的位置是可以下的，只不过很多情况下不敢去随意下，因为会被吃。

但有的不入气位置下了之后会带来益处，比如扑。扑就是一种很简单的不入气下法，这种不入气能起到减少对手气的有益作用。

所以不入气不是像禁入点那样不能去下，而是要谨慎地思考好下了是否有意义。

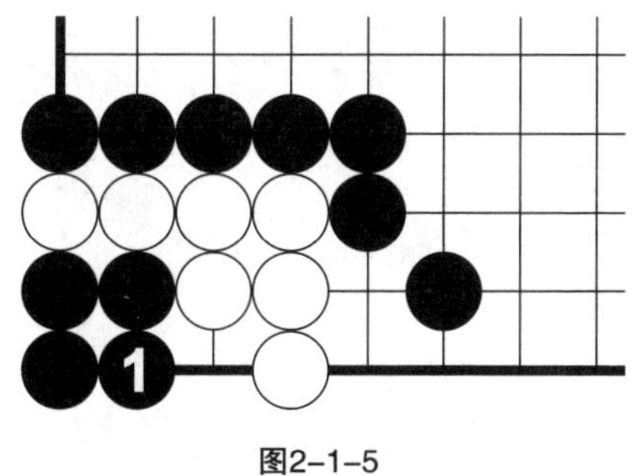

图2-1-5

五、团

局部形成一个聚堆棋形的下法。

如图2-1-5所示，黑1即是团。黑1团后，在角里形成方四棋形，白棋角里已经无法做活；如果黑棋不在这团的话，选择在外围紧气，白棋就可以提子做活了。

团这种下法其实就是在局部做了一个形状聚堆的坏形，平时我们很不希望自己下出这类形状，但是在有些特殊局面下这类下法往往能起到积极效果。

所以围棋的所有下法并没有好与坏之分，每步棋都应该根据当时的局面来选择具体用哪种下法，在有效的地方下出有效的下法才是我们要去做的。

六、先手与后手

我方下一步棋之后对方必须跟着应，这种棋称为先手；反之，对方不用理睬的就是后手。下棋的时候一定要争取多下先手，才能争抢更多地盘和主动权。

第二节　挖

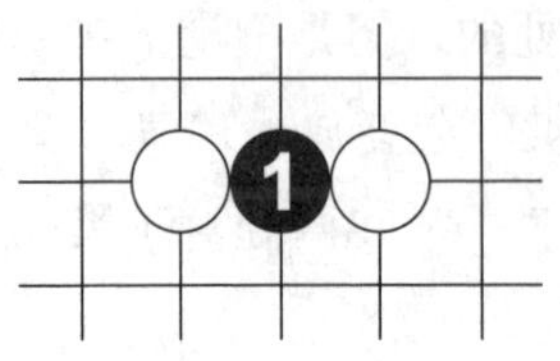

图2-2-1

下在对方两子之间的下法称为挖，如图2-2-1中黑1。

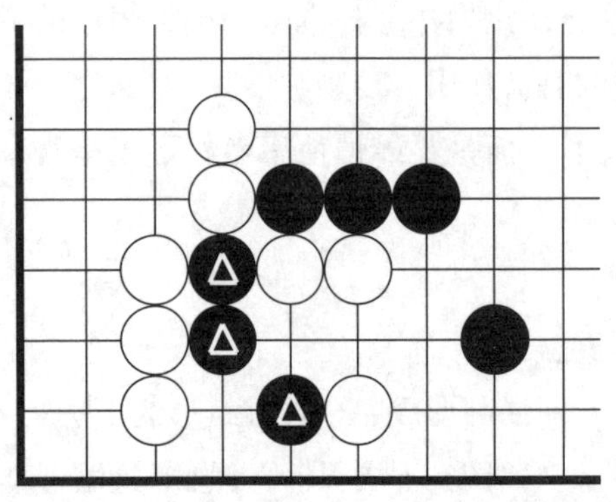

图2-2-2

如图2-2-2所示，黑先行。此时黑棋△三子被白棋包围，黑棋如何脱先？

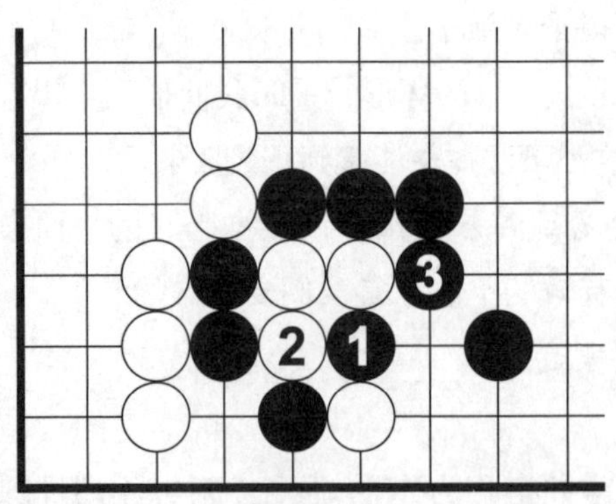

图2-2-3

如图2-2-3所示，黑1挖，抓住白棋弱点。白2不入气，黑3后白棋被吃。

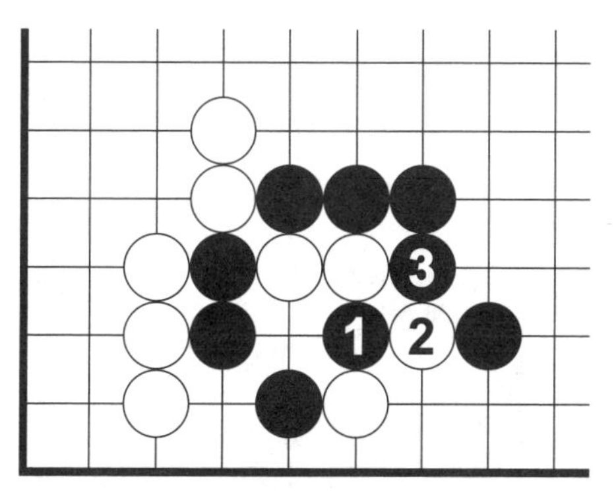

图2-2-4

如图2-2-4所示，白2在此打吃也不行，黑3后倒扑吃白棋。

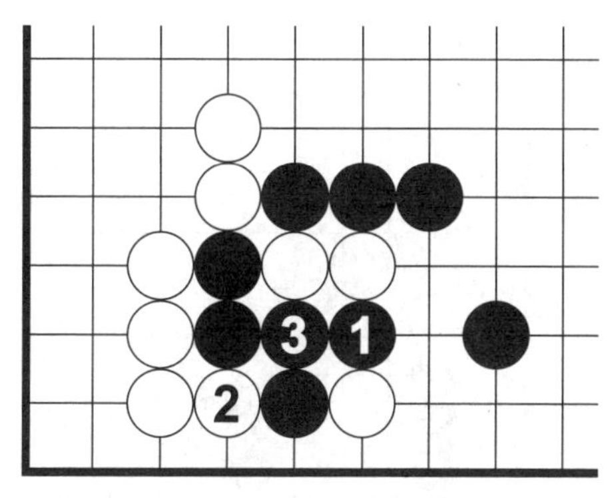
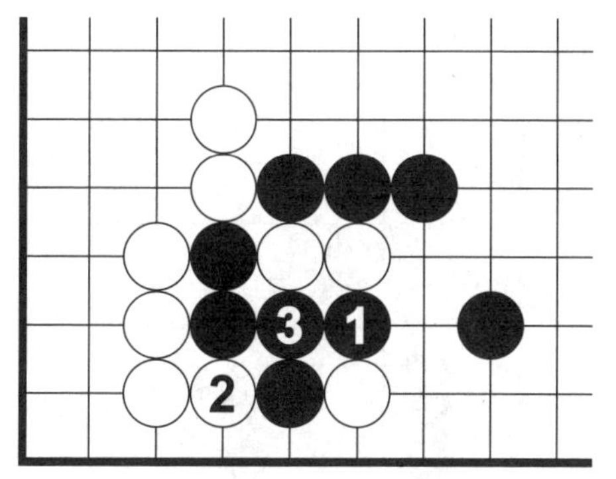

图2-2-5

如图2-2-5所示，白2在此打吃也无用。

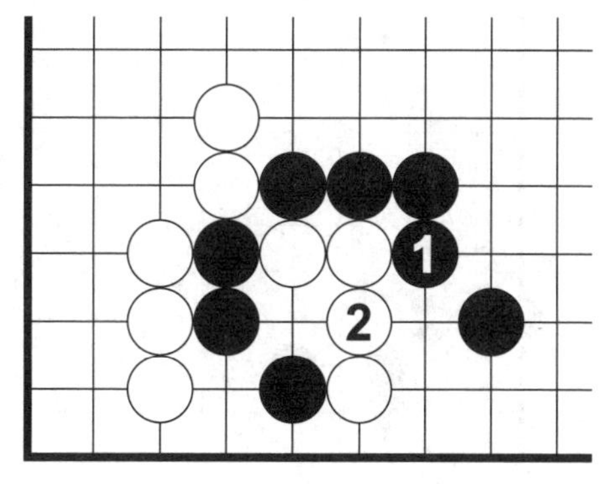

图2-2-6

如图2-2-6所示，黑棋如果不挖的话，被白2连接住弱点后，白棋气数远多于黑棋，黑棋无机会。

课后练习

如何利用挖来获胜（黑先）？

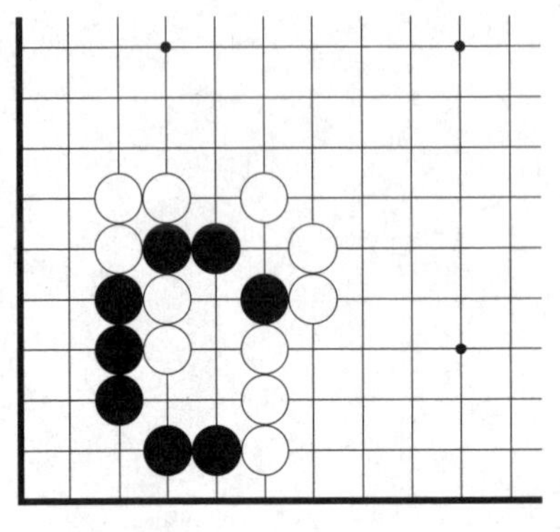

第1题

第2题

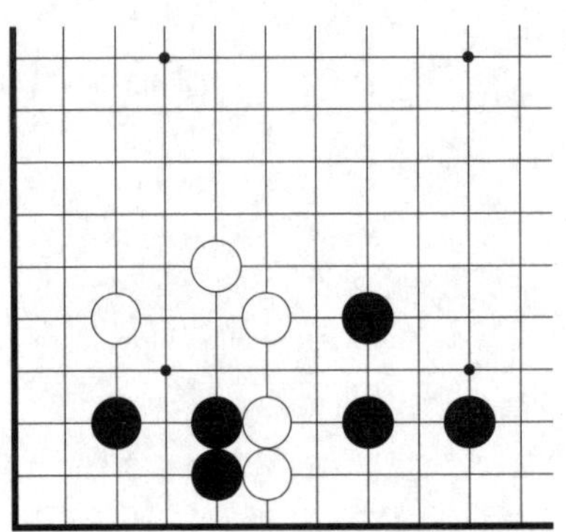

第3题

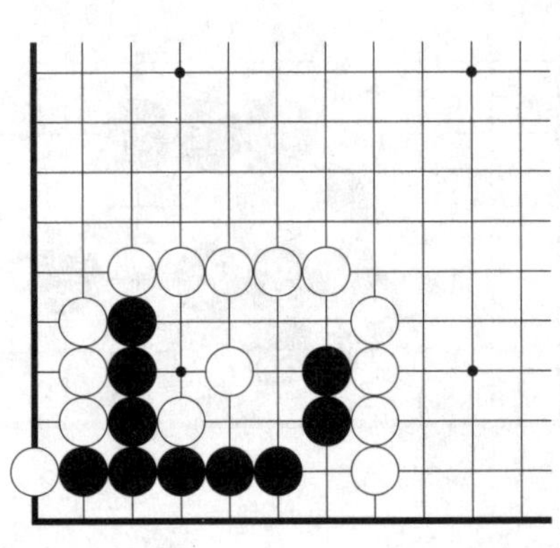

第4题

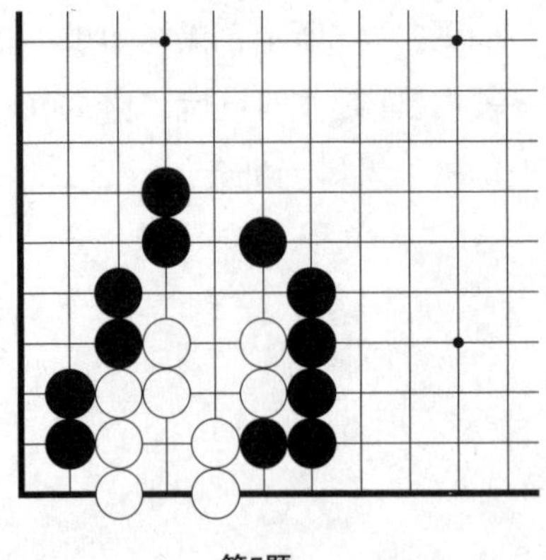

第5题

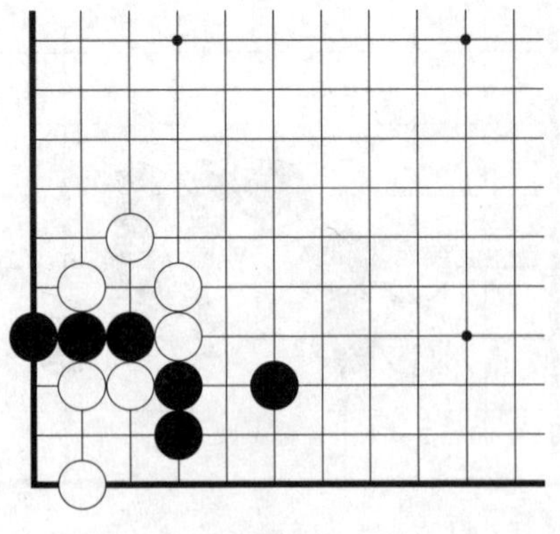

第6题

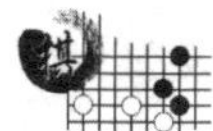

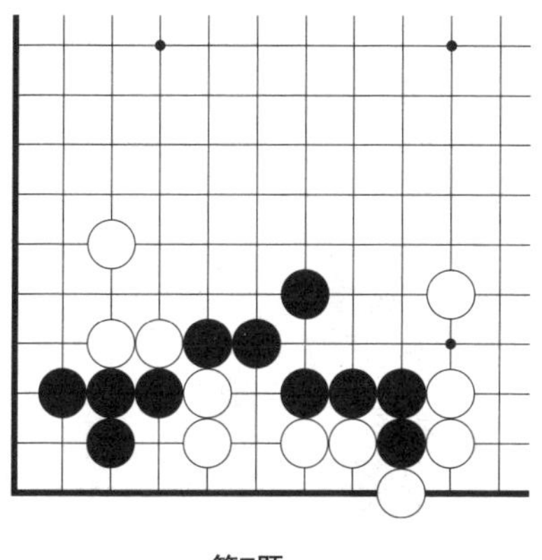

第7题

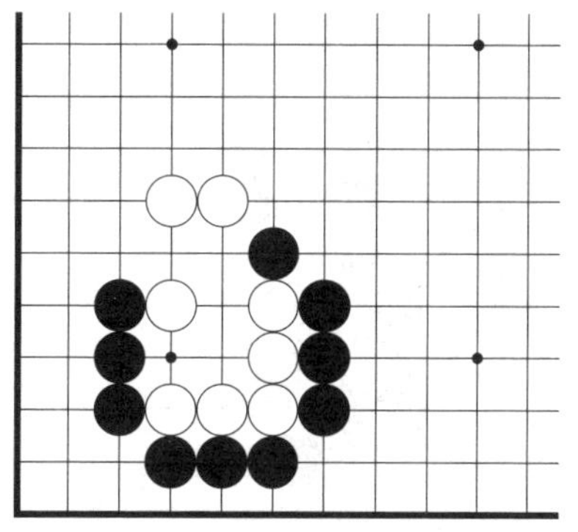

第8题

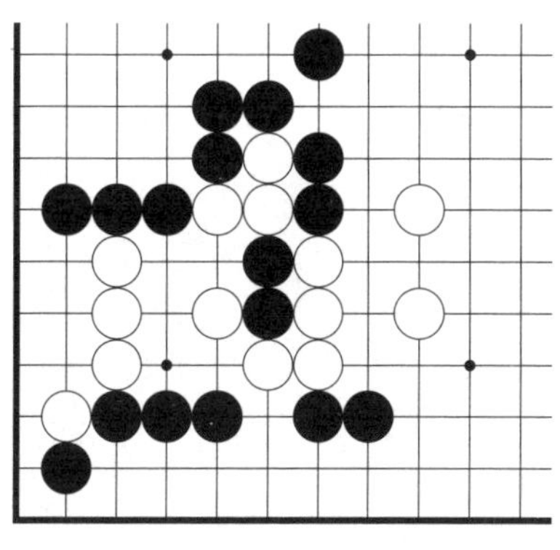

第9题

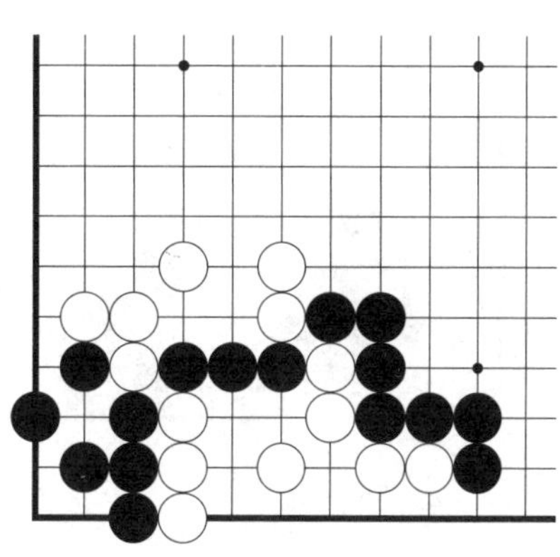

第10题

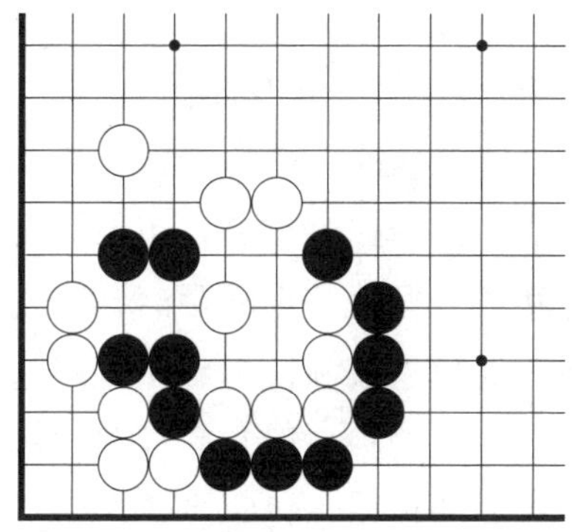

第11题

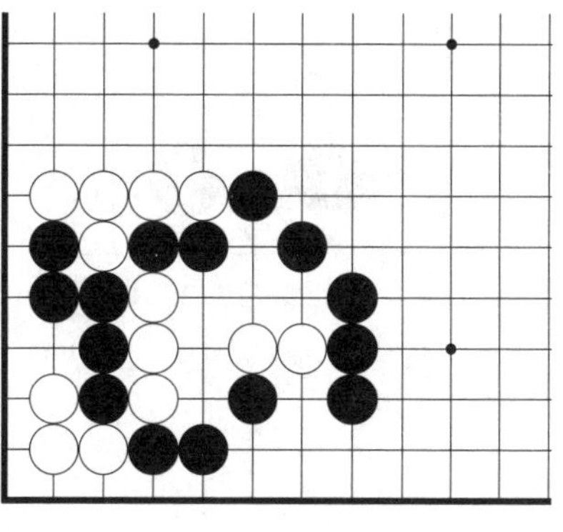

第12题

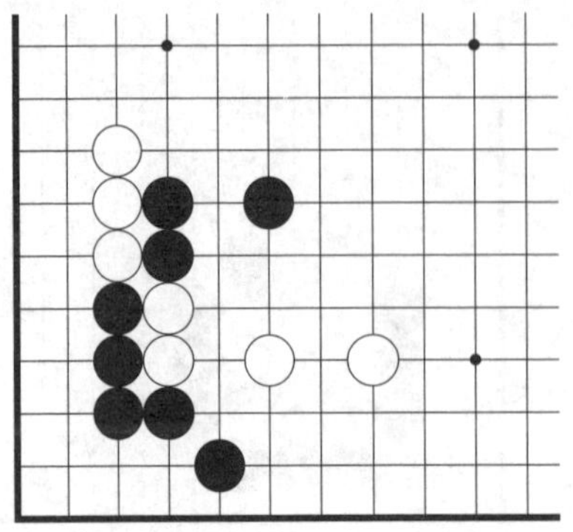

第13题

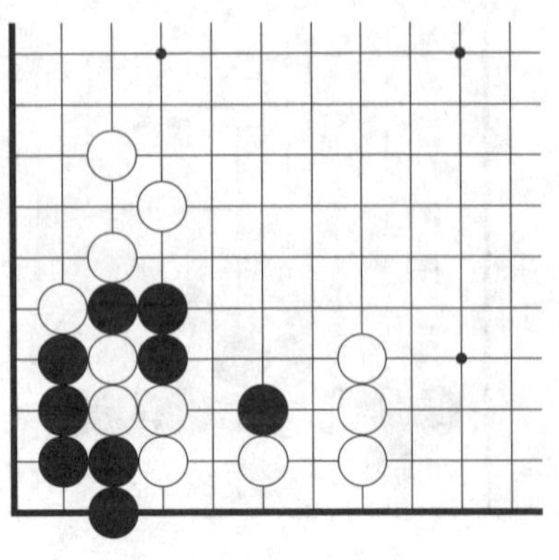

第14题

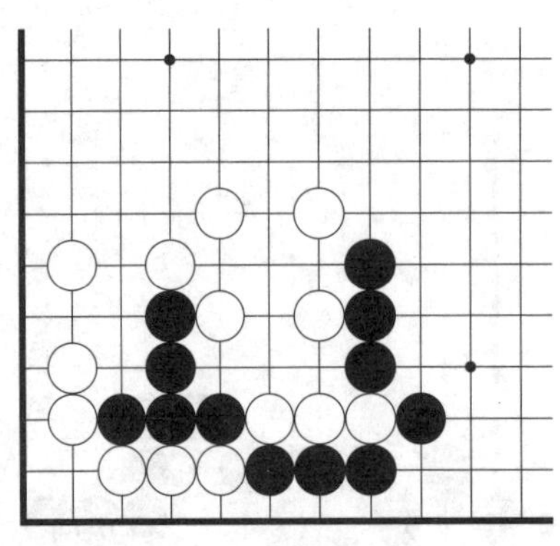

第15题

第三节　夹

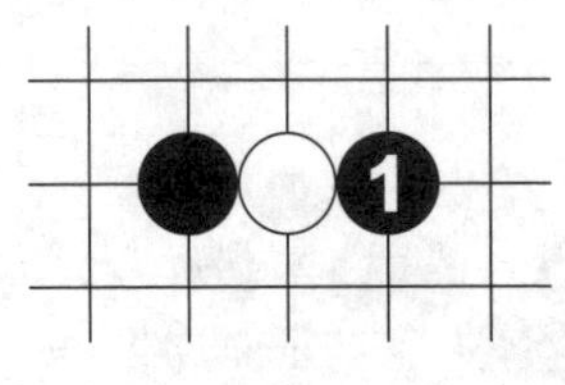

图2-3-1

使对方棋子处于我方棋子之间的下法，如图2-3-1中的黑1。

这里说明一下，我们在之前的布局中已经接触过夹，布局的夹一般是和对方保持一定的距离，即通过威胁、逼迫来获利，起到建立范围的目的；中盘的夹一般是紧紧贴住对手，让对方的棋子不得脱身，是强烈、有力的进攻手段。

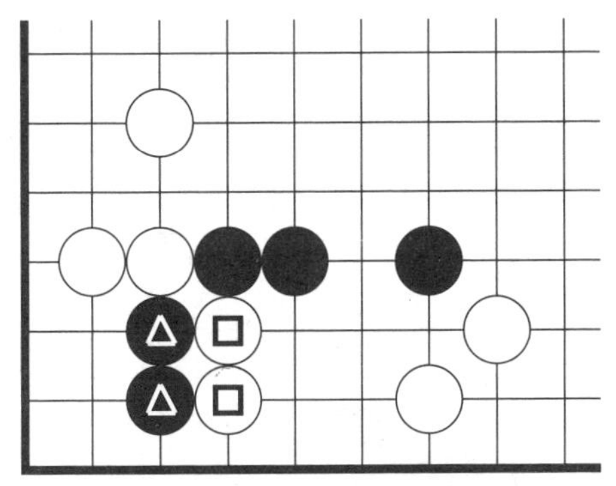

图2-3-2

如图2-3-2所示，角部的黑△两子无法简单跑出，必须想办法将白棋□两子吃掉才能活出。

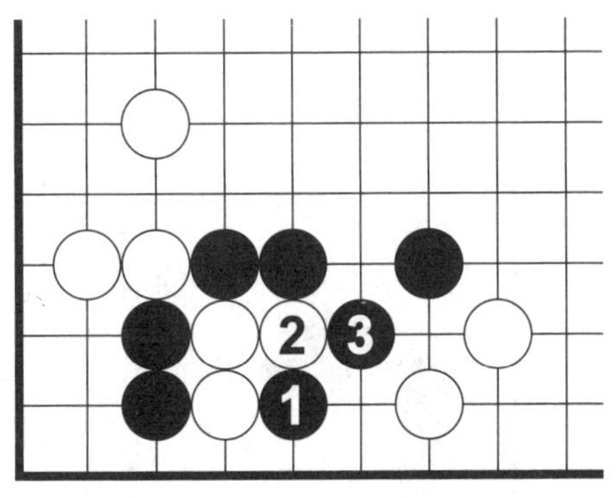
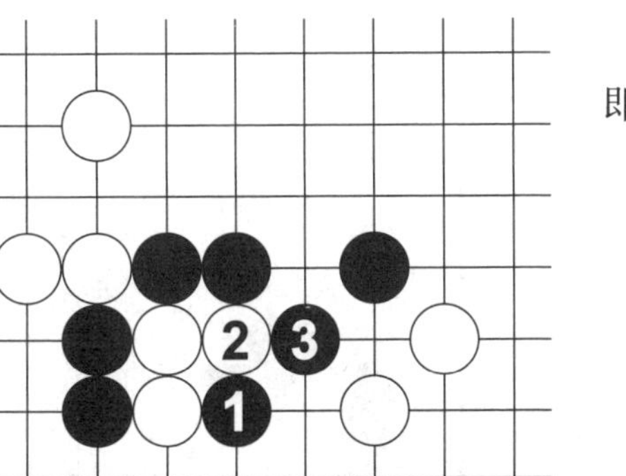

图2-3-3

如图2-3-3所示，黑1夹正确，白2即使向外挣扎也无用。

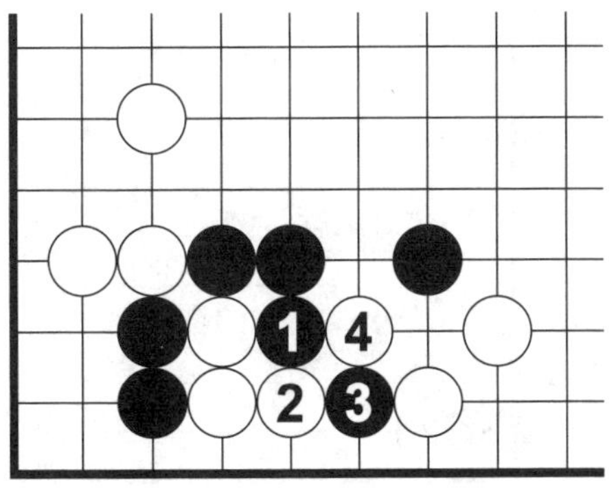

图2-3-4

如图2-3-4所示，但如果黑1只是简单地慢慢紧气，白2后，黑3即使强行断开也无济于事。

课后练习

如何利用夹来获胜（黑先）？

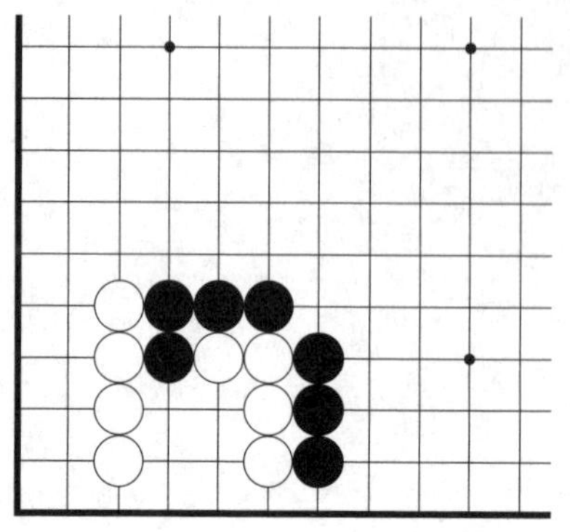

第1题

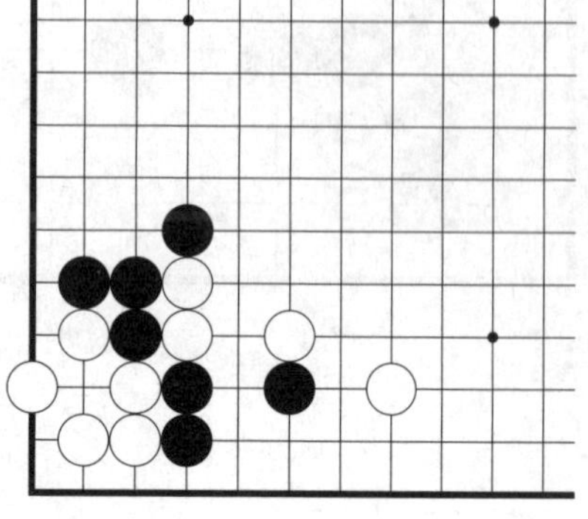

第2题

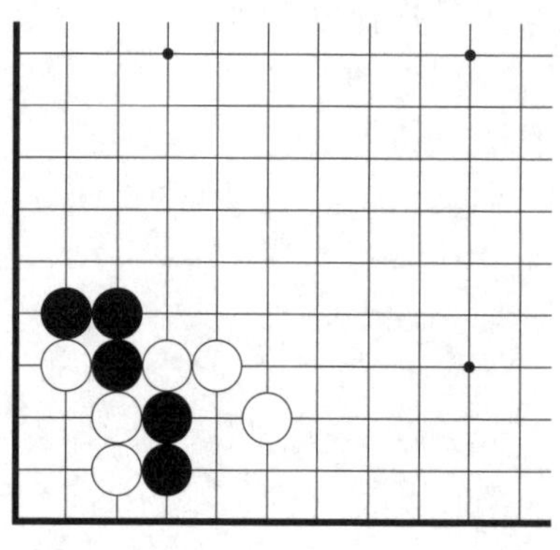

第3题

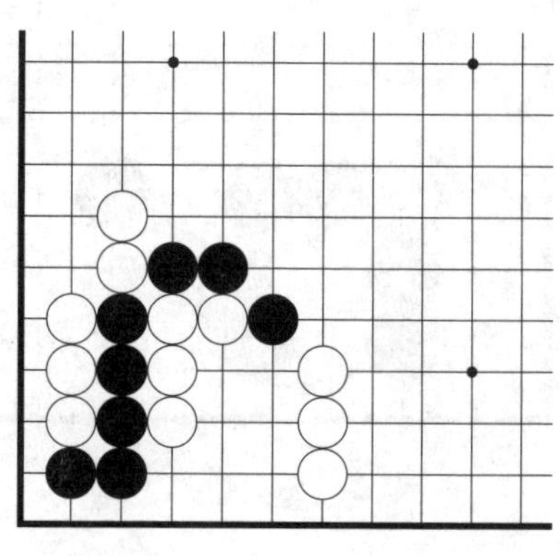

第4题

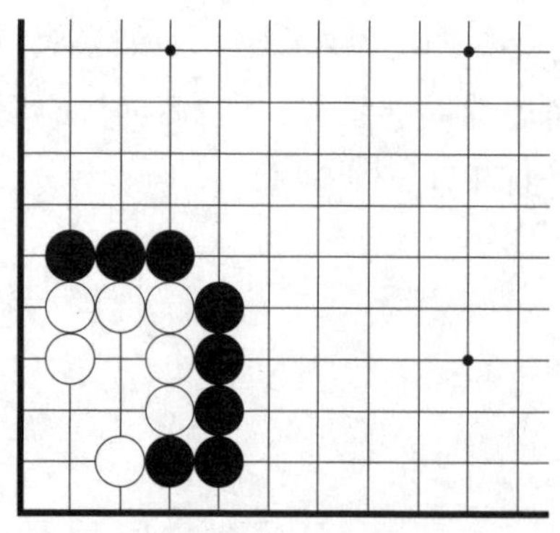

第5题

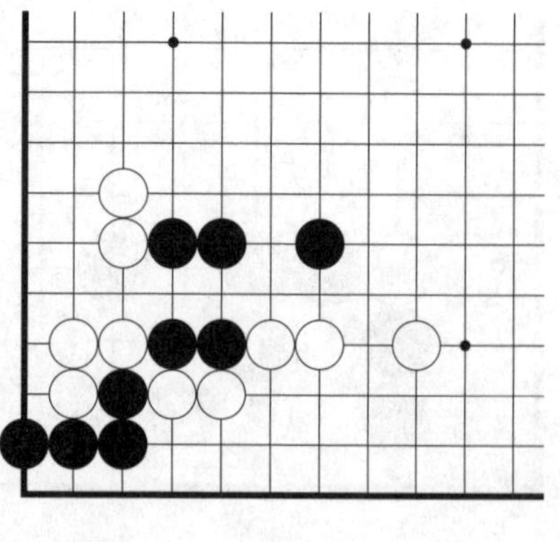

第6题

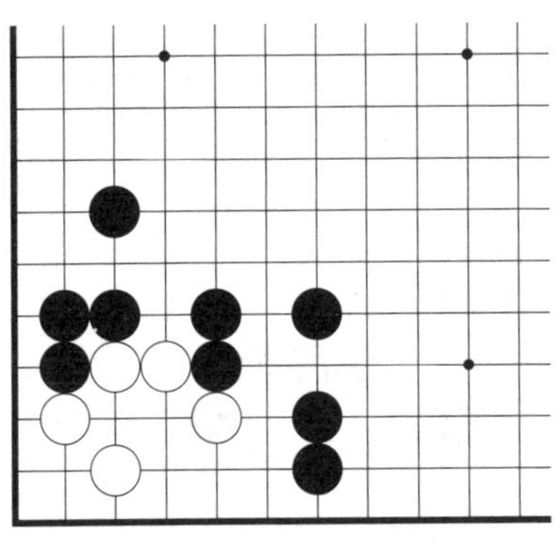

第7题

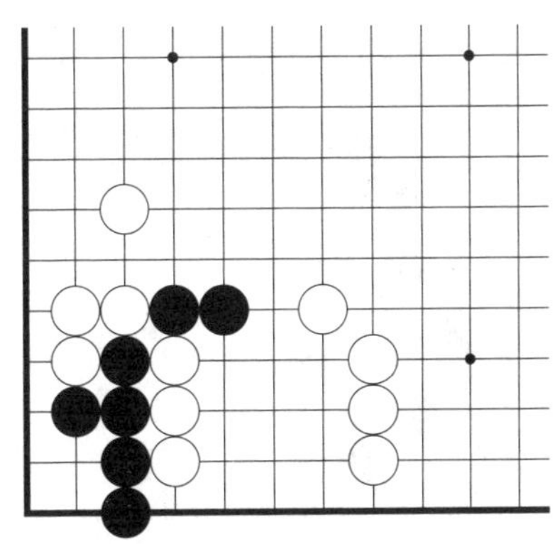

第8题

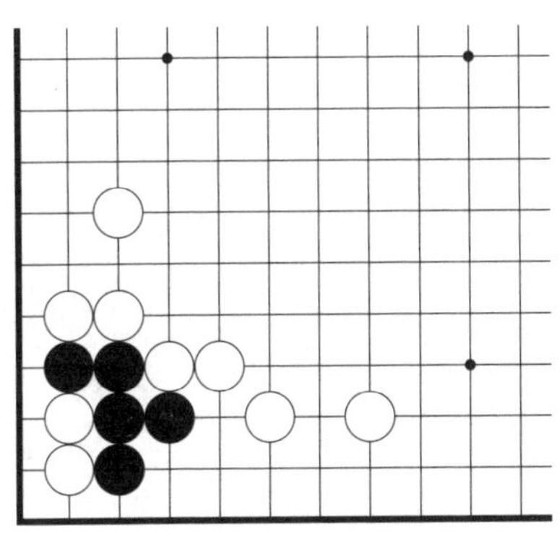

第9题

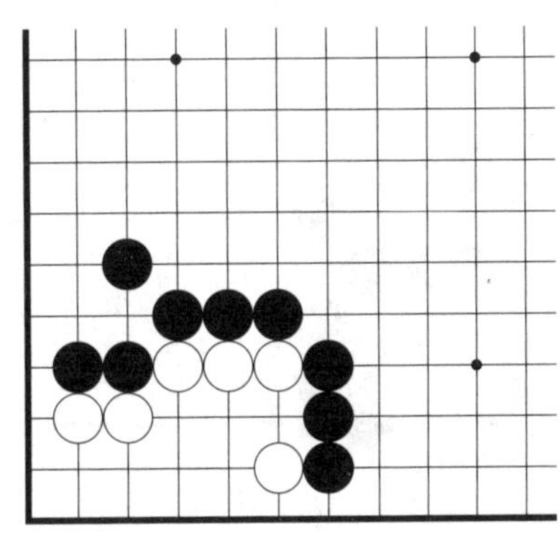

第10题

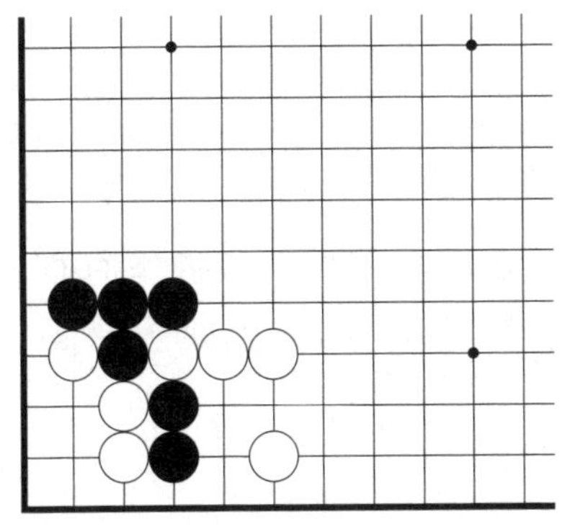

第11题

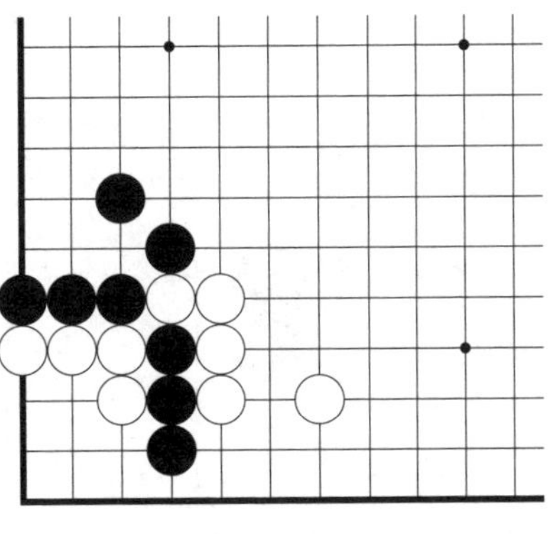

第12题

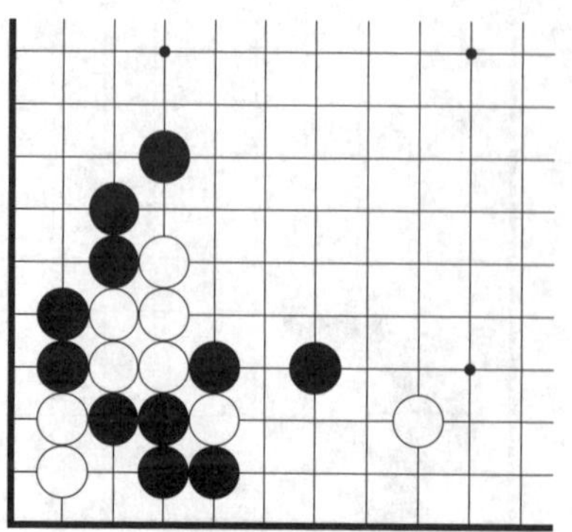

第13题

第14题

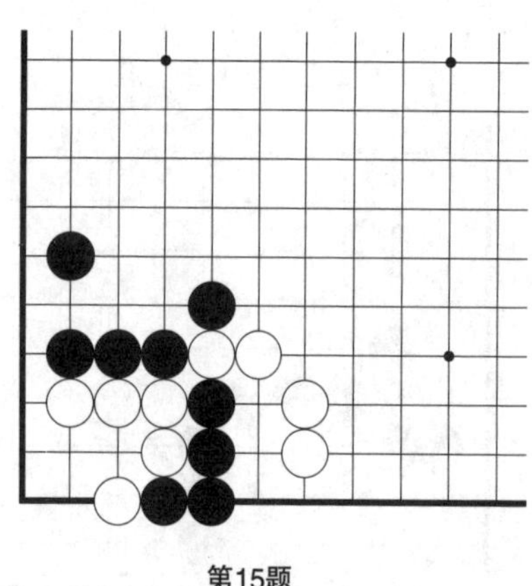

第15题

第四节　立

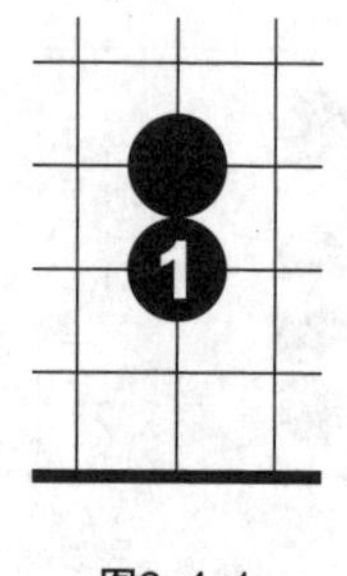

图2-4-1

一、立

在棋盘四周继续向下行棋的下法，如图2-4-1中的黑1。

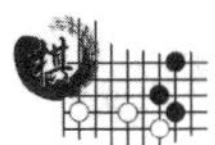

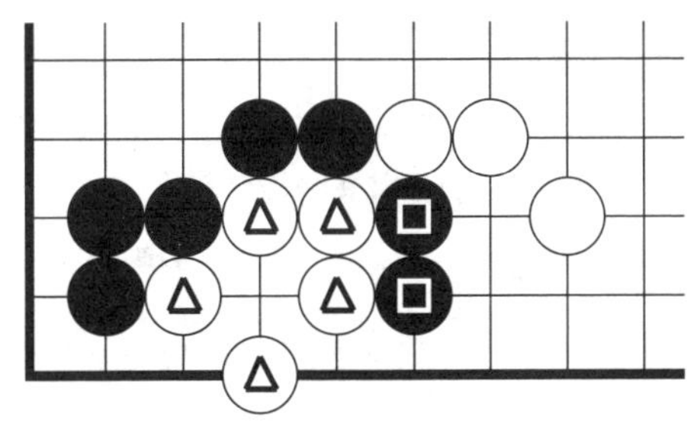
图2-4-2

如图2-4-2所示，黑棋◙和白棋◬形成对杀，按照之前学过的知识看似白棋将要通过有眼，即内气的好处杀掉无眼的黑棋，那黑棋有什么好的办法吗？

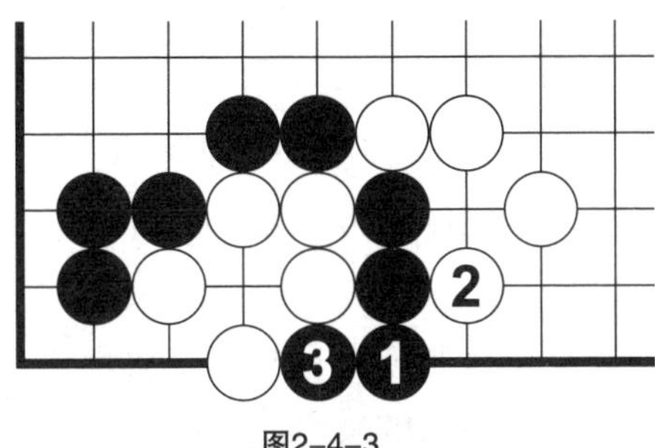
图2-4-3

如图2-4-3所示，黑1立重点，白2正常紧外气，黑3打吃，白棋形成接不归棋形。

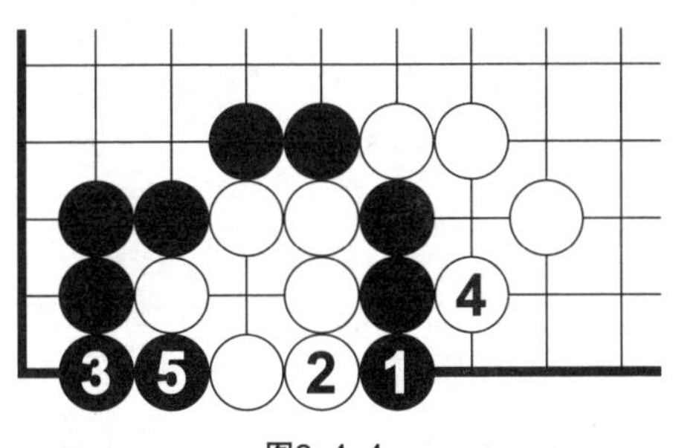
图2-4-4

如图2-4-4所示，白2先团也不行，至黑5还是先被杀。

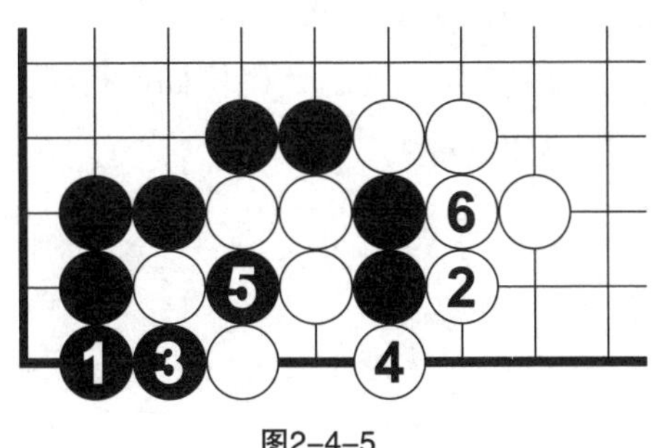
图2-4-5

如图2-4-5所示，黑棋若立错位置就不行了。黑1立，白2正常紧外气，至白6黑棋两子被吃。

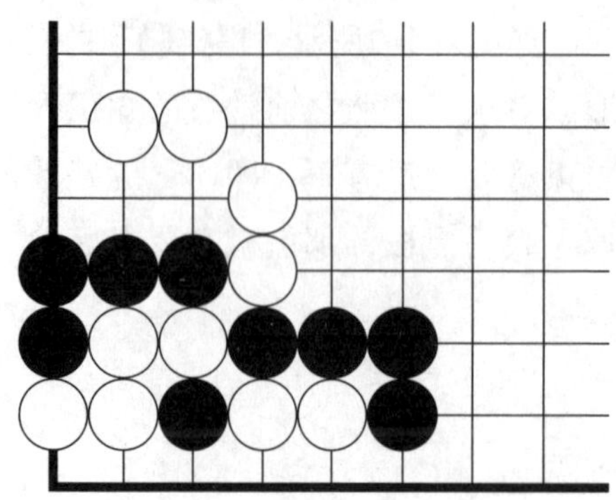

图2-4-6

二、金鸡独立

在边上形成立的棋形，且在立的棋形两侧对方的棋子不入气。

如图2-4-6所示，黑棋角里一子十分危险，如果角里白棋成活，黑棋被包围的四子也会被杀。

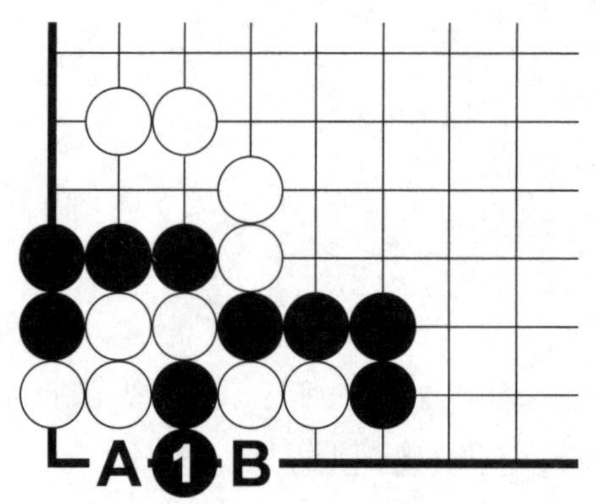

图2-4-7

如图2-4-7所示，黑1立，白棋在A与B两处都不入气，白棋无法有效地紧气杀掉黑棋两子，自身的气数也比不过被包围的四颗黑棋，白棋结局必然失败。黑棋通过立形成了金鸡独立的棋形，并利用其成功地在对杀中取胜。

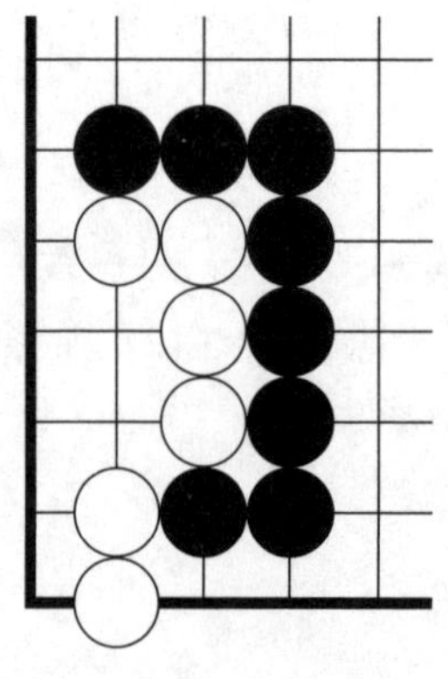

图2-4-8

三、老鼠偷油

形成尖的棋形，且在尖的棋形两侧对方的棋子不入气。

如图2-4-8所示，黑棋如何行棋能将白棋角吃掉？

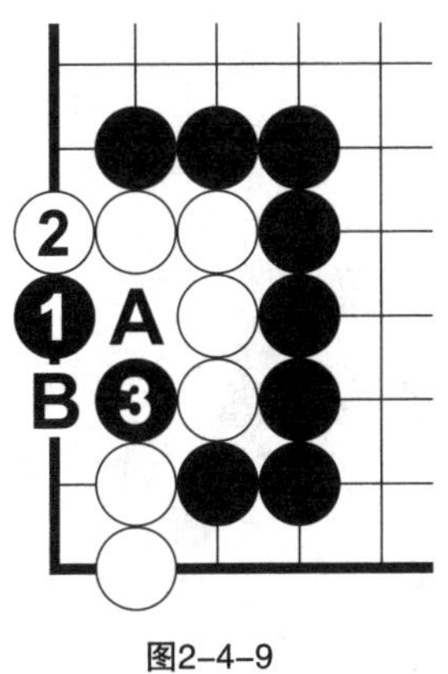

图2-4-9

如图2-4-9所示，黑1点，白2只能阻止黑棋连回，黑3断之后形成尖的棋形且在两侧的A、B处白棋不入气，这种方式就称作老鼠偷油。

课后练习

如何利用立来获胜（黑先）？

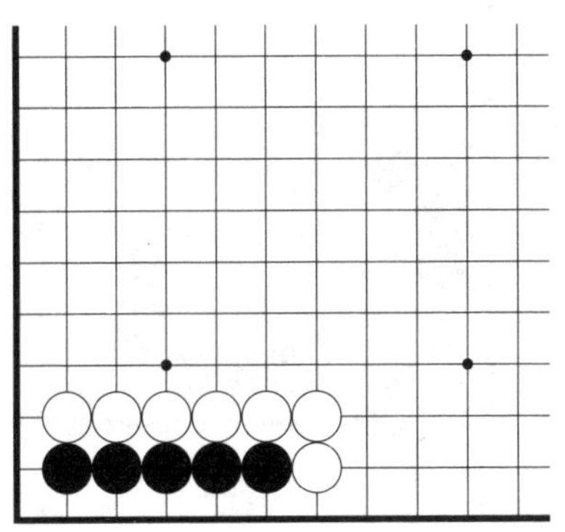

第1题

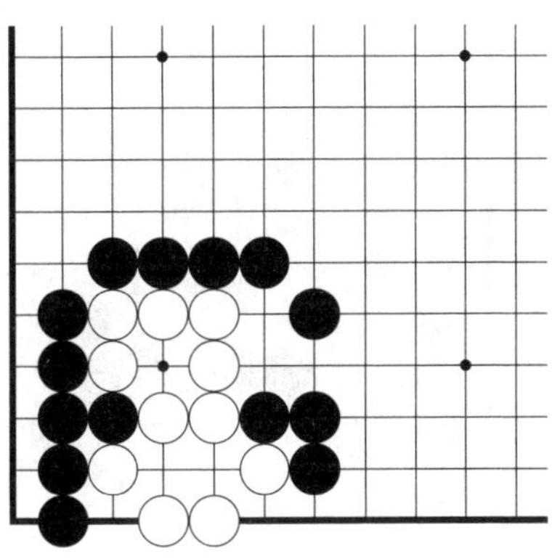

第2题

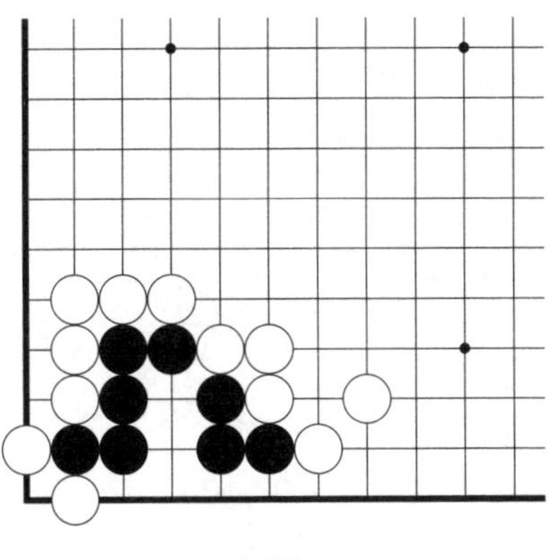

第3题

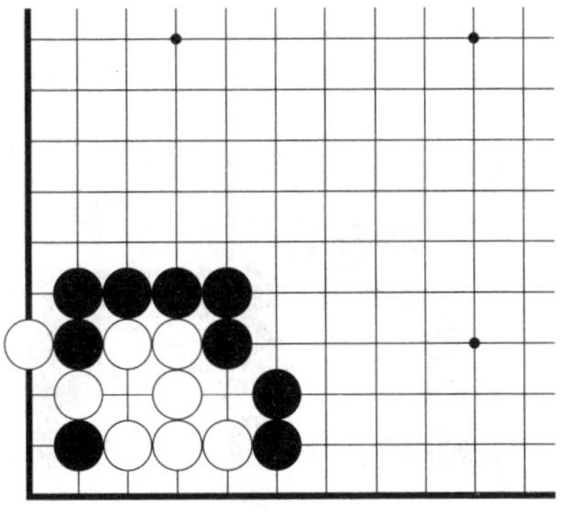

第4题

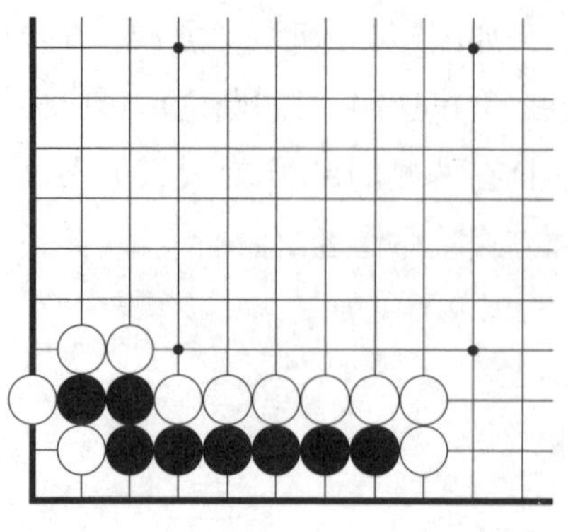

第5题

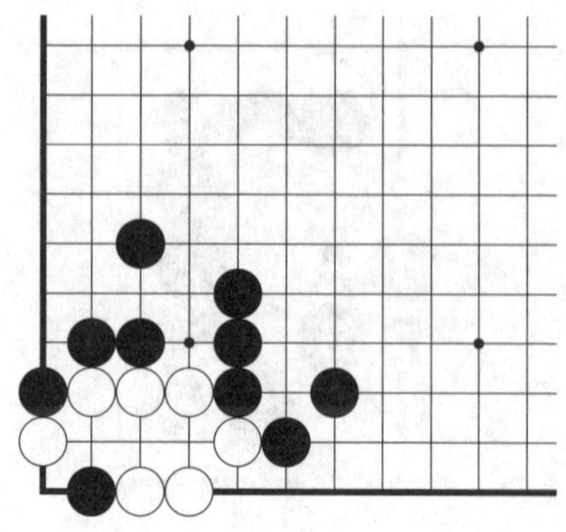

第6题

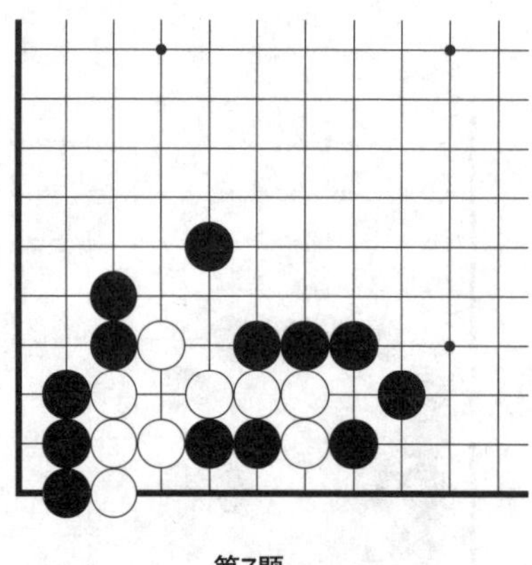

第7题

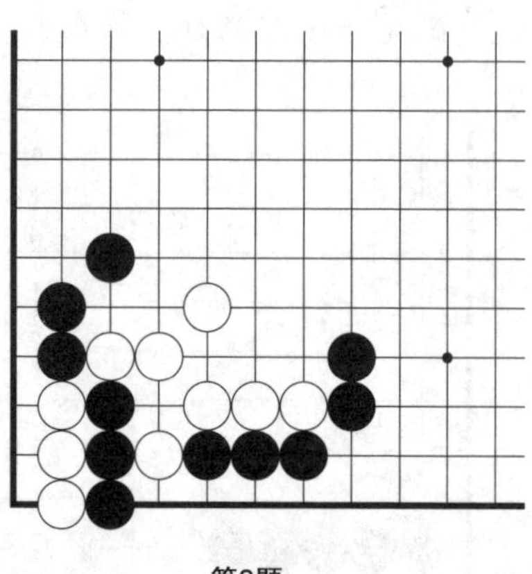

第8题

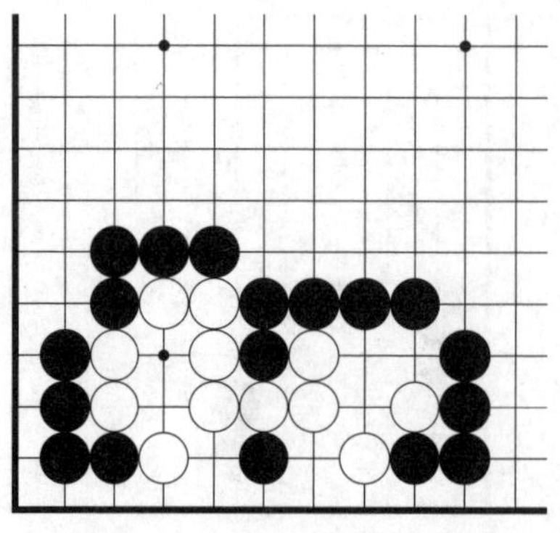

第9题

课后练习

如何利用金鸡独立来获胜（黑先）？

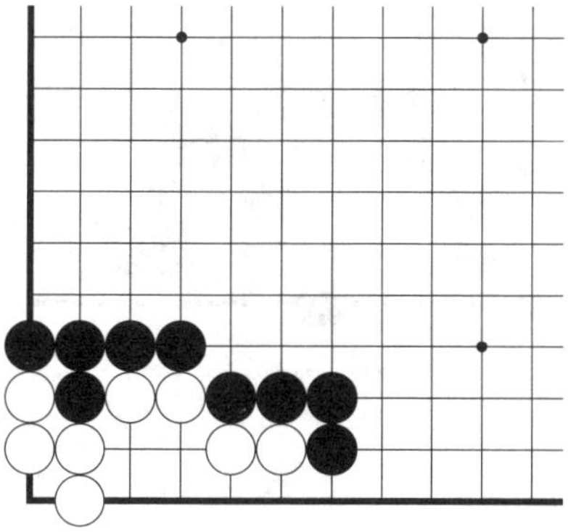

第1题

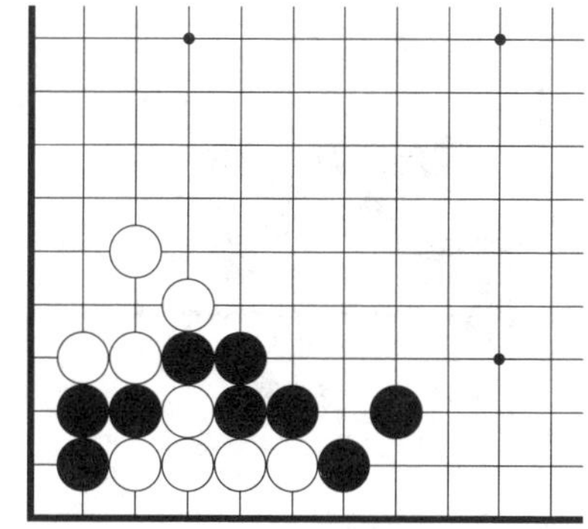

第2题

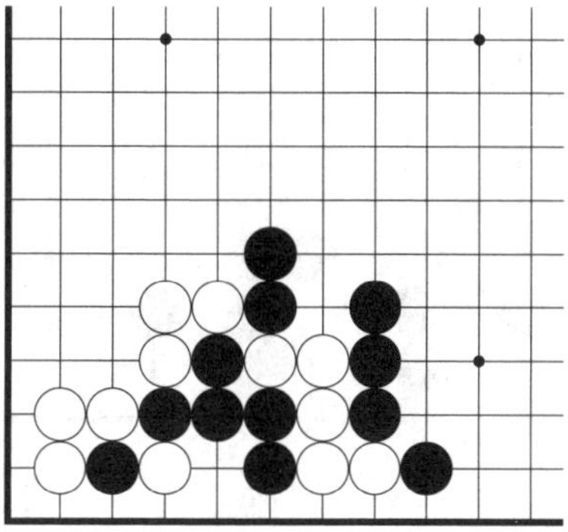

第3题

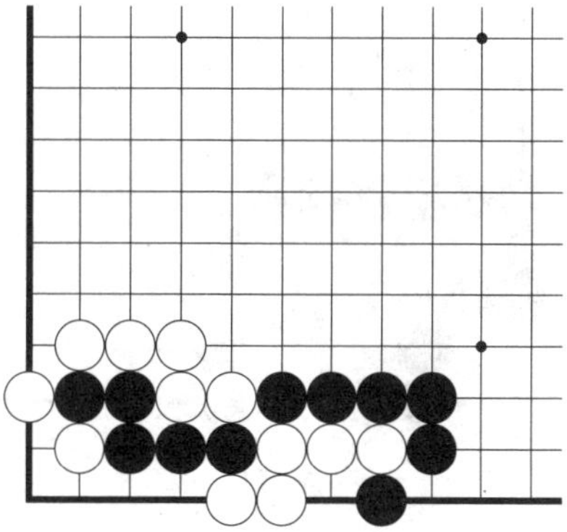

第4题

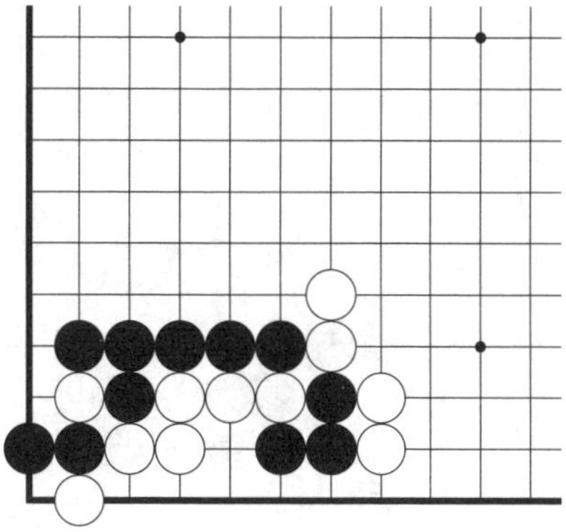

第5题

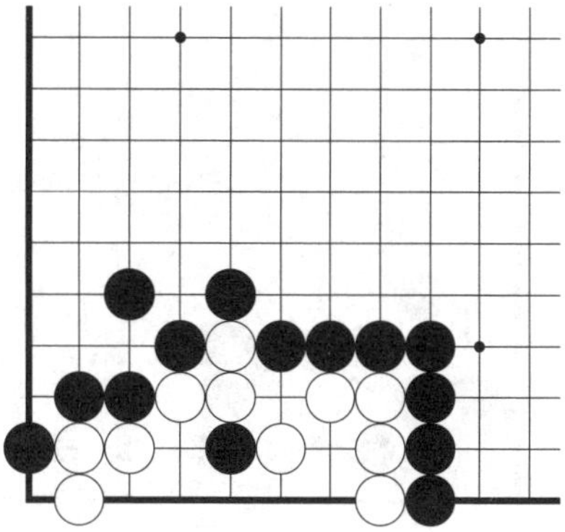

第6题

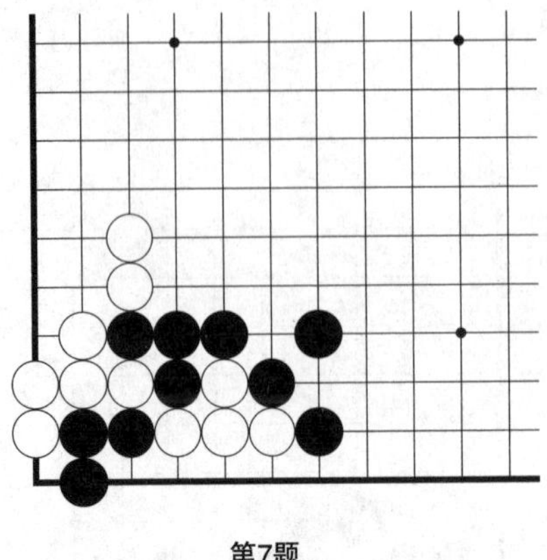

第7题

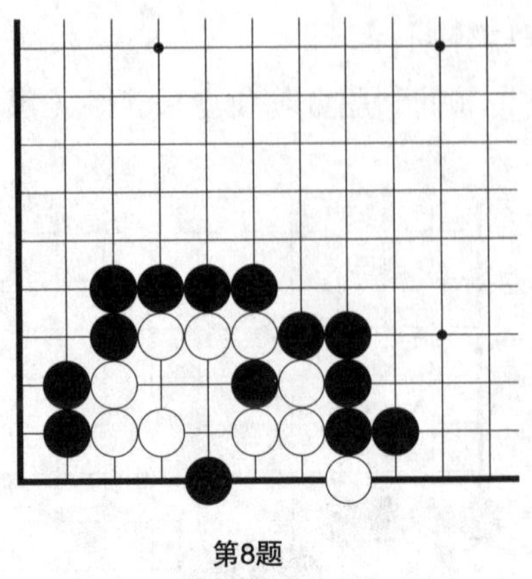

第8题

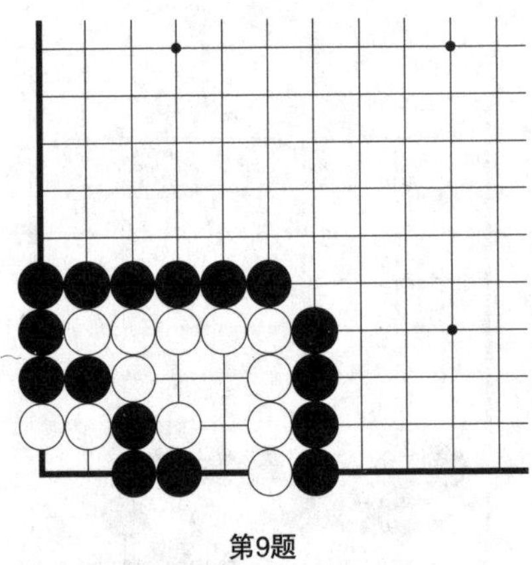

第9题

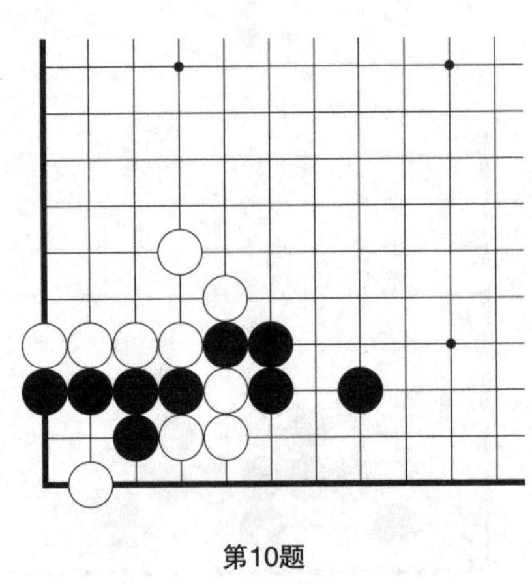

第10题

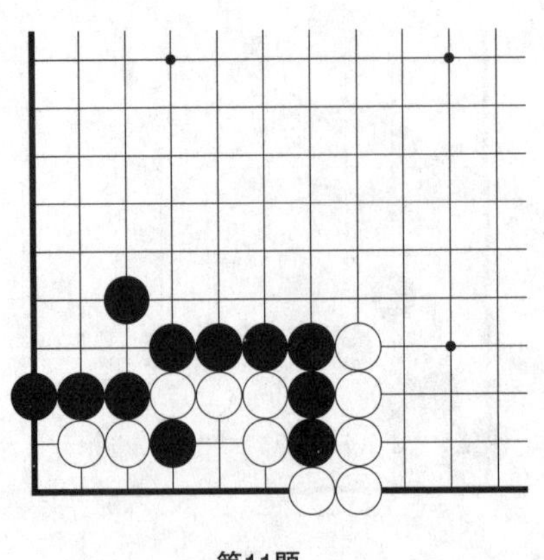

第11题

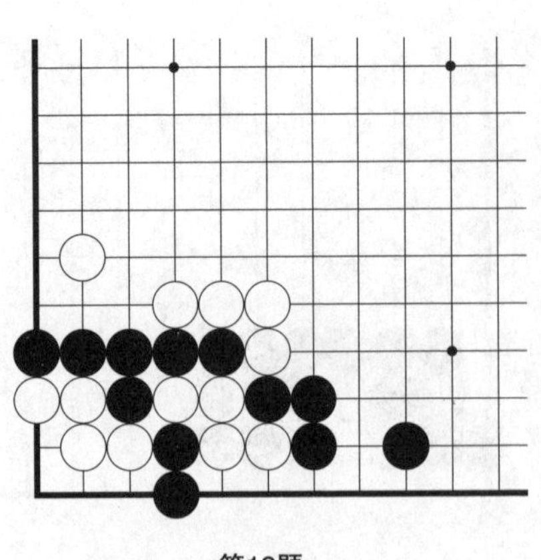

第12题

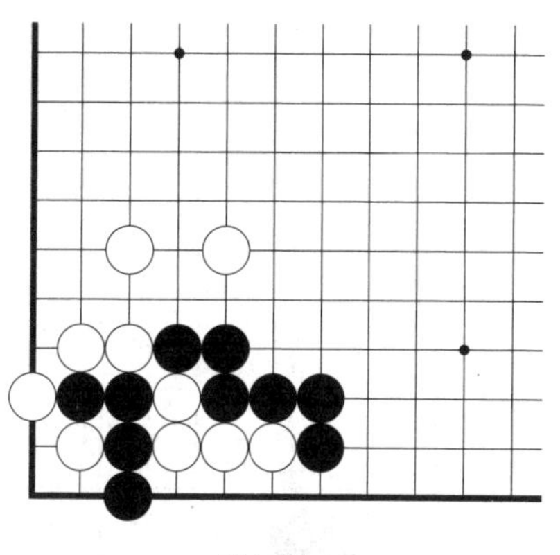

第13题

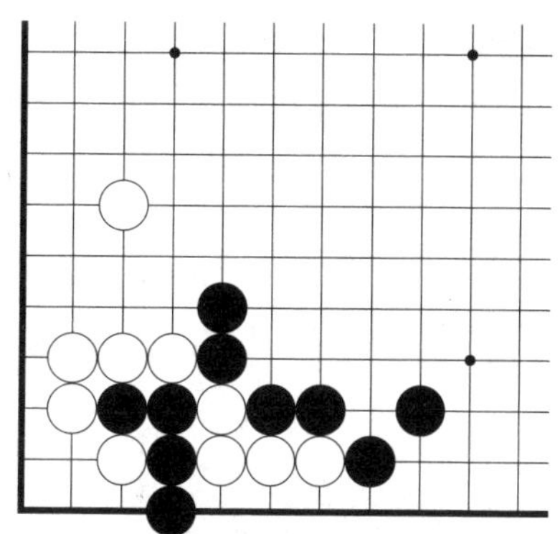

第14题

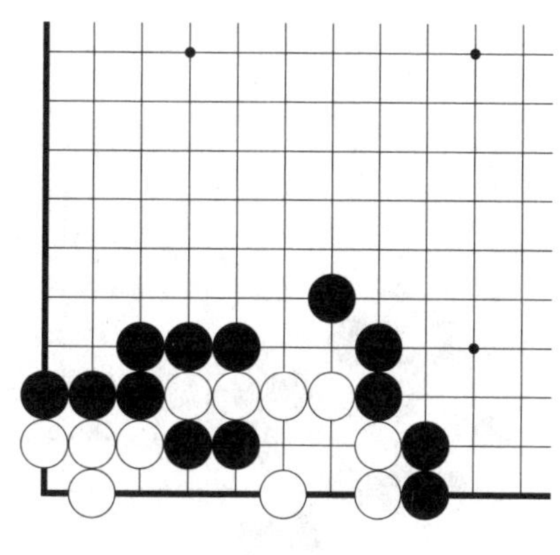

第15题

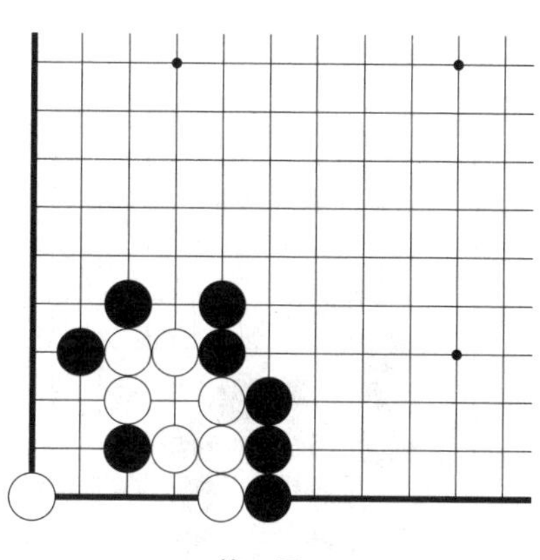

第16题

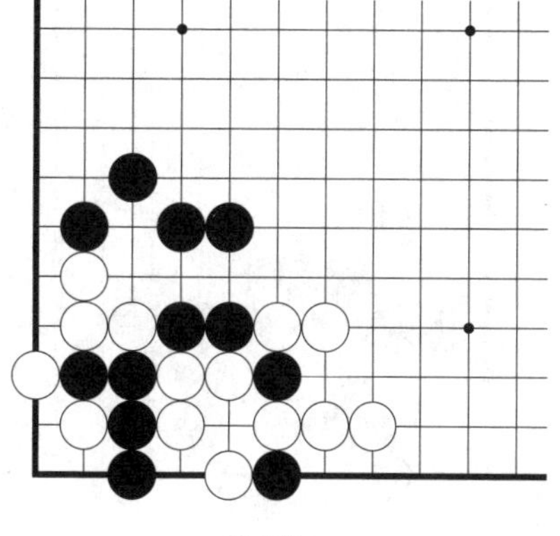

第17题

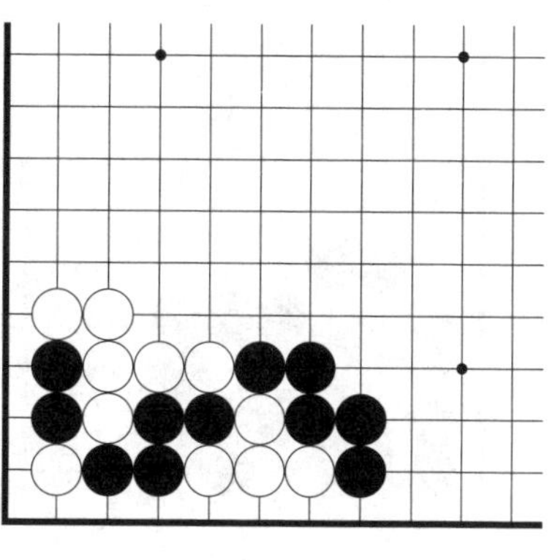

第18题

课后练习

如何利用老鼠偷油来获胜（黑先）？

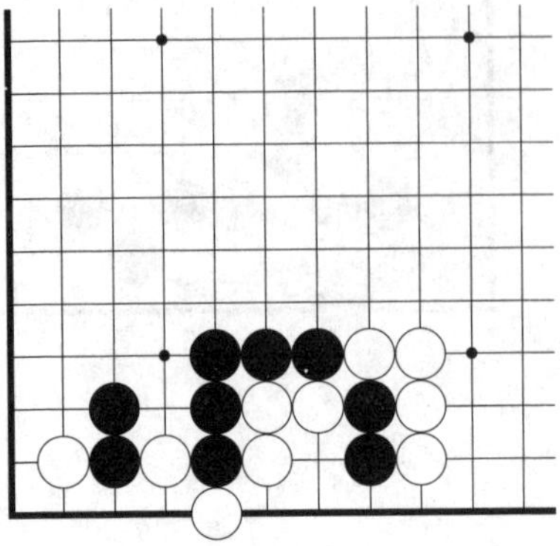

第1题

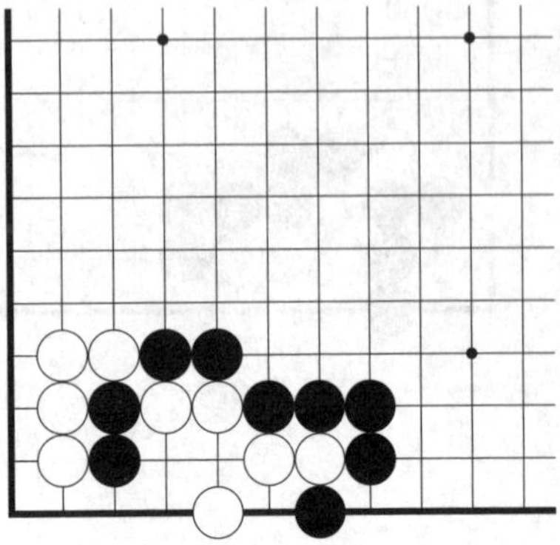

第2题

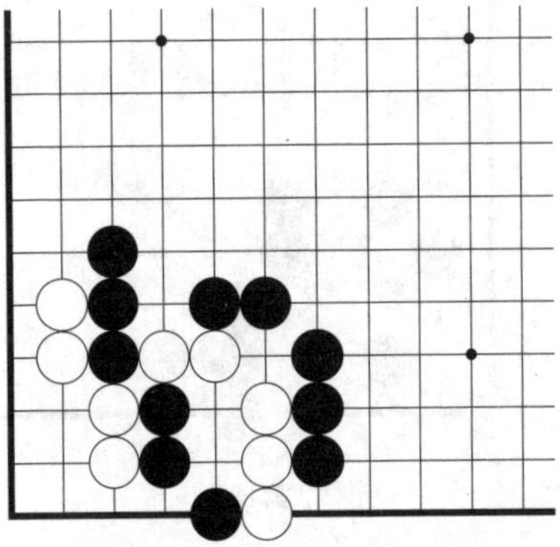

第3题

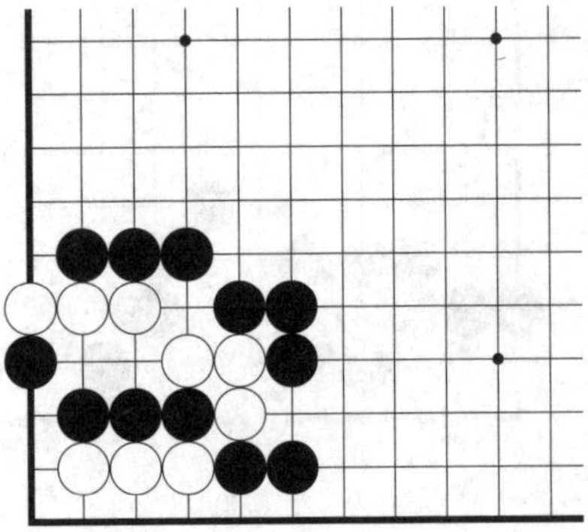

第4题

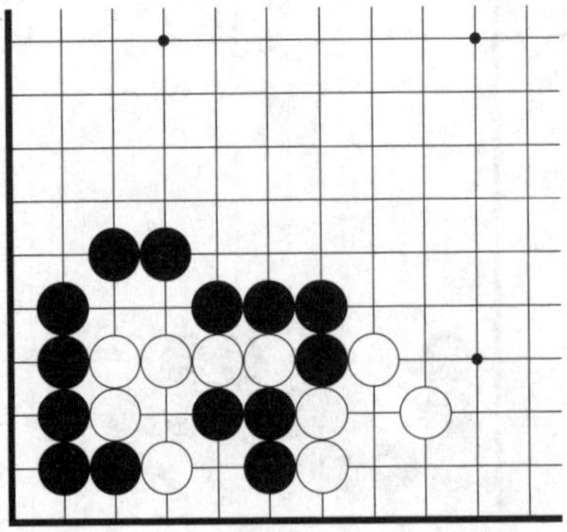

第5题

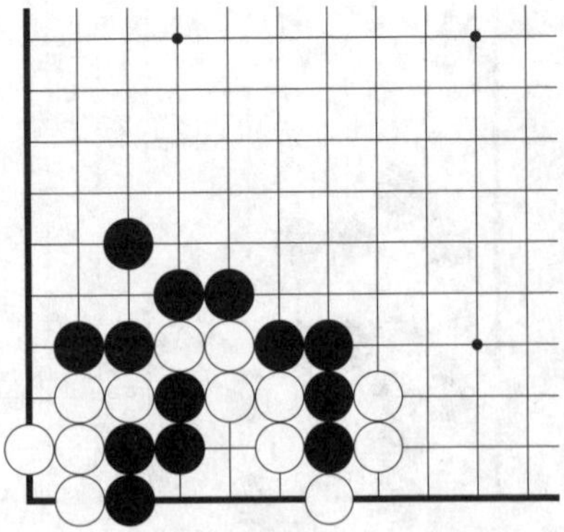

第6题

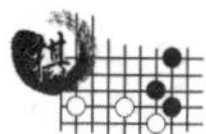

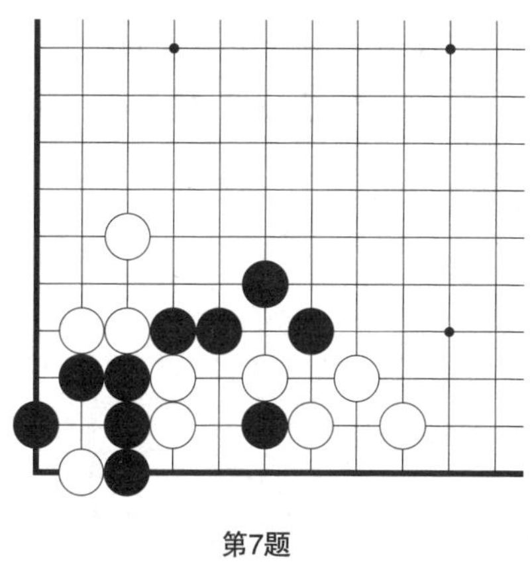

第7题

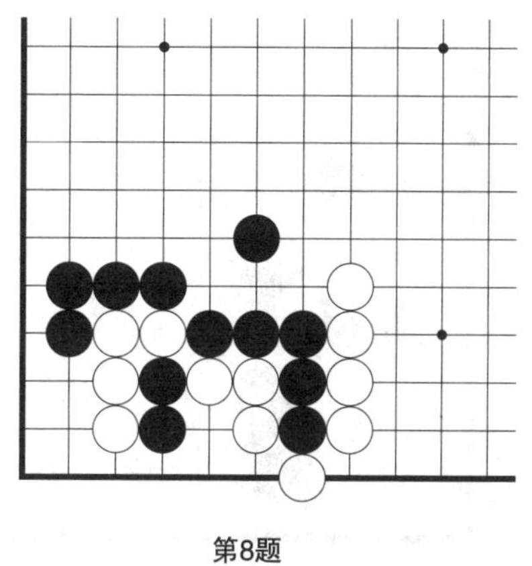

第8题

第五节 点

一、点

使对方棋形上出现破绽、凝重、恶味，处理起来十分“难受”甚至无法继续处理的下法。

点这种下法我们在前面中已经涉及过，在此的下法不多叙述，重点强调的是点的作用。

二、点的作用

1. 在死活中为了破眼而点

如图2-5-1所示，此题型我们应该已经很熟悉了，白棋角里成直三棋形，黑1点正中白棋要害，白棋已无法做出两眼来，被黑棋杀掉。

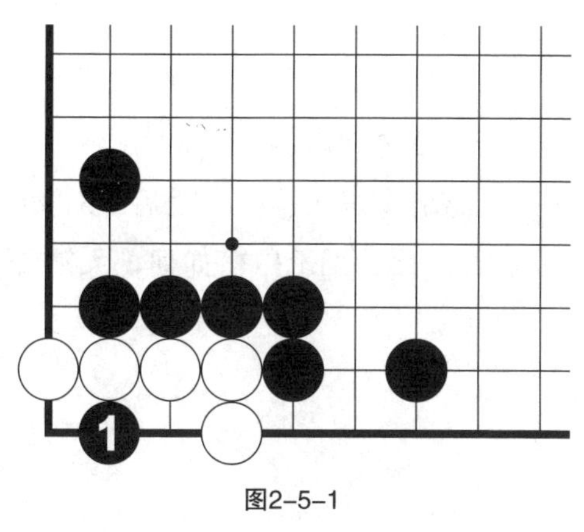

图2-5-1

2. 在对杀中为了紧气而点

如图2-5-2所示，角部黑白棋形成对杀，黑棋该如何获胜?

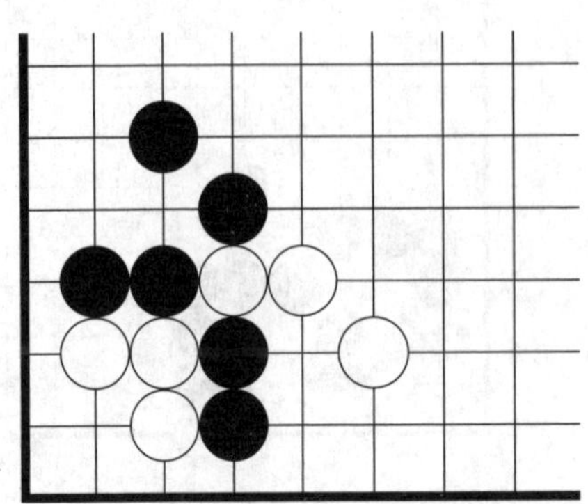
图2-5-2

如图2-5-3所示，黑1若正常地去紧外气，之后正常进行白棋先杀黑棋。

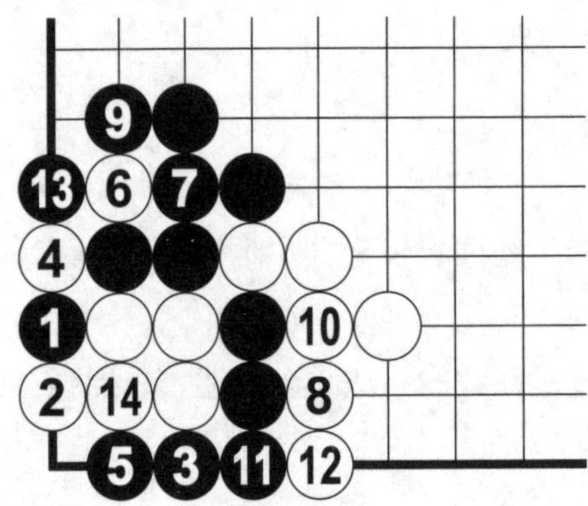
图2-5-3

如图2-5-4所示，黑1点是好手，白2只能阻止黑棋连接，之后黑3再正常紧气，此后无论白棋如何都无法杀掉黑棋。

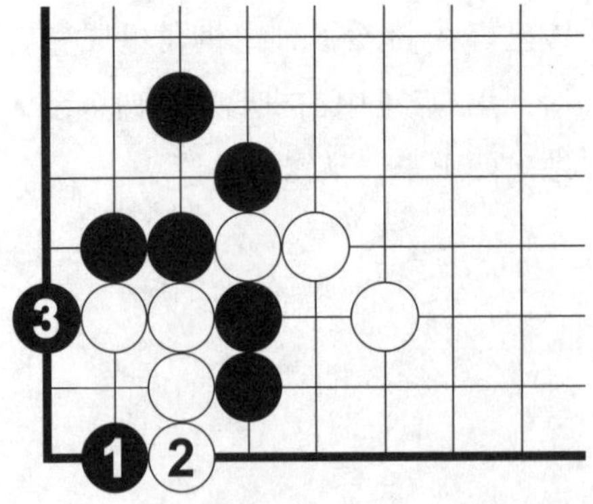
图2-5-4

3. 为了破坏对方棋形而点

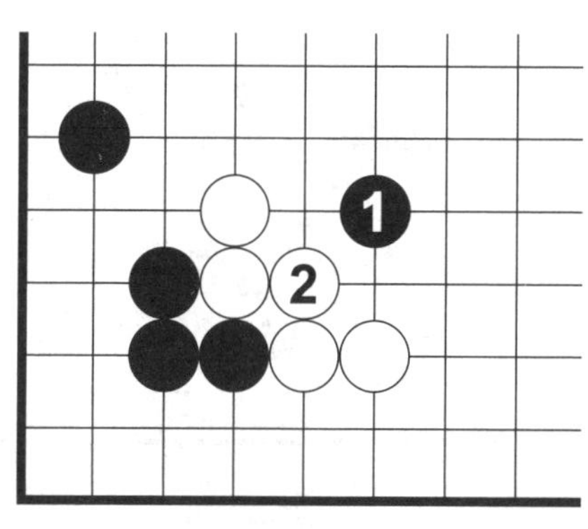
图2-5-5

如图2-5-5所示，黑1点，意图断掉白棋，白2只能粘住并且形成了比较凝重的棋形。

大多破坏棋形的点都没有专有名称，只被称作点就可，但此题中因为白棋的形状酷似方形，所以黑1又被称为点方；如果白棋能提前预知危险防守的话，那么白棋走在1位处称为跳方或者补方。

综上所述，点的下法在实战中的作用是很多的，要根据实际情况来决定点的时机和位置。

课后练习

如何利用点来获胜（黑先）？

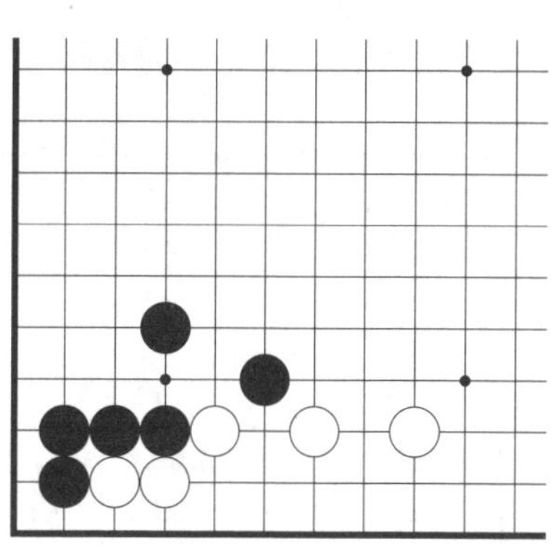
第1题

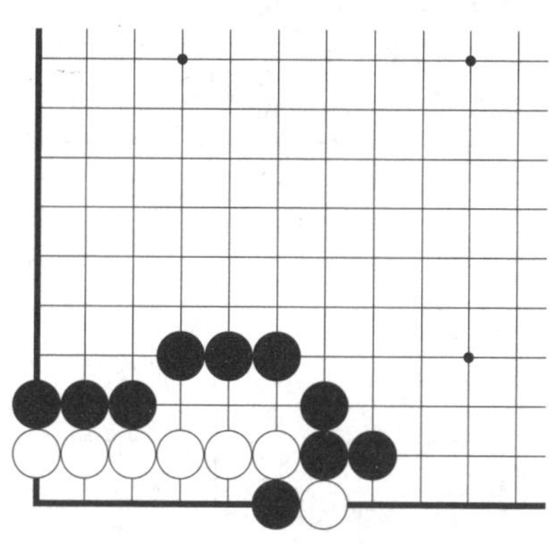
第2题

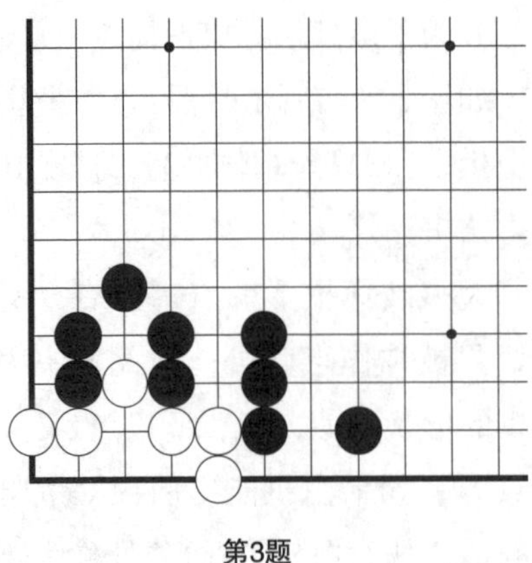

第3题

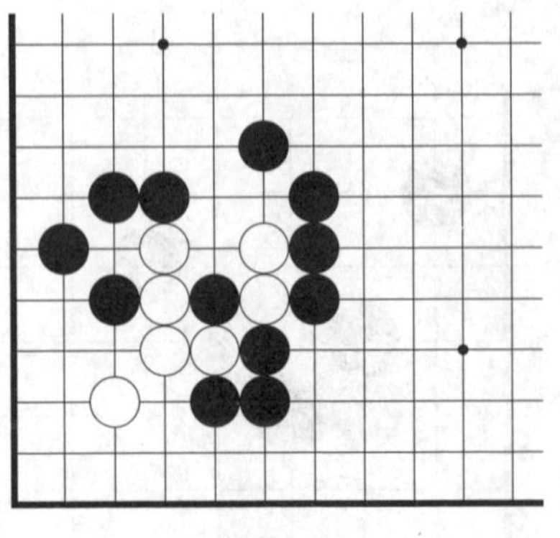

第4题

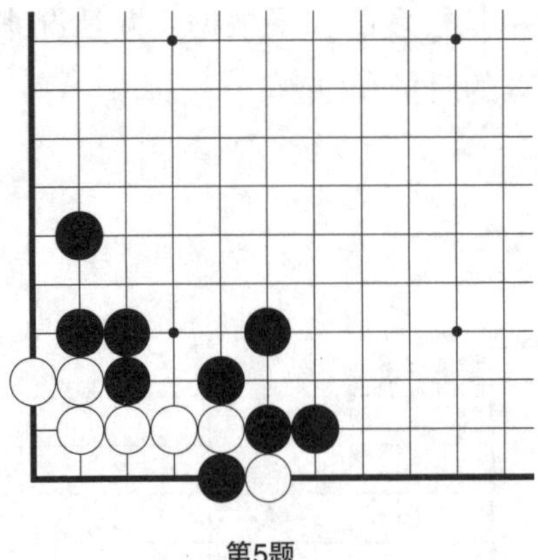

第5题

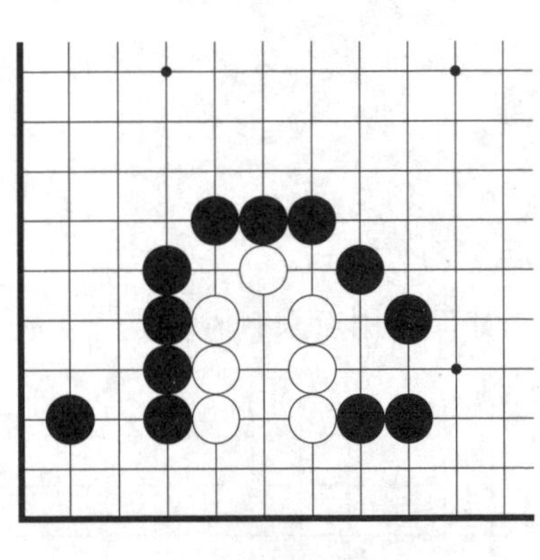

第6题

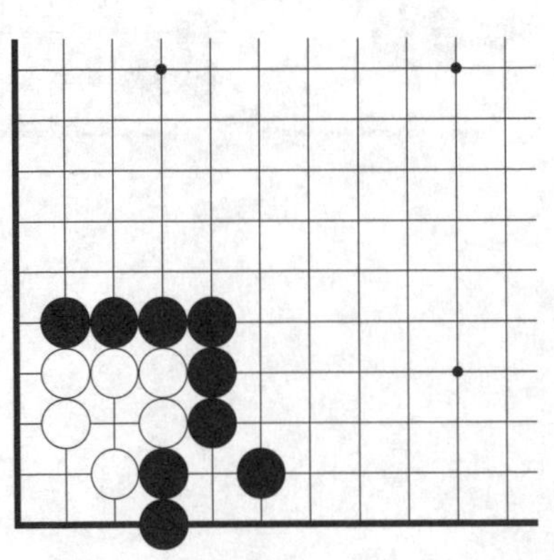

第7题

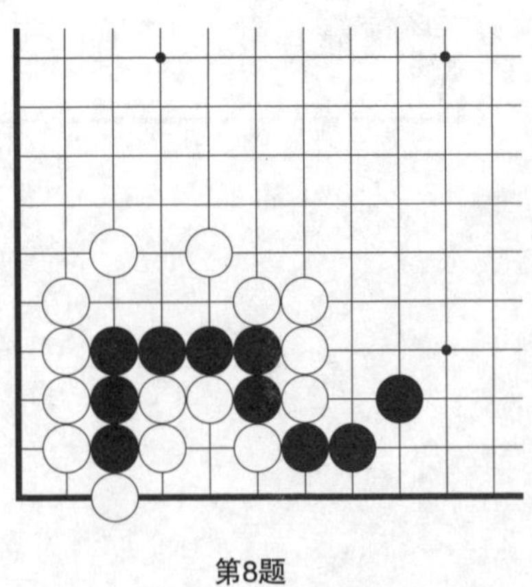

第8题

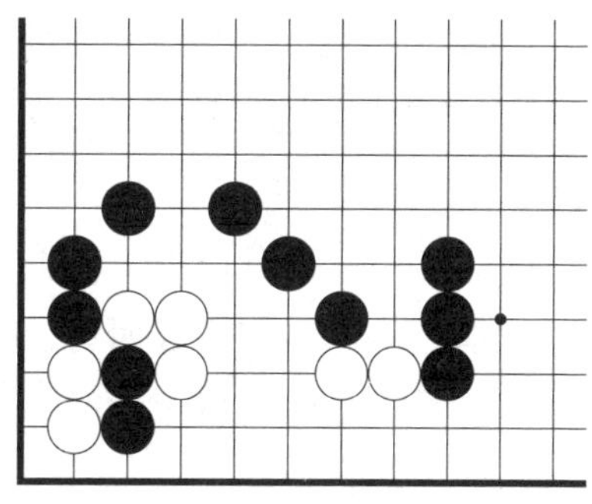

第9题

第六节　飞封

利用飞的棋形将对方封锁包围的下法。

飞封的下法在之前的学习中已经接触过，现在来看看飞封在中盘作战中的应用。如图2-6-1所示，黑棋如何利用飞封将白棋◎三子吃掉？

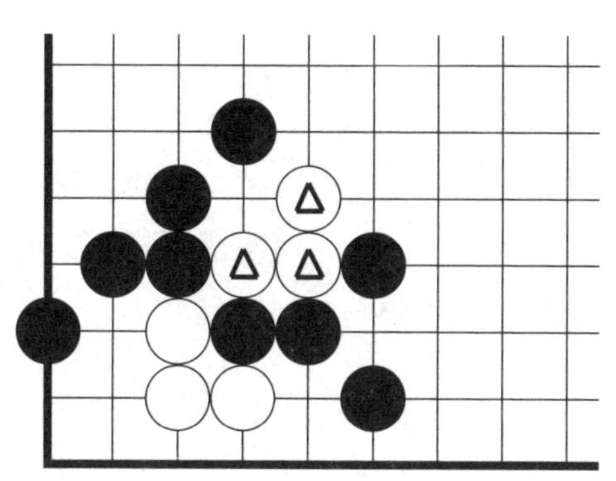

图2-6-1

如图2-6-2所示，黑1即是飞封，至黑5白棋无法跑出。

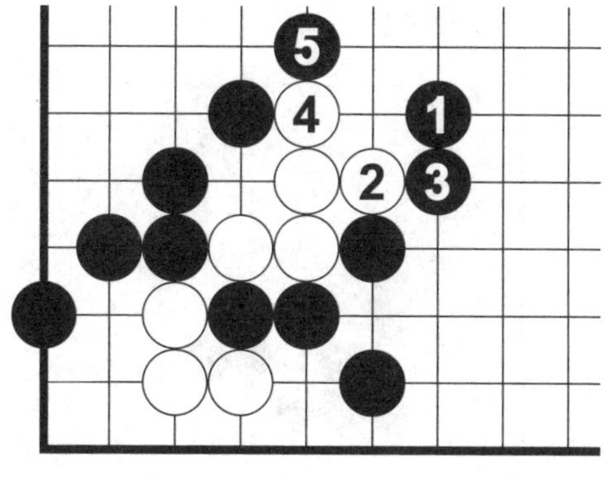

图2-6-2

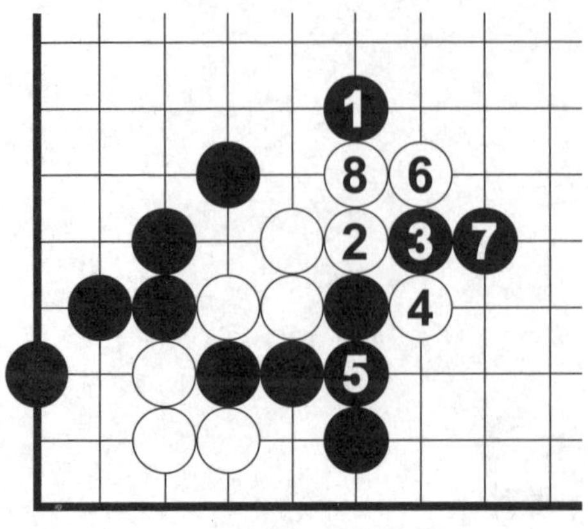
图2-6-3

如图2-6-3所示，黑1在此处飞，白2、4、6利用打吃、连接的办法至白8，成功将自己救出。

从这两个答案可以看出，同样都是飞的棋形也都是在进攻对方，一个是飞封，能成功将对方棋封锁住，而另一个只是一个普通的飞。

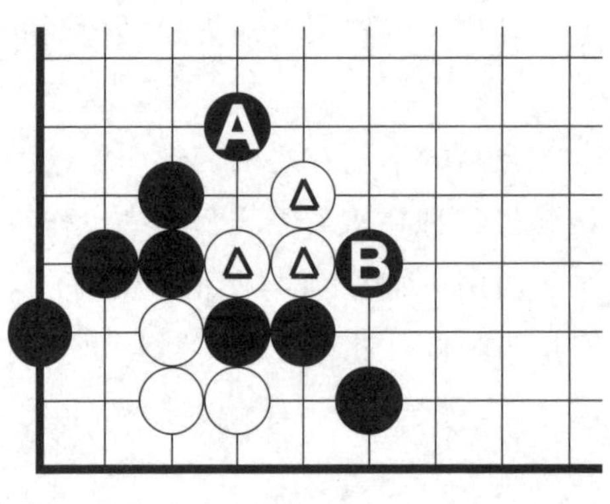
图2-6-4

那是什么原因导致出现如此不同的结果呢？这个我们要从黑棋本身的特点来找。如图2-6-4所示，我们来看A、B两子的区别。A子的气数相较B子的气数多，也就是A子比B子更强，所以在实际飞封的操作中，我们要保护更弱的一侧，防止弱侧出现问题，这也符合先保护弱棋的特征。

课后练习

如何利用飞封来获胜（黑先）？

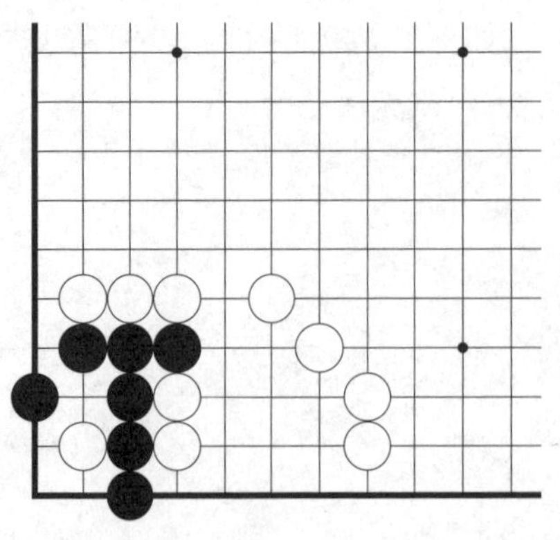
第1题

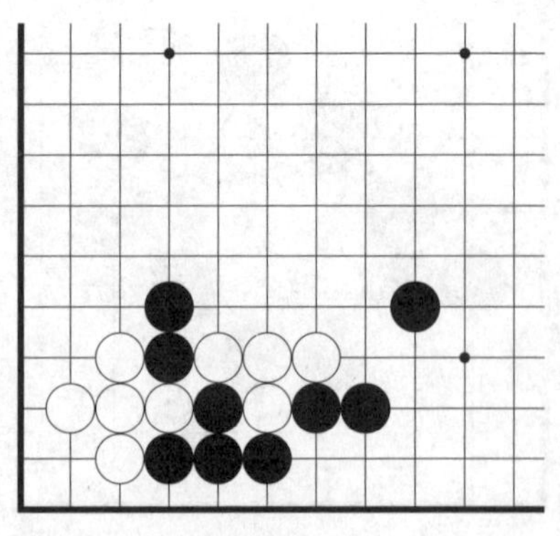
第2题

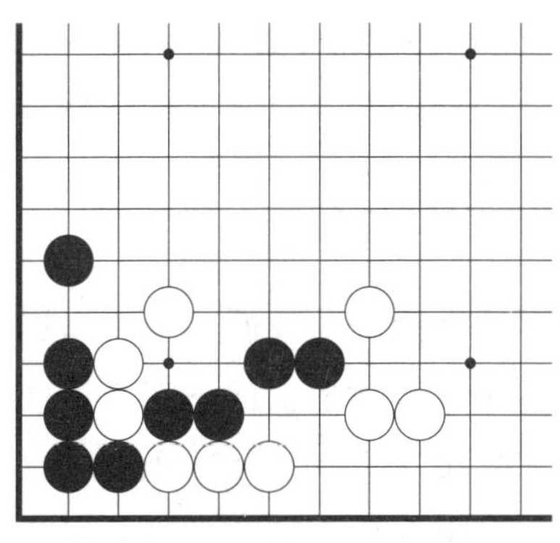

第3题

第七节　滚打

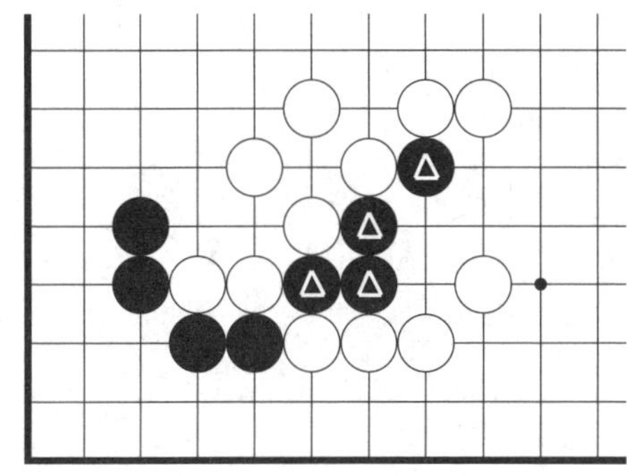

图2-7-1

利用扑、枷、打吃等方法使对方棋子形成一个聚堆的坏形，这个过程称为滚打。

如图2-7-1所示，四颗△黑棋已经被白棋包围，无法跑出，但我们能不能利用这些“死子”给白棋制造一些麻烦呢？

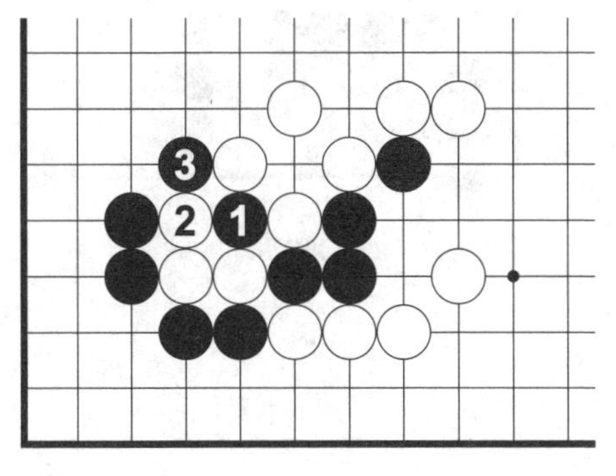

图2-7-2

如图2-7-2所示，黑1先扑，白2只能提子，黑3再打吃连贯。

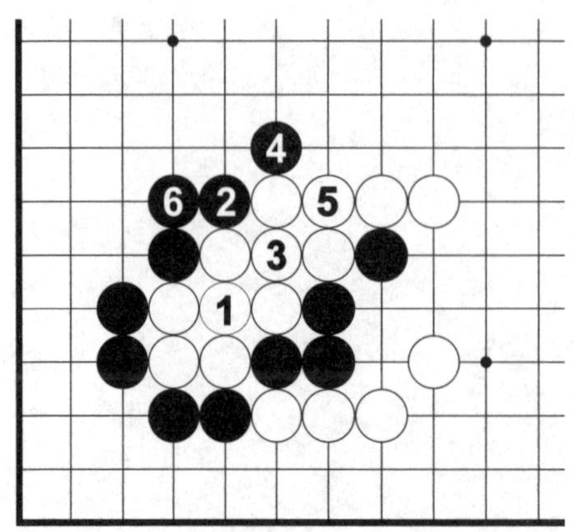

图2-7-3

图2-7-3接上图，白1粘，之后的黑2、4继续连续打吃白棋，使白棋形成十分凝重的棋形，黑6再将自身断点补掉。

通过此例题我们可以看出，滚打是利用对方棋形上的缺陷来迫使对方形成凝重、效率低下的棋形（关于好形与坏形在后面的章节中会讲到），而非一定要吃子。

滚打可以利用所学的任何方式，对对方进行连续的打吃，将对方打成一团，以此来破坏对方棋形、加强自身，为今后的进一步进攻、防守做好准备。

课后练习

如何利用滚打来取得优势（黑先）？

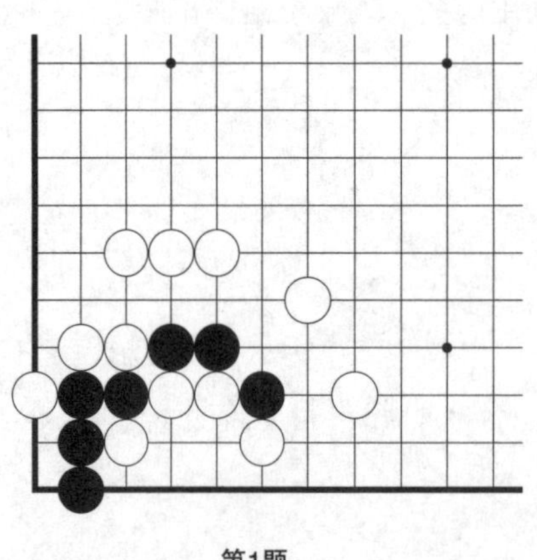
第1题

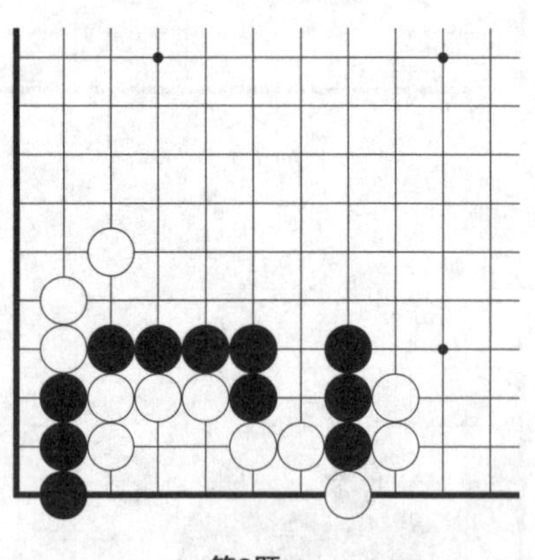
第2题

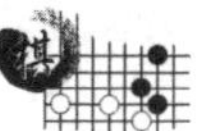

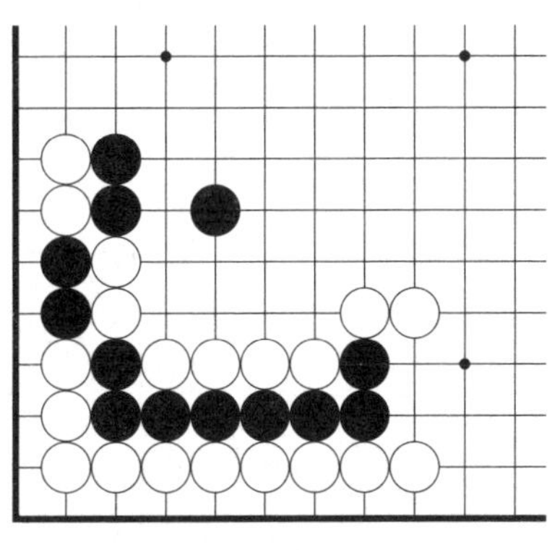

第3题

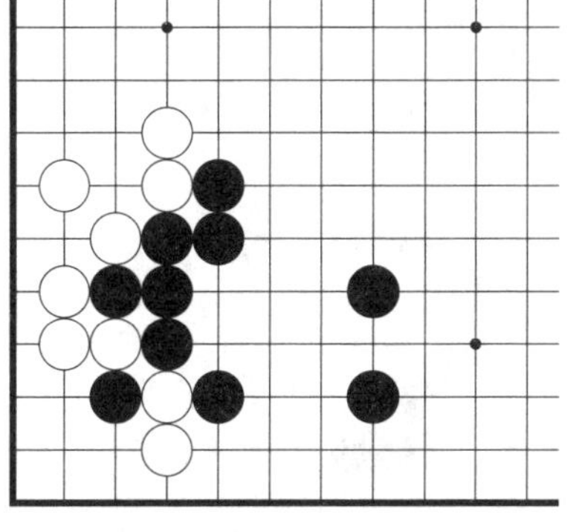

第4题

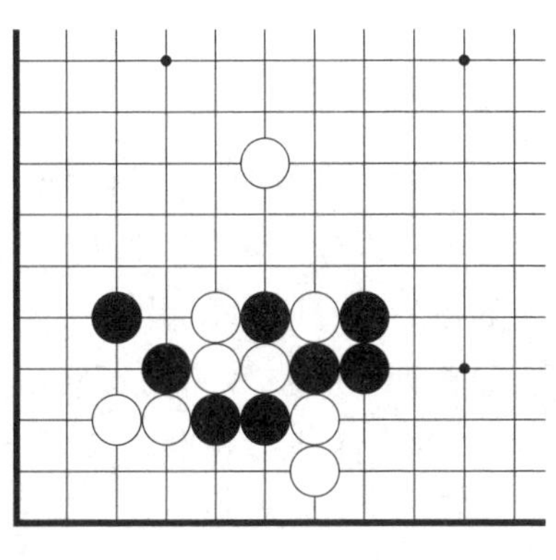

第5题

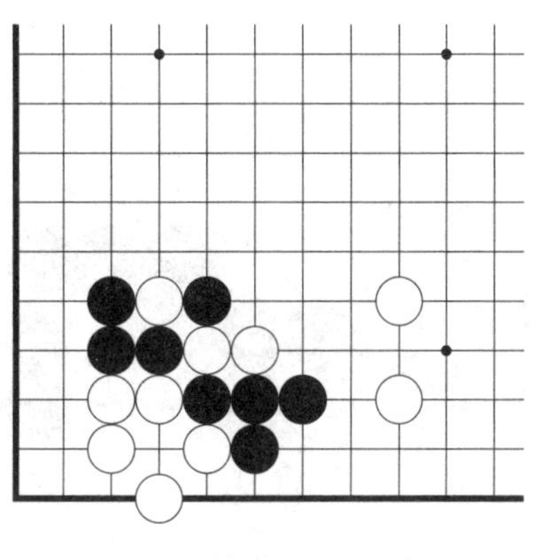

第6题

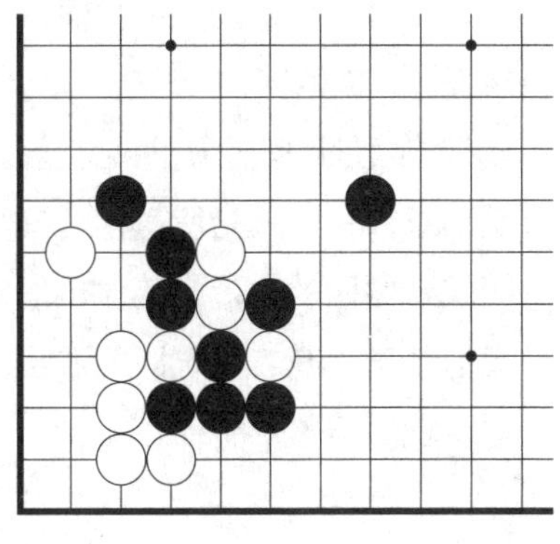

第7题

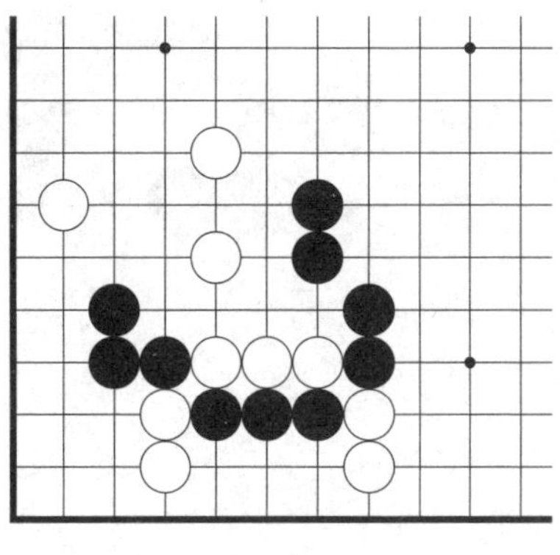

第8题

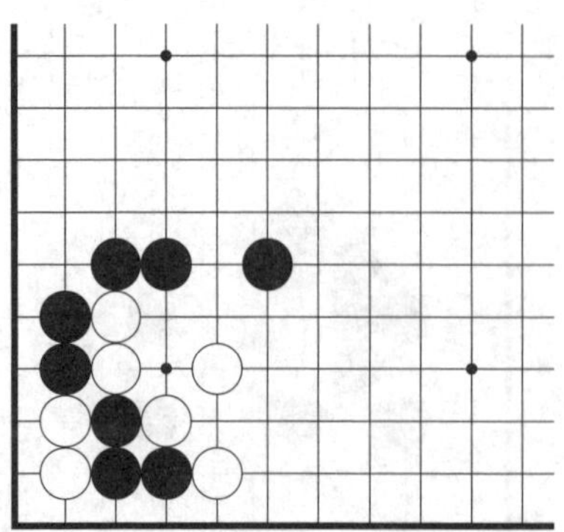

第9题

第八节　倒脱靴

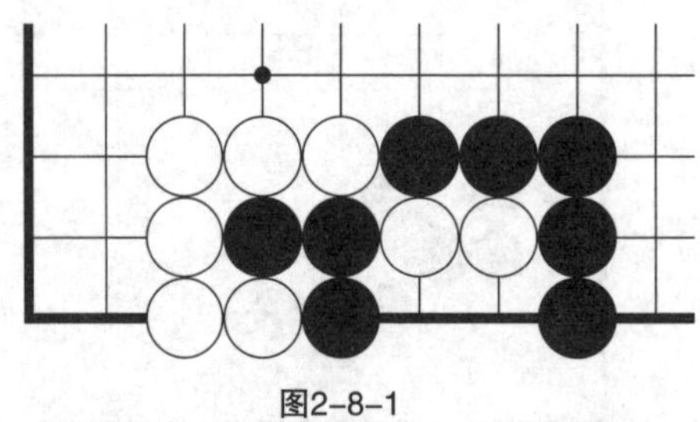

图2-8-1

送对方一个坏形，迫使其吃掉，再通过断打将对方提回的下法。

如图2-8-1所示，黑棋三子一口气，白棋两子两口气，按对杀的原理黑棋三子会被杀。黑棋有什么好办法？

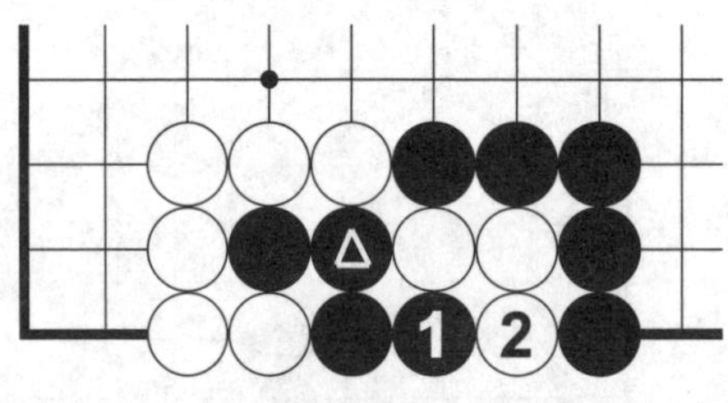

图2-8-2

如图2-8-2所示，黑1多送一子巧妙，白2只能提子，黑3再于△断打，将白棋三子吃回来。

倒脱靴巧妙地利用了两个条件来创造吃子条件：其一是所送棋子一般要是方四或者曲四的棋形，其他棋形也是以两者为基础；其二是吃回的那步为断打，即要吃回的子不能有外气。

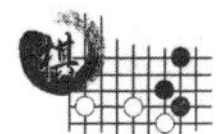

课后练习

如何利用倒脱靴来取得优势（黑先）？

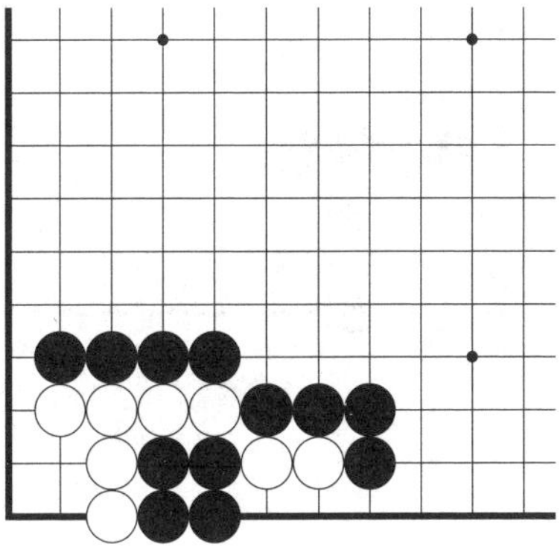

第1题

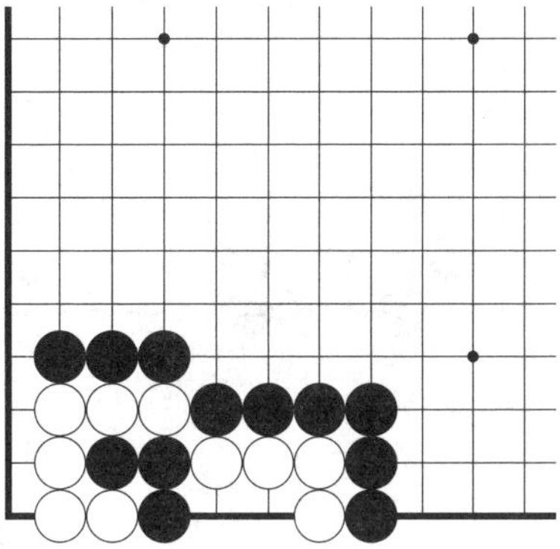

第2题

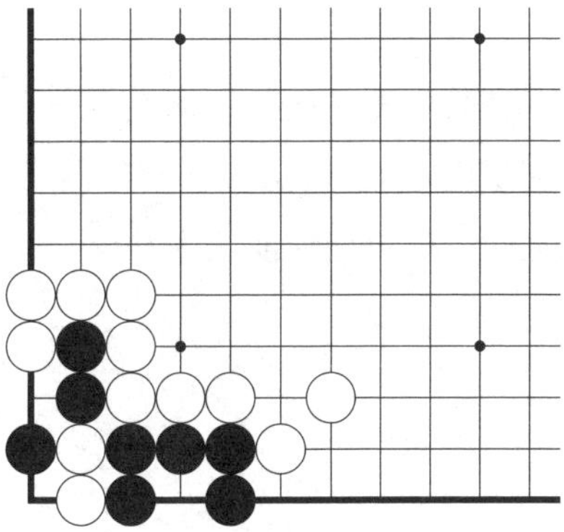

第3题

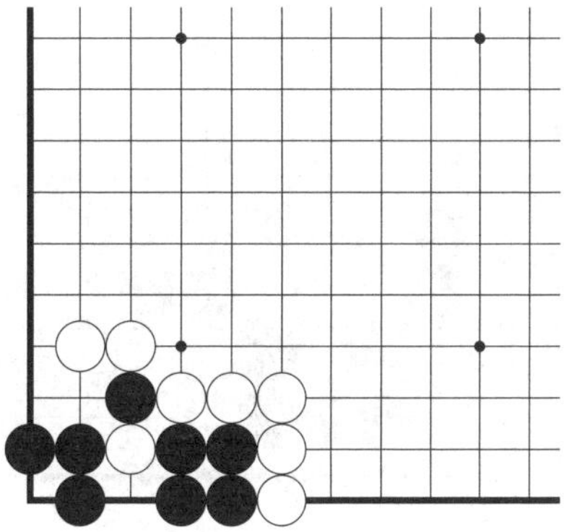

第4题

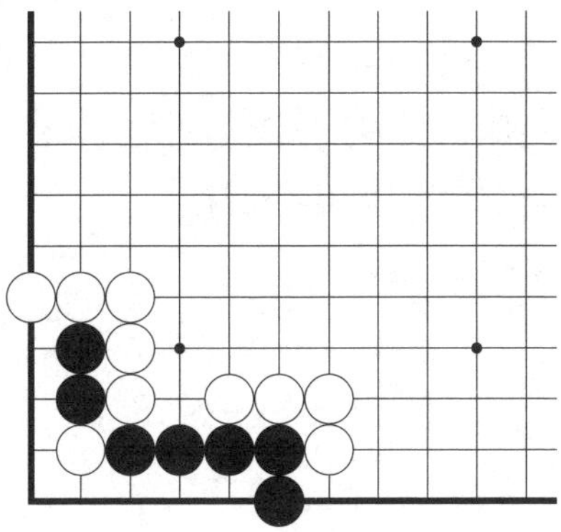

第5题

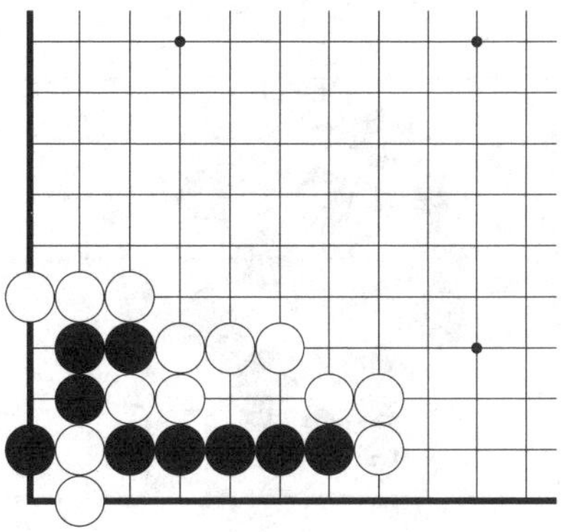

第6题

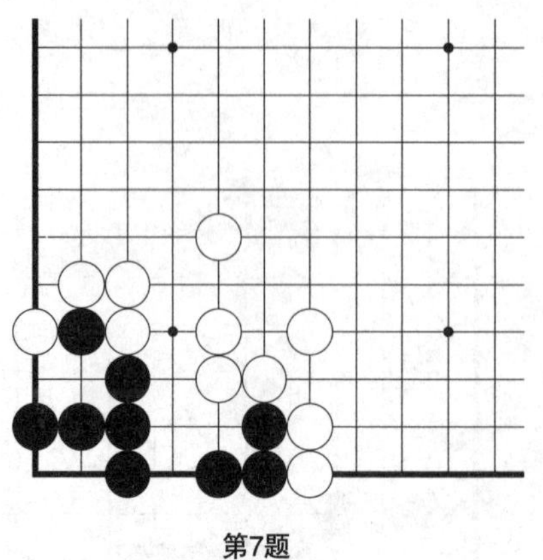

第7题

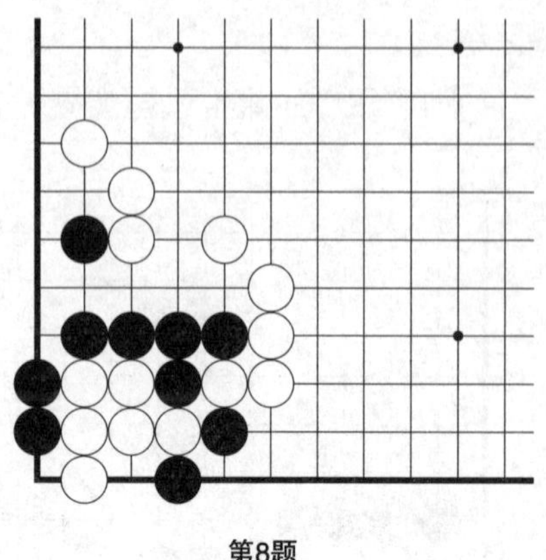

第8题

第九节 宽枷

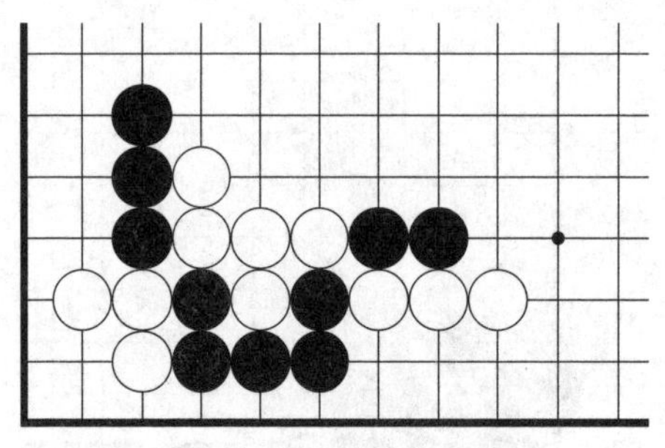

图2-9-1

在较为宽松的位置枷吃对方。

如图2-9-1所示，下方黑棋陷入包围之中，黑棋如何能脱困？

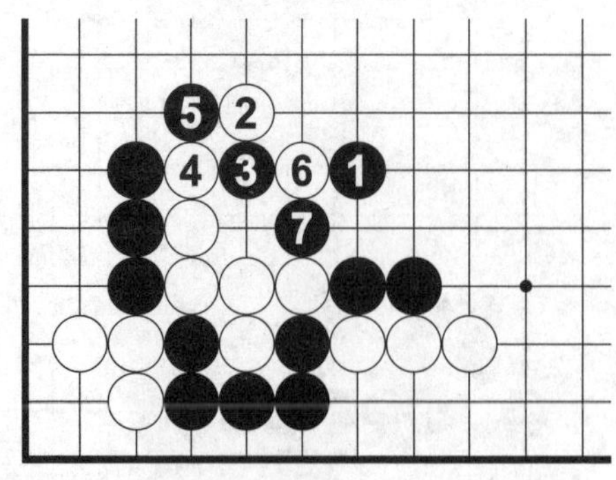

图2-9-2

如图2-9-2所示，黑1宽枷，白2小飞逃跑，黑3跨（后面章节中会有专门讲解），至黑7形成倒扑。

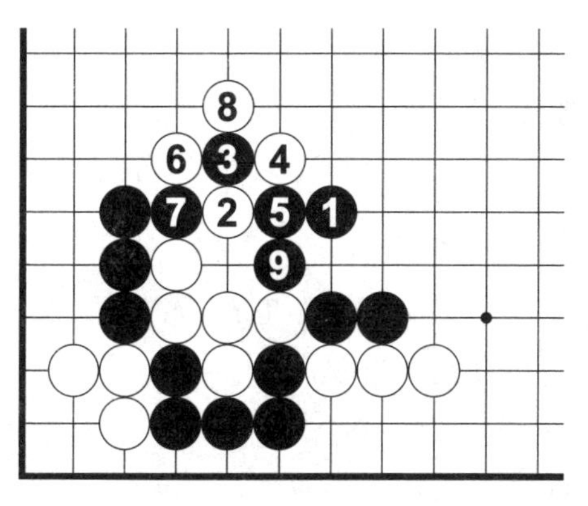

图2-9-3

如图2-9-3所示，白2尖，意图逃得坚固一些也不行，至黑9成接不归。

课后练习

如何宽枷对方（黑先）？

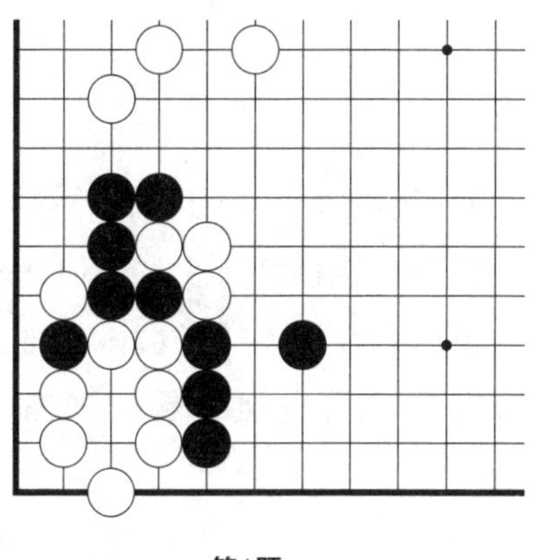
第1题

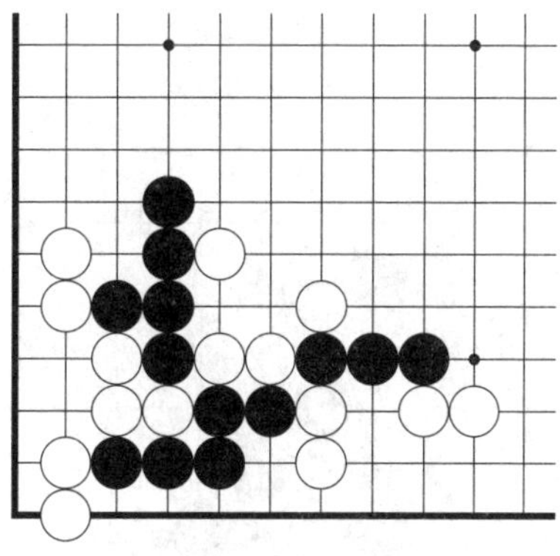
第2题

第十节　回龙征、宽征

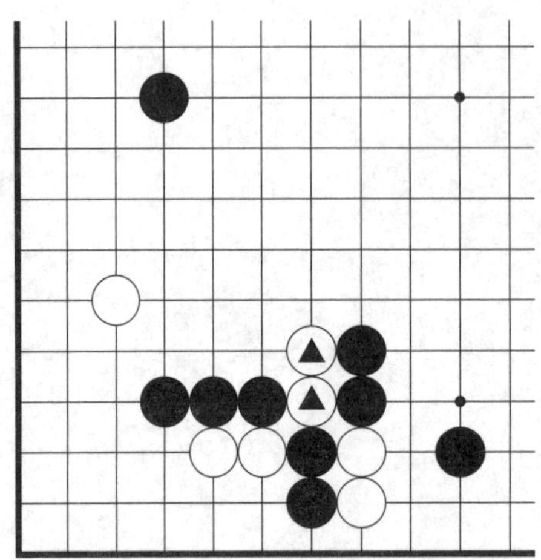

图2-10-1

一、回龙征

通过弃子，征吃的方向往往会发生改变的征吃方式。

如图2-10-1所示，黑棋怎样吃掉▲？

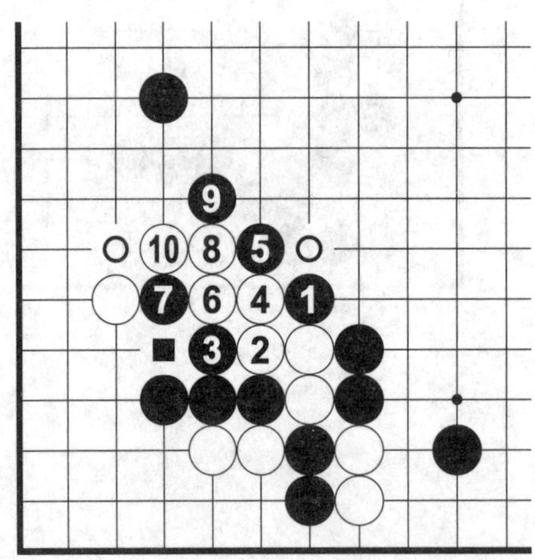

图2-10-2

如图2-10-2所示，正常征吃下法，至白10黑棋被打吃，形似征吃带响，黑棋若在■连接，白棋就可在○处双打吃或者连接，看起来黑棋大亏。

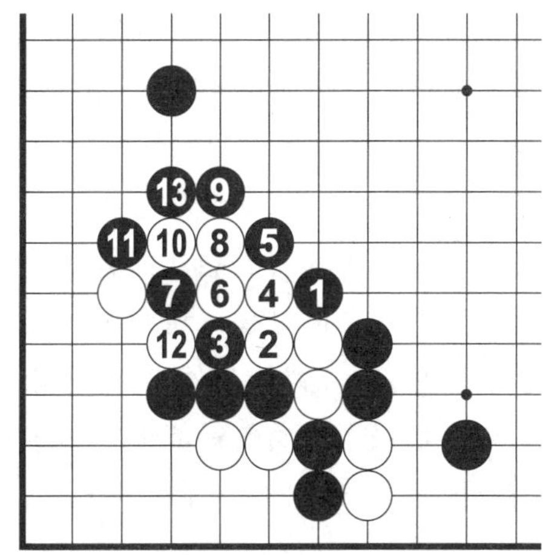

图2-10-3

如图2-10-3所示，所以黑11要继续打吃，白12如果直接提子，黑13打吃继续征吃，此时征吃方向已经改变，此后正常征吃即可。

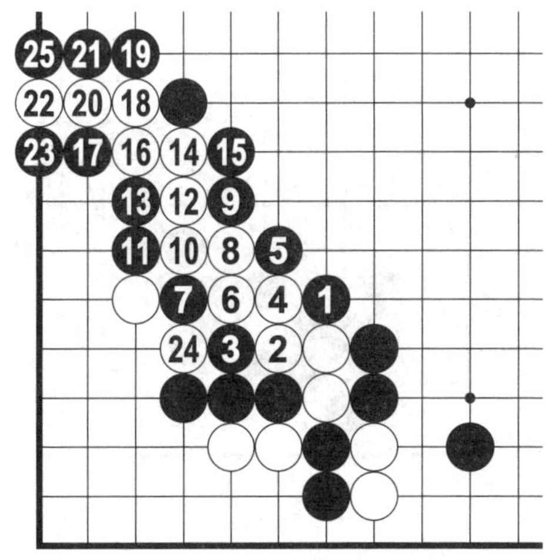

图2-10-4

如图2-10-4所示，如果白10不提子选择继续逃跑，黑棋继续一路打吃下去，至黑25打吃，和上图之后的变化一致。

其实回龙征的过程中会出现征吃带响的情况，但因为周围会有我方棋子的帮助，故征吃带响并不会对回龙征产生影响。

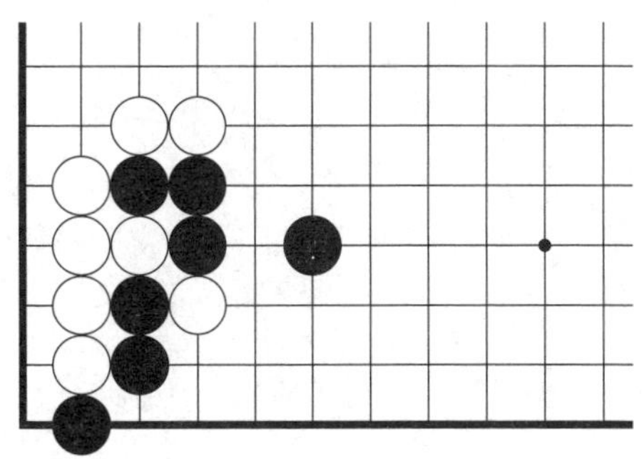
图2-10-5

二、宽征

进行征吃时对方的气多于两口气的征吃。

如图2-10-5所示，黑棋有什么办法能救出下方黑棋？

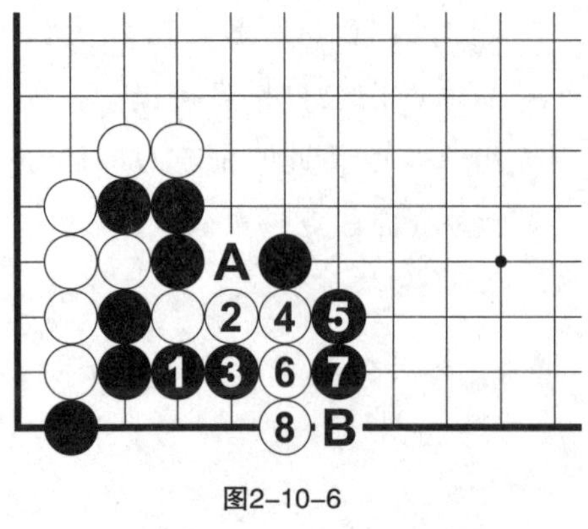

图2-10-6

如图2-10-6所示，黑1和黑3一边威胁白棋，一边加强自身，至白8后黑棋在A、B两处任意一处紧气即可。

宽征在松着气的情况下还能形成征吃，是因为对方若想从松着气的位置逃跑，我方防守住之后对手的气会减少，也就是对方有自紧气的意味，所以才形成了松着气还能继续征吃的特殊情况。

课后练习

如何利用回龙征来征吃对方（黑先）？

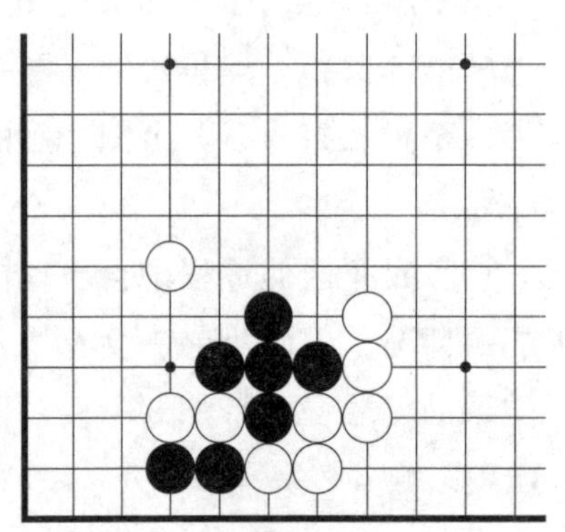
第1题

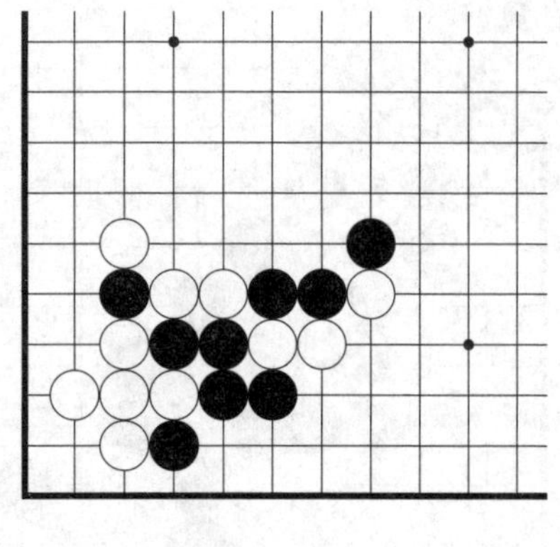
第2题

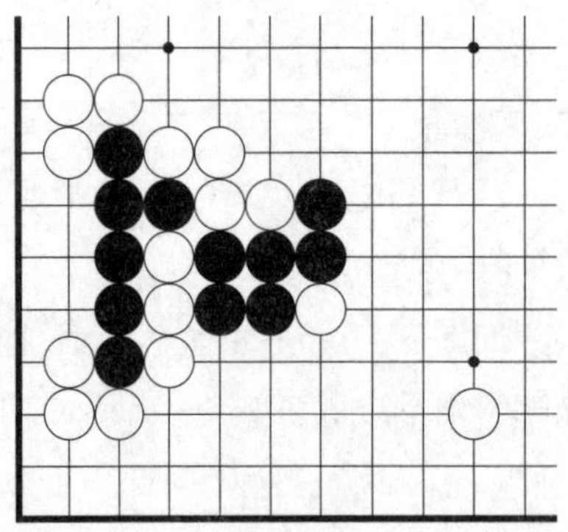
第3题

课后练习

如何利用宽征来征吃对方（黑先）？

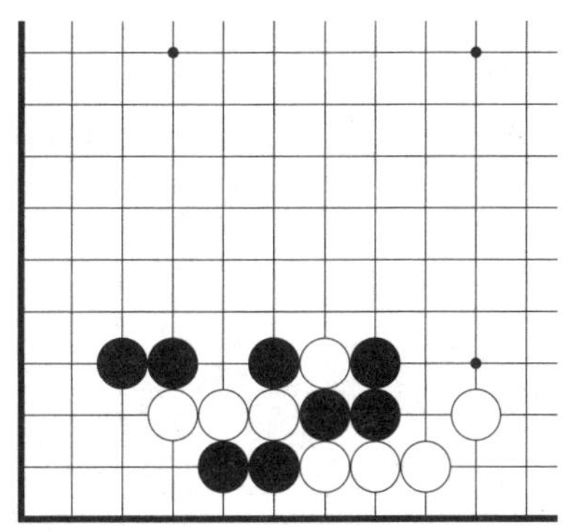

第1题

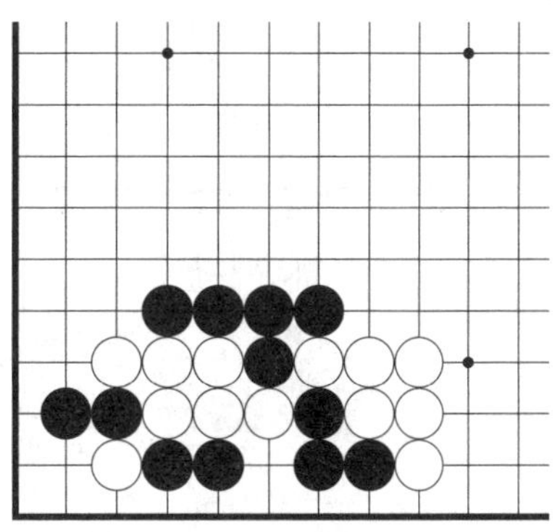

第2题

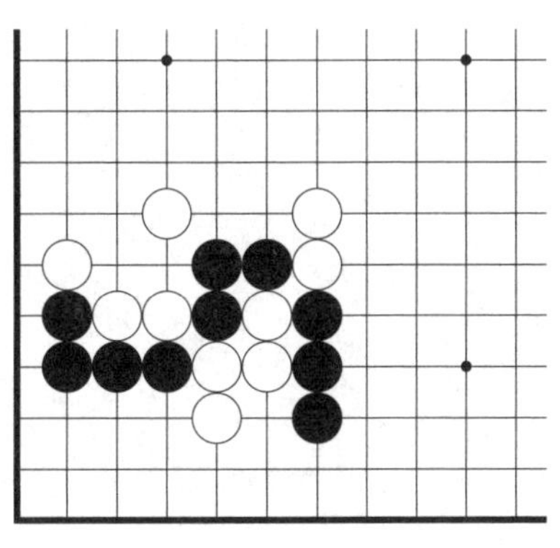

第3题

第十一节　连接

我们在之前的教程中就已经学过连接，连接就是将本方断点补掉，以此来防止对方断开我方棋子的下法。

在对战中，能否保护好本方断点十分重要。连接是一大类的名称，其下还分有多种方法，本节就是具体了解每种补断点的方法。

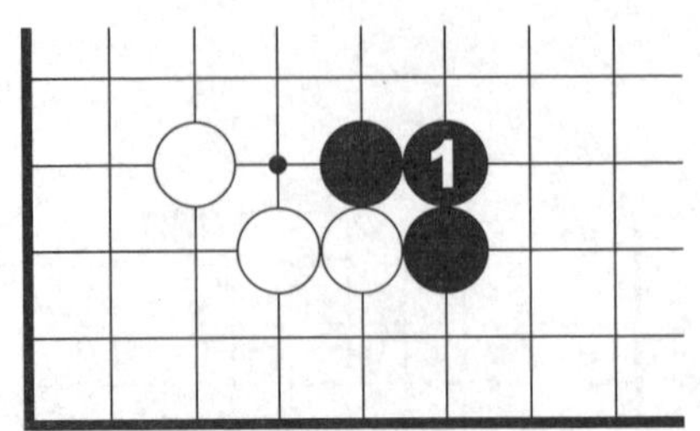

图2-11-1

一、粘

直接下在断点上将断点补掉的下法。

如图2-11-1所示，黑1即是粘。

粘的下法最为坚固，不会被利用，但棋形有时会较为凝重。

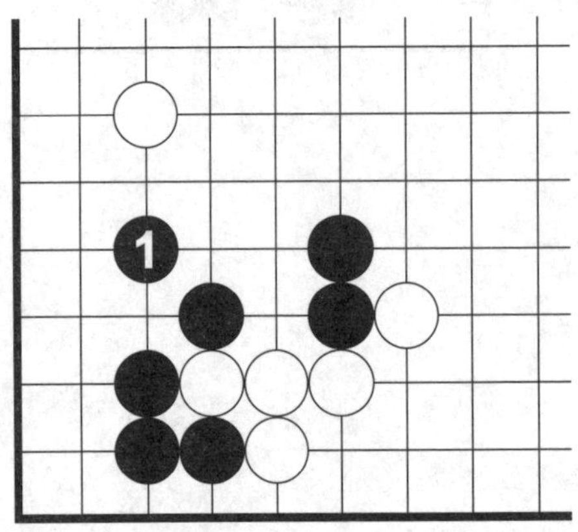

图2-11-2

二、虎

形成虎口的下法。

如图2-11-2所示，黑1即是虎。既补了自身断点，也在一定程度上扩大了地盘，还避免了形成不好的棋形。

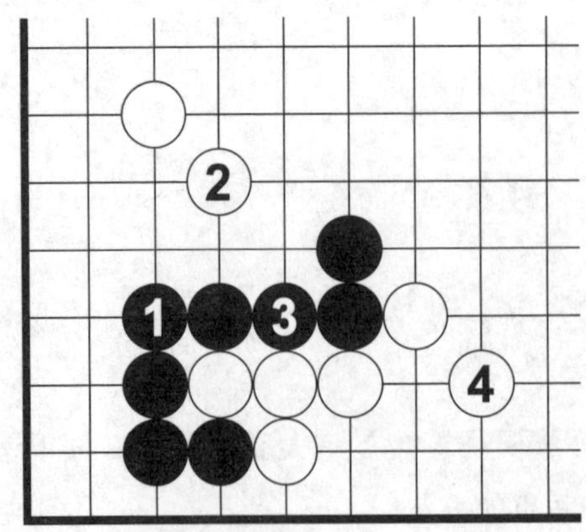

图2-11-3

如图2-11-3所示，倘若黑1直接粘，白2尖后黑3还要再补一个，白4再补自身断点。可以看出，若用此法来补断点，黑棋形状凝重，白棋两侧棋形较为舒展。

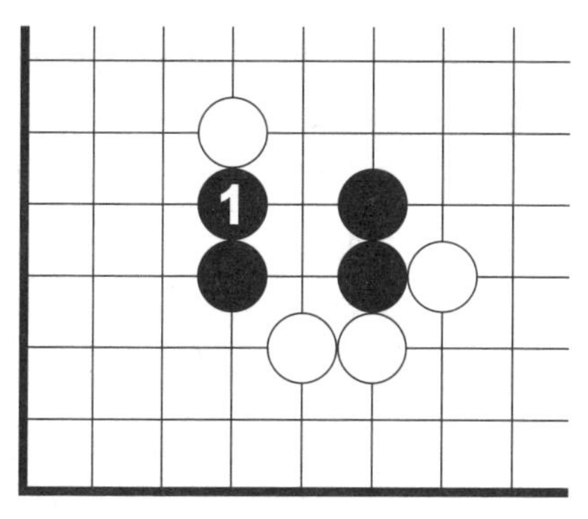

图2-11-4

三、双

在棋盘上形成双关的下法。

如图2-11-4所示，黑1即双。既保证了不会被断开，同时还使白棋一子变弱。

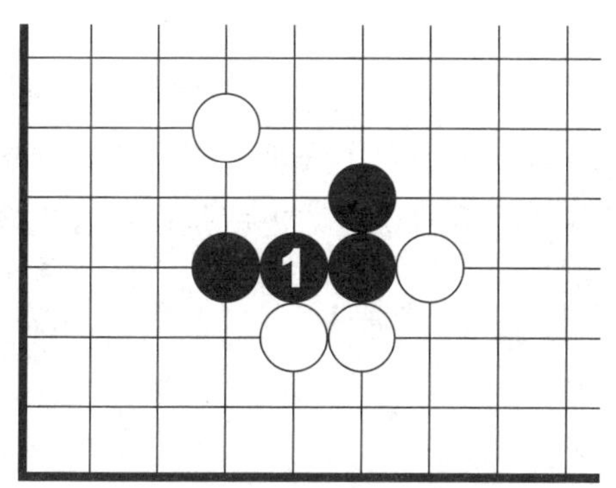

图2-11-5

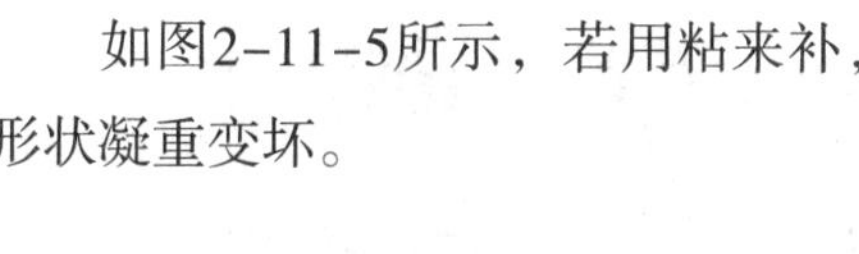

如图2-11-5所示，若用粘来补，形状凝重变坏。

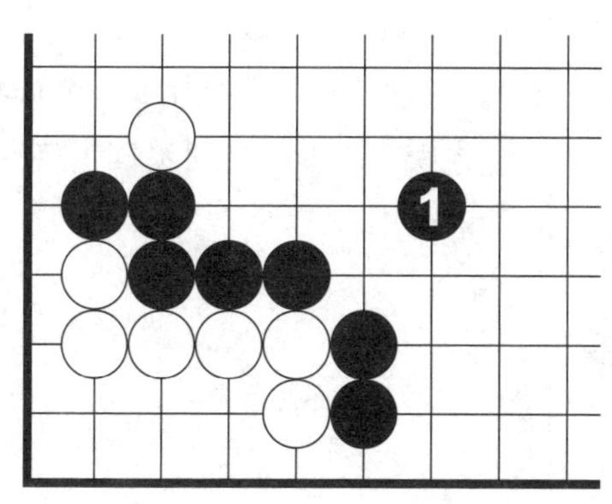

图2-11-6

四、飞

在棋盘上与已有棋子形成一个“日”字形或“目”字形斜对角的下法。

如图2-11-6所示，黑1即飞。补断的同时使棋形舒展，并且为两边的扩张做了准备。

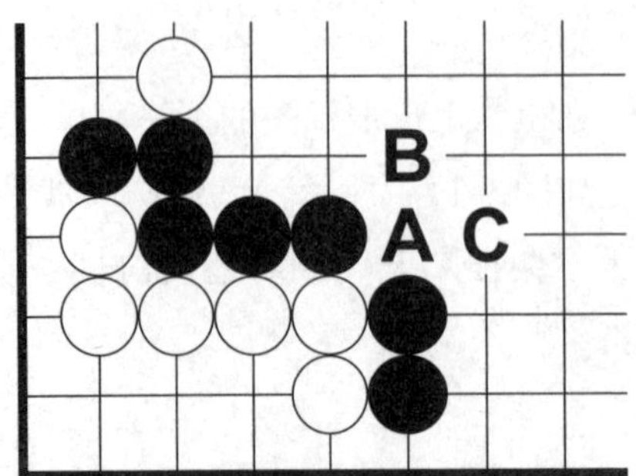

图2-11-7

如图2-11-7所示，如果在A处粘，棋形凝重；如果在B处虎，则白C处刺，黑棋还是在A处粘，依旧是坏形；在C处虎同理。

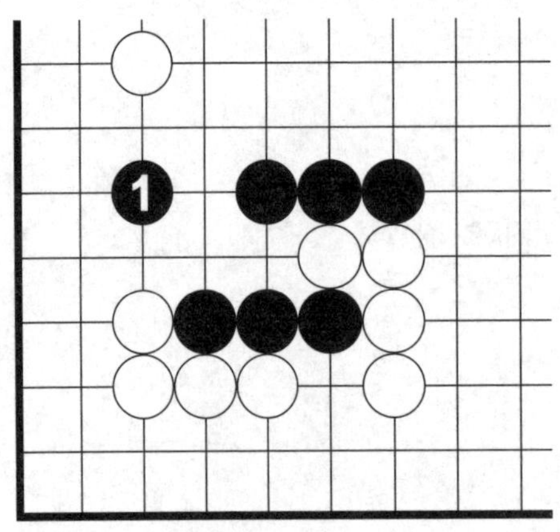

图2-11-8

五、跳

沿着气的方向隔一个交叉点落子的下法。

如图2-11-8所示，黑1即跳。补断的同时还有阻止白棋外侧一子与角里白棋联系的意思，也就是还带有进攻性。

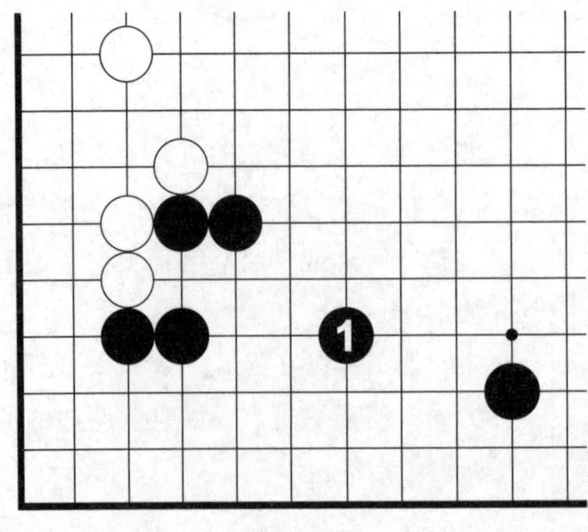

图2-11-9

六、大跳

沿着气的方向隔两个交叉点落子的下法。

如图2-11-9所示，黑1即大跳。补断的同时巩固了自身的范围。

七、间接补断

利用吃子方法来补断。

如图2-11-10所示，黑1即间接补断。黑1利用了枷吃的方法来吃住切断的白子，并伺机侵入白方地盘。

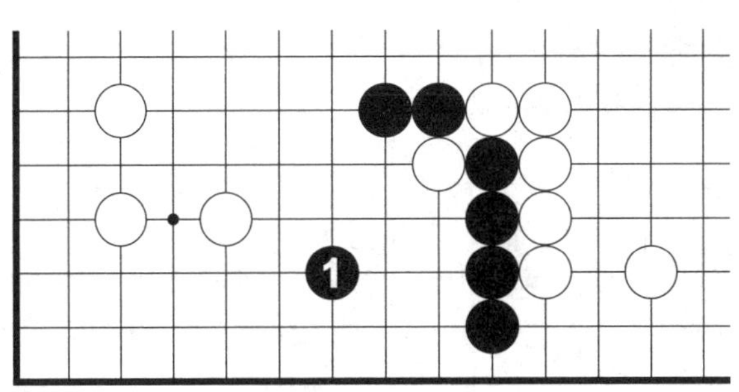

图2-11-10

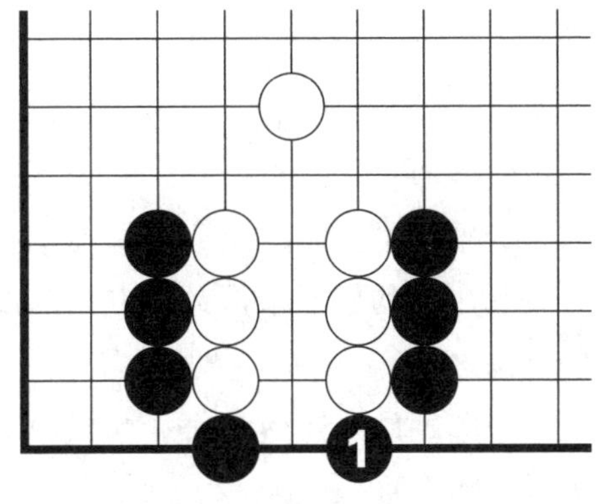

图2-11-11

八、渡过

在棋盘的四周，从下边将左右两块棋连上的方法。

如图2-11-11所示，渡过在之前的学习中其实已经有所涉及，比如黑1双虎之后，黑方两侧的棋子已经在下边连接上，即渡过。

渡过也是一大类的名称，按所下棋形的不同大致有7种。

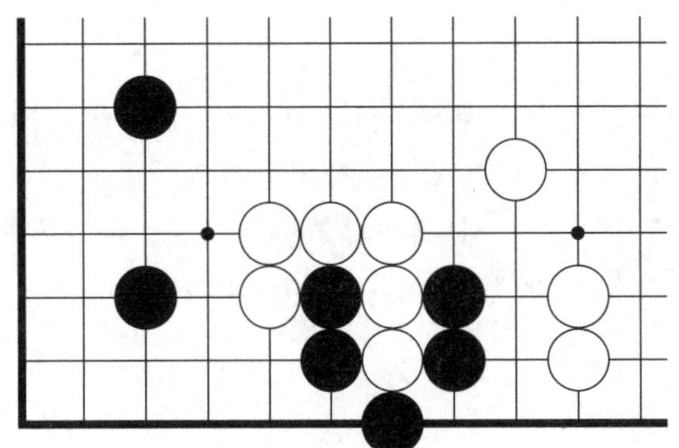

图2-11-12

1. 尖渡

利用尖的棋形来帮助本方棋渡过的下法。

如图2-11-12所示，黑棋怎么才能把边上棋子连回？

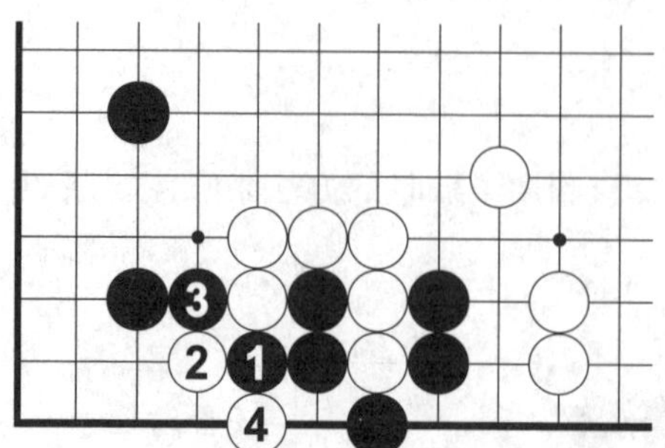

图2–11–13

如图2–11–13所示，黑1想用很直接的方式回家，至白4因为黑棋本身的缺点问题，黑棋连接不回去。

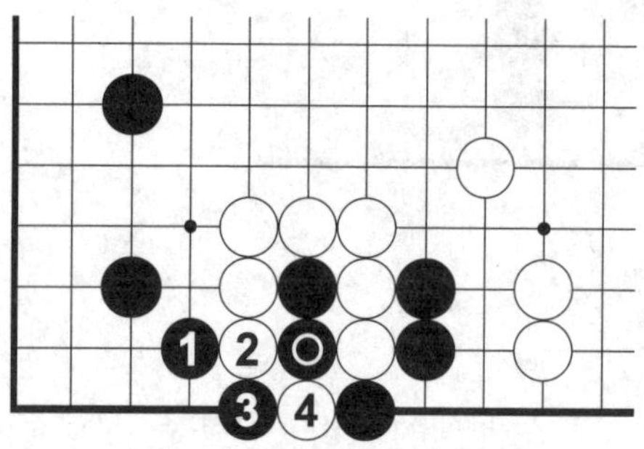

图2–11–14

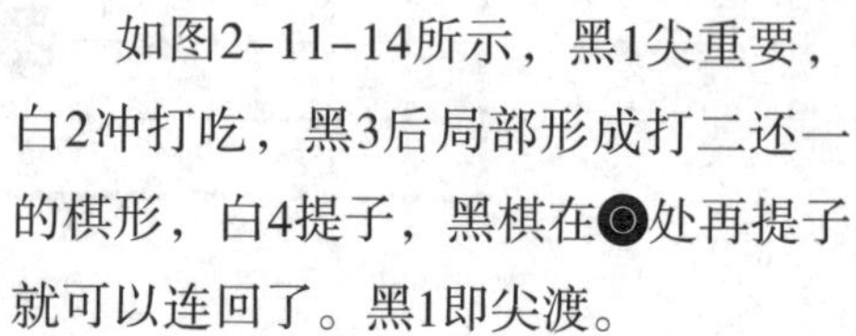

如图2–11–14所示，黑1尖重要，白2冲打吃，黑3后局部形成打二还一的棋形，白4提子，黑棋在◉处再提子就可以连回了。黑1即尖渡。

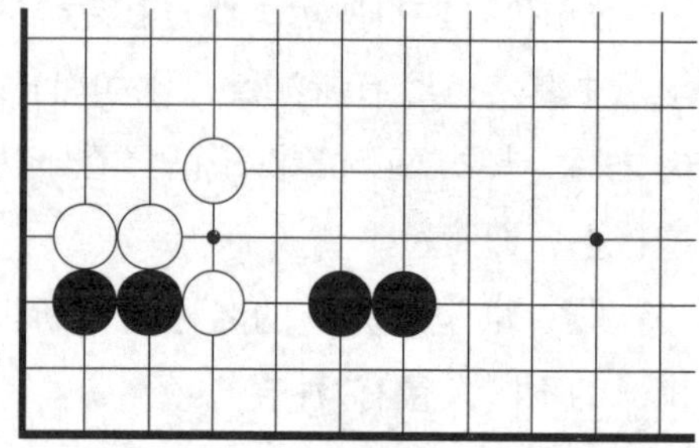

图2–11–15

2. 扳渡

利用扳的棋形来帮助本方棋渡过的下法。

如图2–11–15所示，角上黑棋两子怎样才能连回？

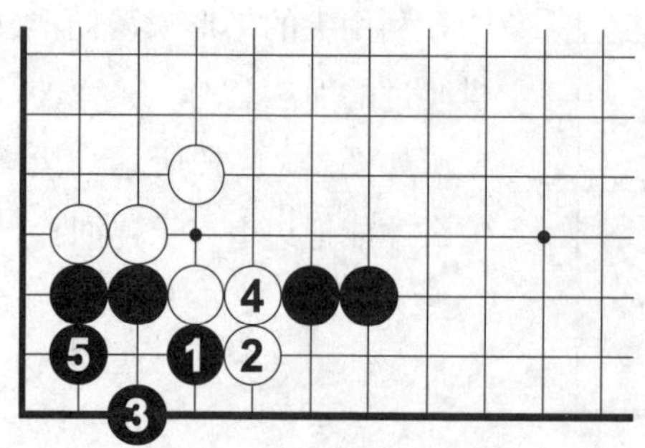

图2–11–16

如图2–11–16所示，黑1扳，白2挡后，黑3选择用虎来补断点，至黑5后，黑棋角部虽然活棋了，但外面两颗黑子太弱，易被攻击。

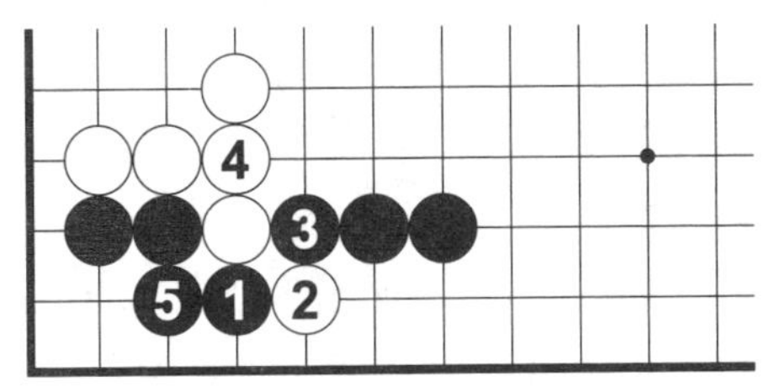
图2-11-17

如图2-11-17所示，黑3直接断打后再于黑5补断正确，白2一子成为死子，黑棋全部连成一体。黑1即扳渡。

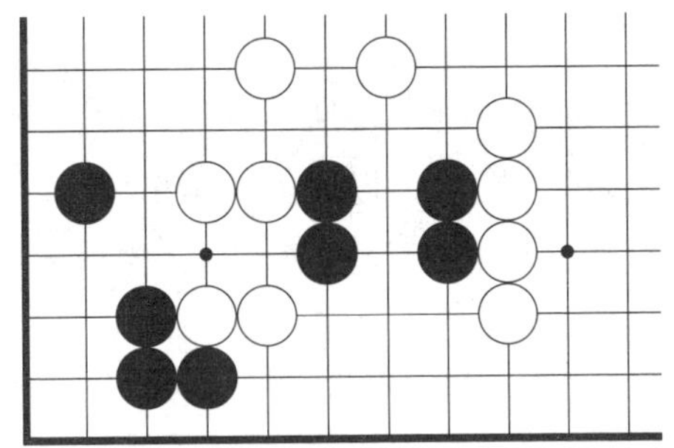
图2-11-18

3. 跳渡

利用跳的棋形来帮助本方棋渡过的下法。

如图2-11-18所示，黑棋怎样才能把四颗棋子连回?

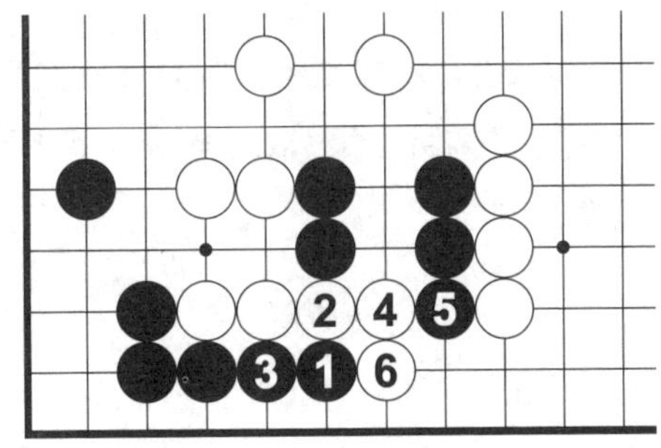
图2-11-19

如图2-11-19所示，黑1想简单爬回，白棋只要简单应对即可阻止黑棋的意图。

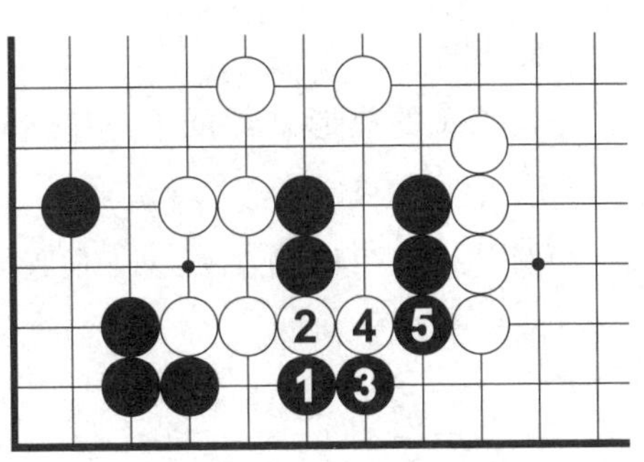
图2-11-20

如图2-11-20所示，黑1跳，白2冲时黑3长加强自身是重点，至黑5挡住，黑棋断点为假断点，成功连回。黑1即跳渡。

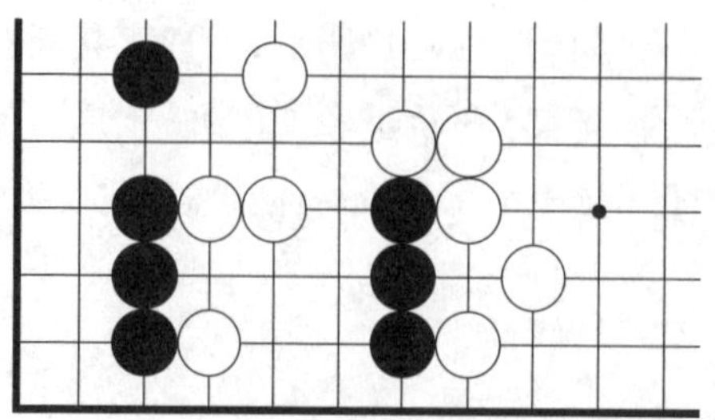

图2-11-21

4. 夹渡

利用夹的棋形来帮助本方棋渡过的下法。

如图2-11-21所示，怎样才能把黑棋三子连回？

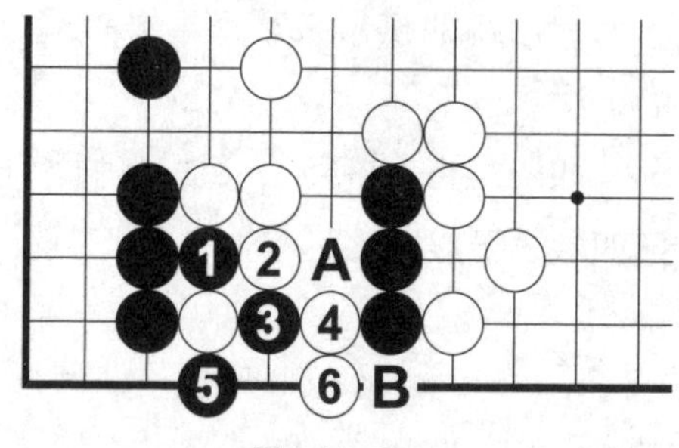

图2-11-22

如图2-11-22所示，黑1直接冲，白2挡，黑3、5提一子，至白6立，之后白棋A、B两处必得其一，黑棋无法连回。

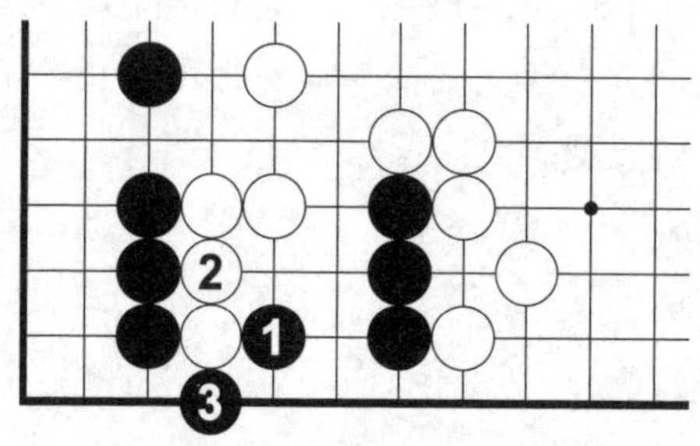

图2-11-23

如图2-11-23所示，黑1夹，白2只能在上面连回，黑3双虎连回。黑1即夹渡。

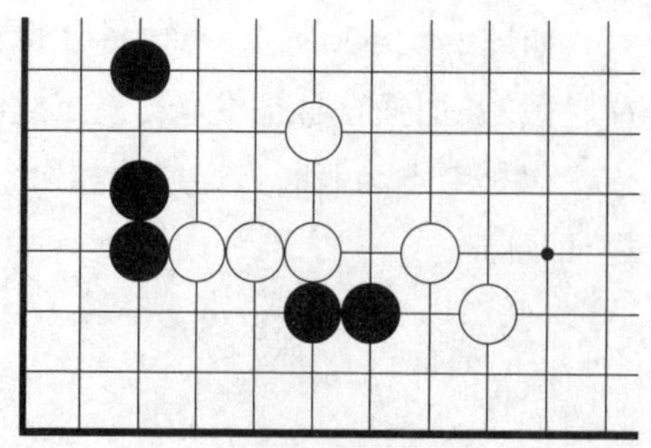

图2-11-24

5. 飞渡

利用飞的棋形来帮助本方棋渡过的下法。

如图2-11-24所示，黑棋如何连回下方两子？

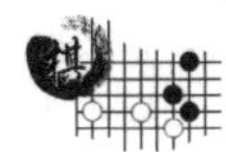

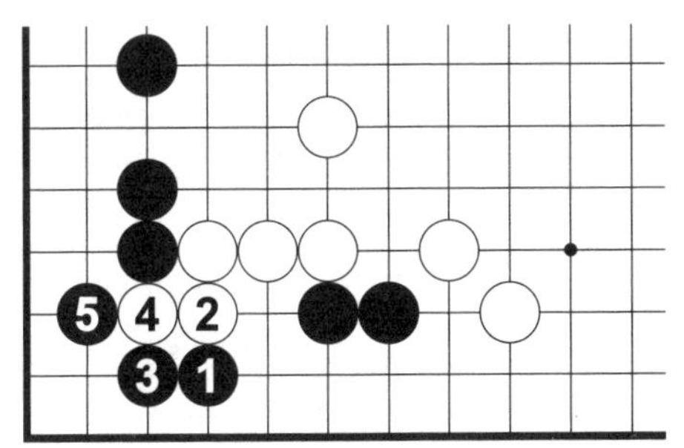

图2-11-25

如图2-11-25所示，黑1飞，白2顶，黑3长重要，至黑5挡，白棋无法断开黑棋了。黑1即飞渡。

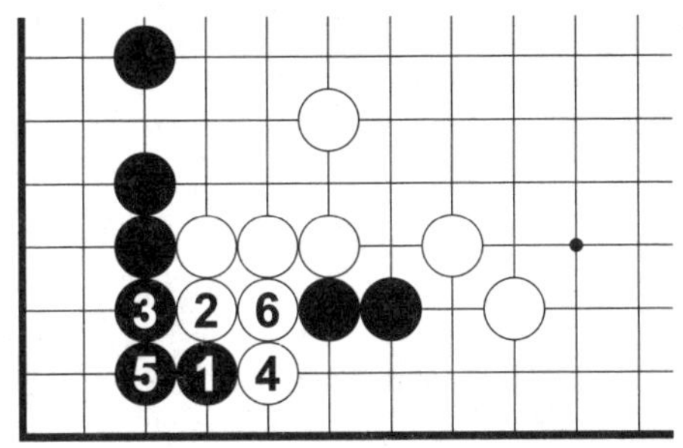

图2-11-26

如图2-11-26所示，如果黑3不长而是直接挡住，白4后因为黑1一子太弱，黑5只能粘，白6粘后黑棋两子无法连回。

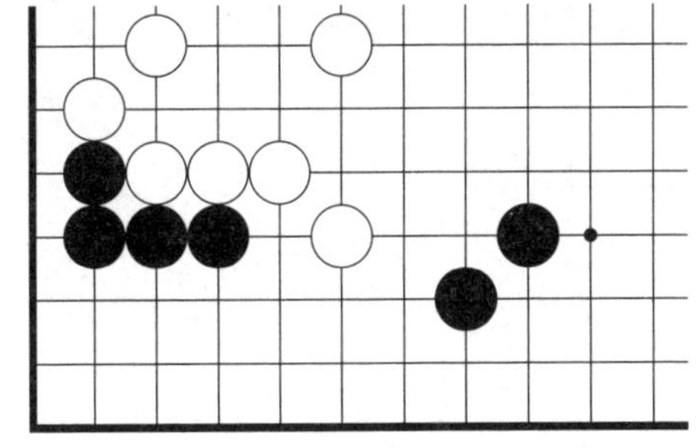

图2-11-27

6. 托渡

利用托的棋形来帮助本方棋渡过的下法。

如图2-11-27所示，黑角里棋子如何和外面黑棋连上？

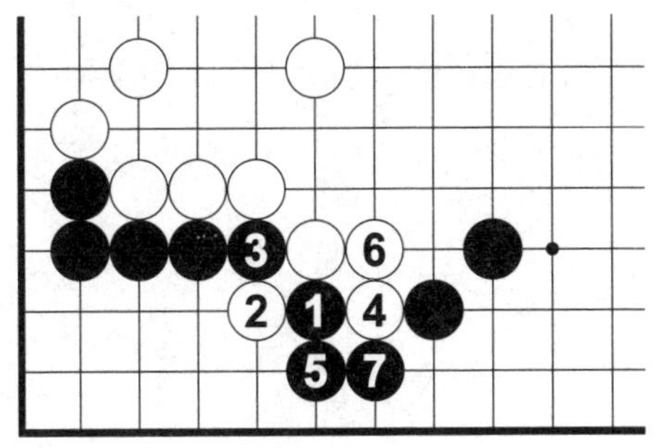

图2-11-28

如图2-11-28所示，黑1托，白2扳进去，黑3断，白4打吃至黑7，黑棋全部连上。黑1即托渡。

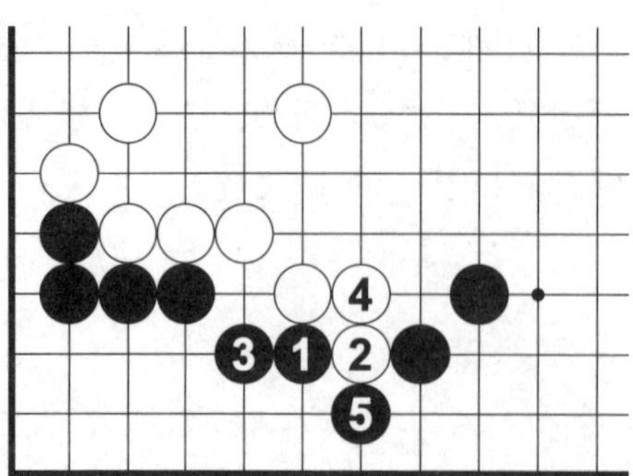

图2-11-29

如图2-11-29所示，白2若挖，黑3冷静地退一个就行，至黑5一样连回。

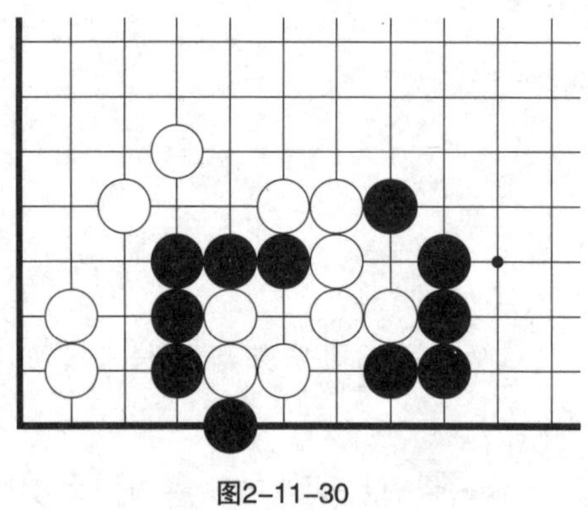
图2-11-30

7. 挤渡

利用挤的棋形来帮助本方棋渡过的下法。

如图2-11-30所示，黑棋如何连接左右两部分？

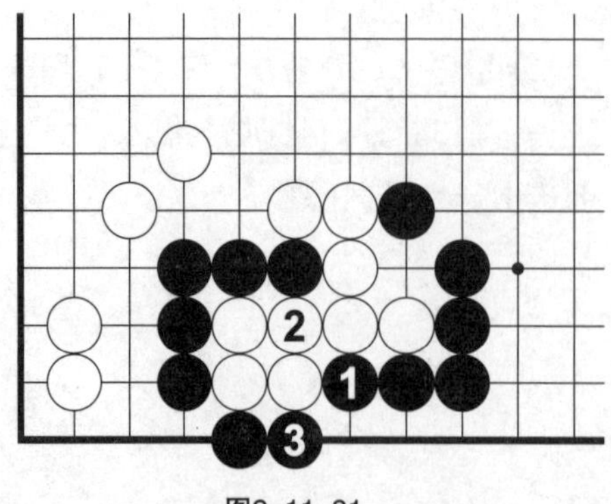

图2-11-31

如图2-11-31所示，黑1挤，白2只能粘上边，黑3爬回。黑1即挤渡。

课后练习

如何连接自身（黑先）？

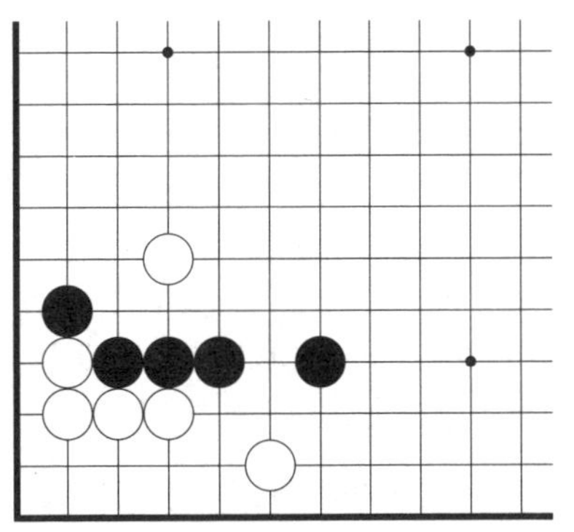

第1题

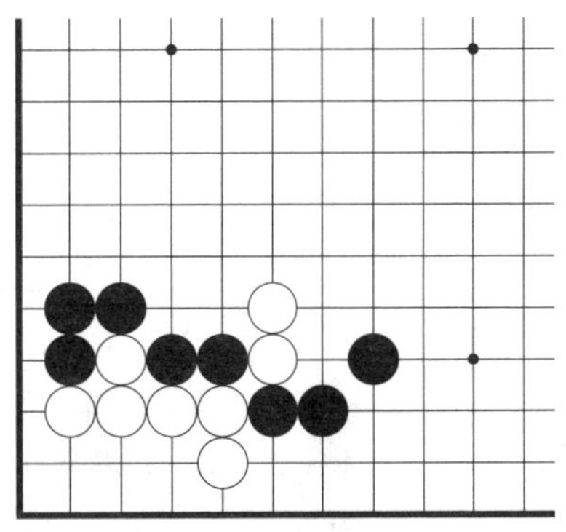

第2题

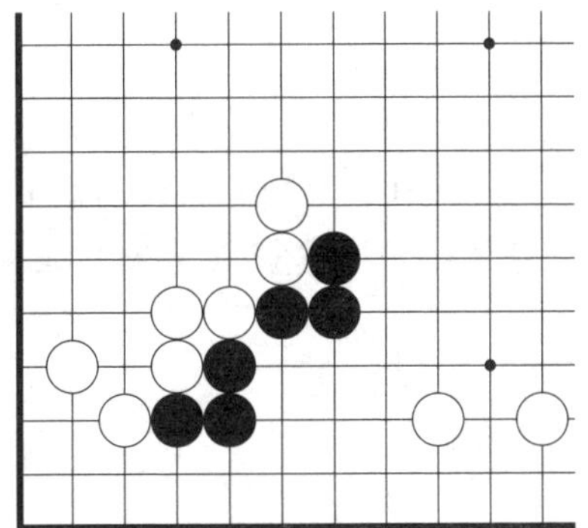

第3题

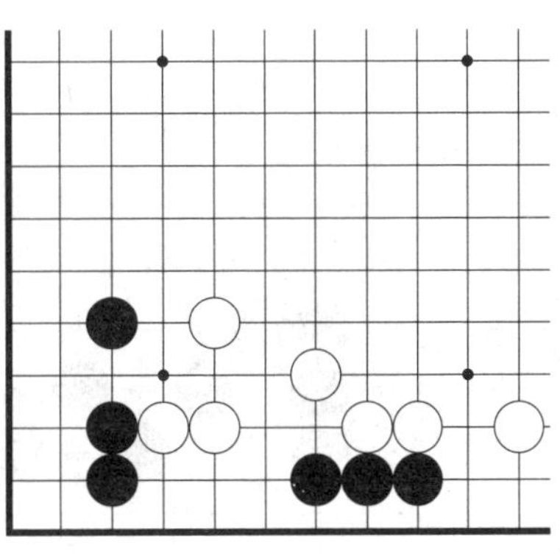

第4题

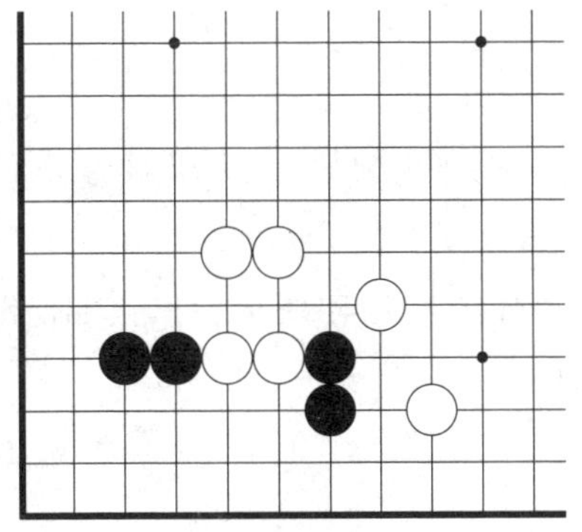

第5题

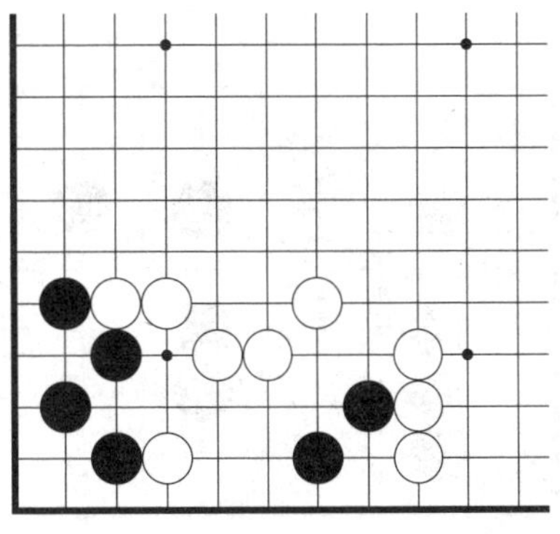

第6题

第十二节　切断

切断在围棋中有很多种下法，所以切断是一大类的总称，这节我们就来具体看下切断的方法。

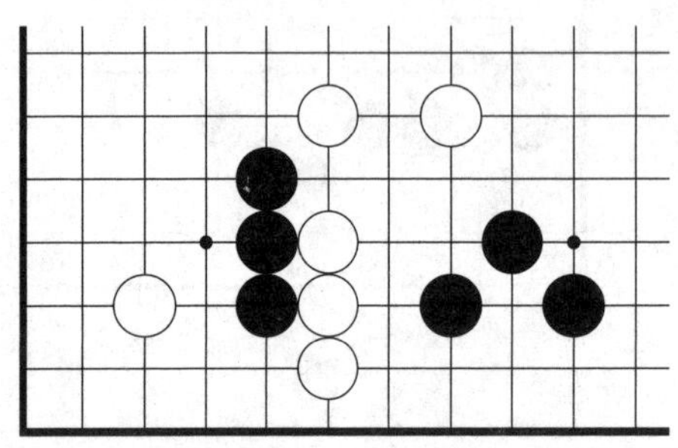

图2-12-1

一、冲断

利用冲的棋形断掉对方棋的下法。

如图2-12-1所示，黑棋如何断掉白棋?

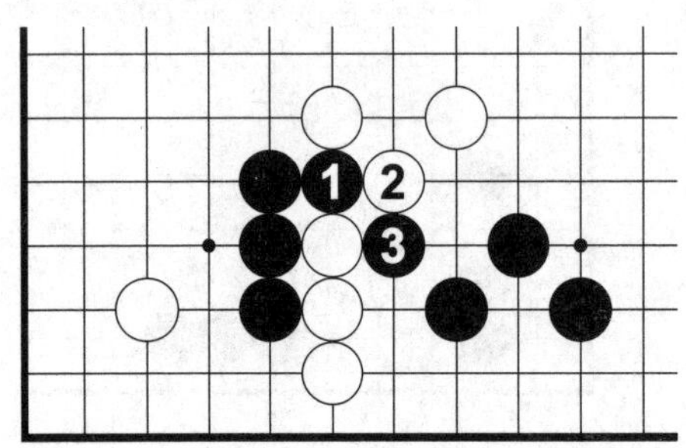

图2-12-2

如图2-12-2所示，黑1冲，白2挡也阻止不了被黑棋断掉。黑1即冲断。

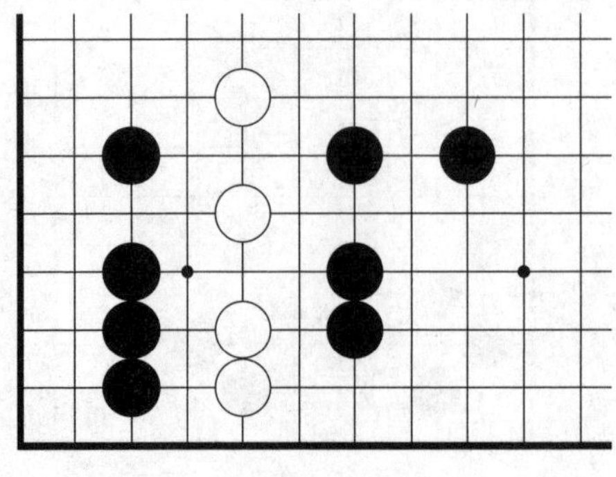

图2-12-3

二、挖断

利用挖的棋形断掉对方棋的下法。

如图2-12-3所示，黑棋如何断掉白棋?

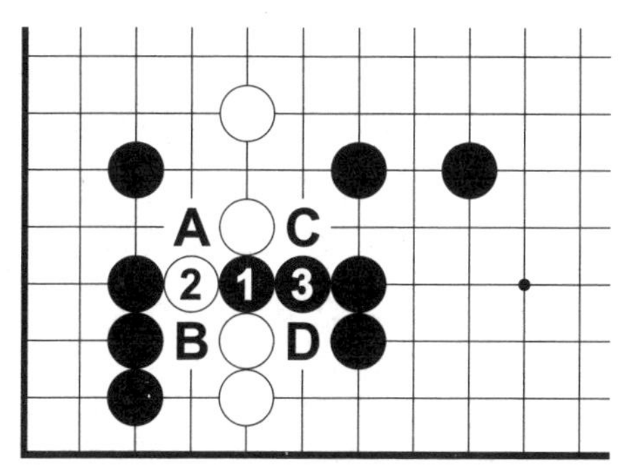

图2-12-4

如图2-12-4所示，黑1挖，白2打吃黑3粘，之后黑棋A、B两处必得其一，白棋被断；如果白棋在3位打吃，黑棋粘住后依旧在C、D两处必得其一。黑1即挖断。

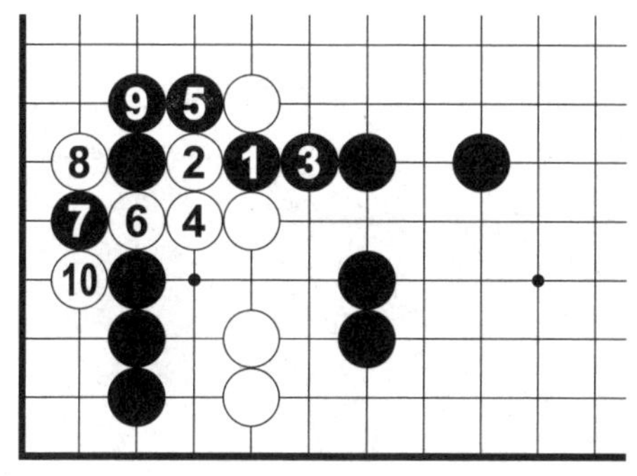

图2-12-5

如图2-12-5所示，此时的黑1也是挖，但之后进行至白10，白棋反将黑棋断掉，黑角被吃；白8也可下在9位双打吃黑棋。

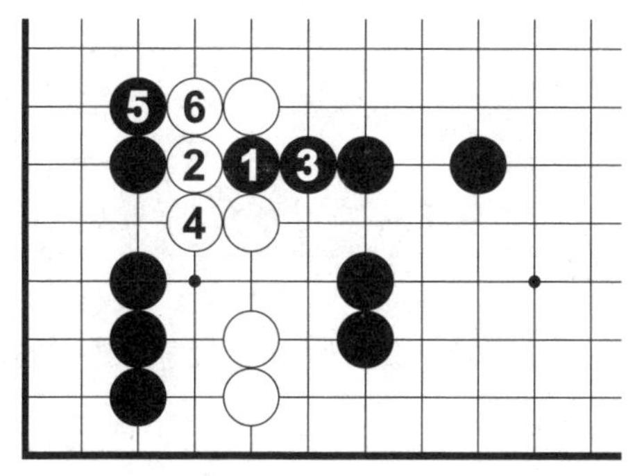

图2-12-6

如图2-12-6所示，所以黑5不能再断白棋，只能先长来保护本方棋子，白6粘住，黑棋想断掉白棋的意图落空。

此时的黑1只是挖，不是挖断，而且这里的挖没有实际意义。

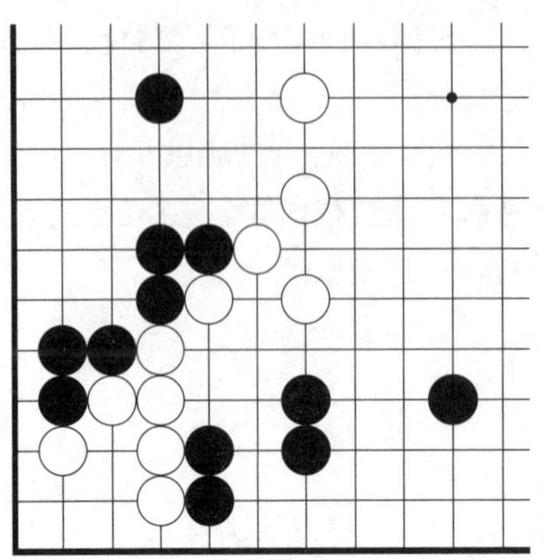

图2-12-7

三、尖断

利用尖的棋形断掉对方棋的下法。

如图2-12-7所示，黑棋如何断掉白棋?

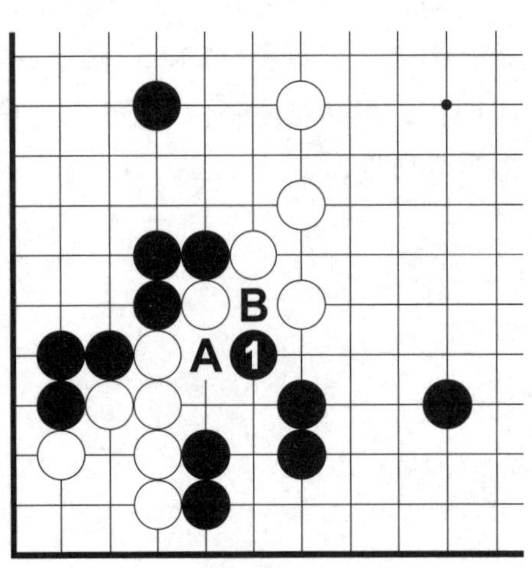

图2-12-8

如图2-12-8所示，黑1尖，A、B两处必得其一，白棋已经无法全部连接。黑1即尖断。

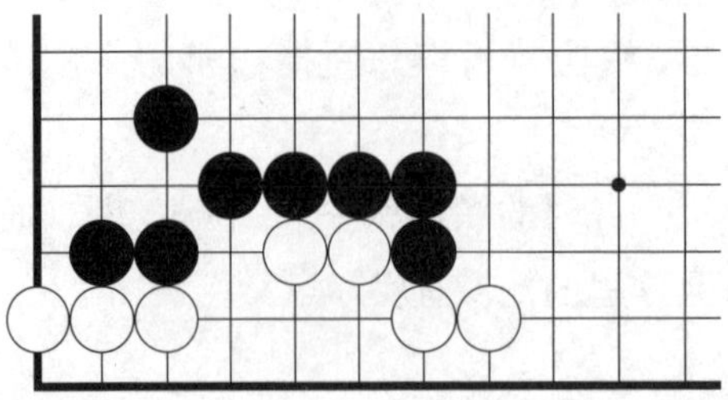

图2-12-9

四、扳断

利用扳的棋形断掉对方棋的下法。

如图2-12-9所示，黑棋如何断掉白棋?

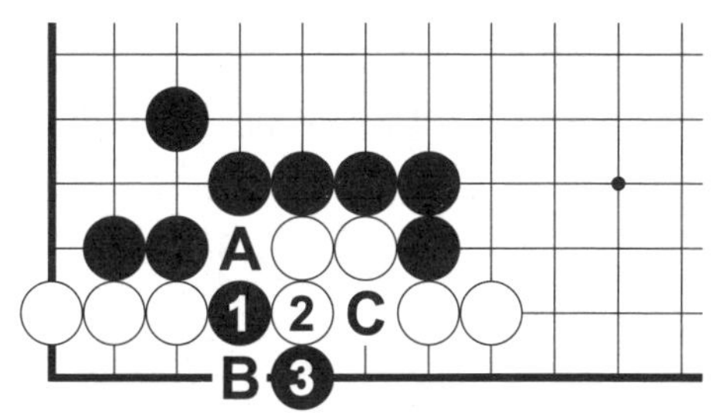

图2-12-10

如图2-12-10所示，黑1扳，白2挡，黑3再扳重要，白棋在A、B两处都不入气，已经无法连接；如果之前白2下在A位断，黑棋直接在C位关门吃即可。黑1即扳断。

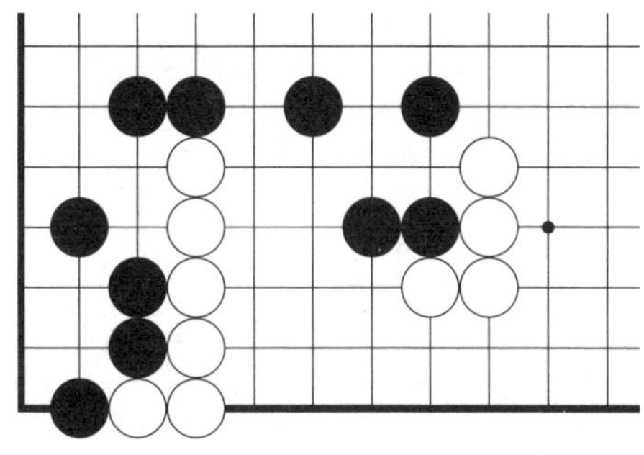
图2-12-11

五、飞断

利用飞的棋形断掉对方棋的下法。

如图2-12-11所示，黑棋如何断掉白棋?

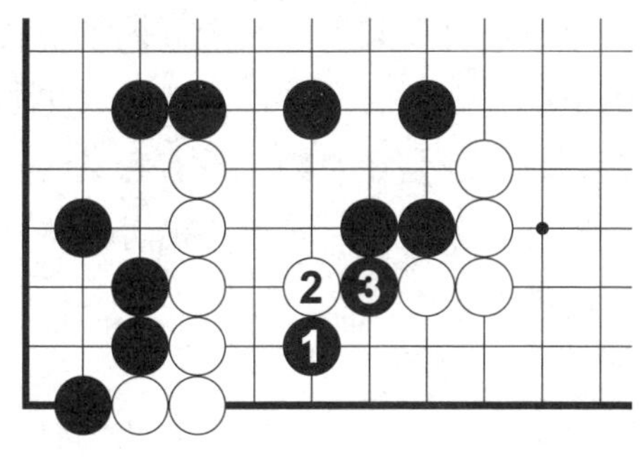

图2-12-12

如图2-12-12所示，黑1飞，白2靠抵抗，黑3冲，白棋已经无法连接了。黑1即飞断。

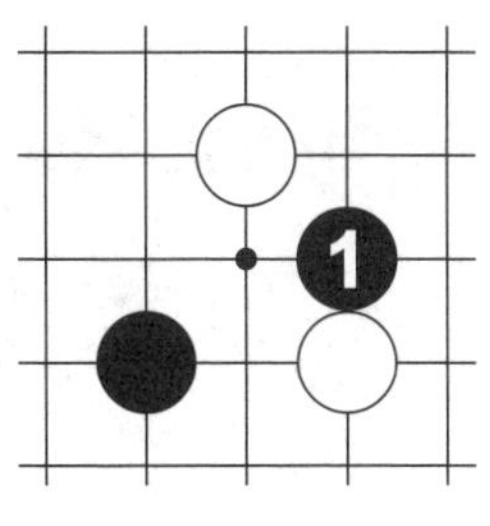

图2-12-13

六、跨断

利用跨的棋形断掉对方棋的下法。

1. 跨

与本方原有棋子形成小飞棋形，靠在对方小飞棋形中间的下法。跨是针对小飞棋形的进攻手段。

如图2-12-13所示，黑1即是跨。

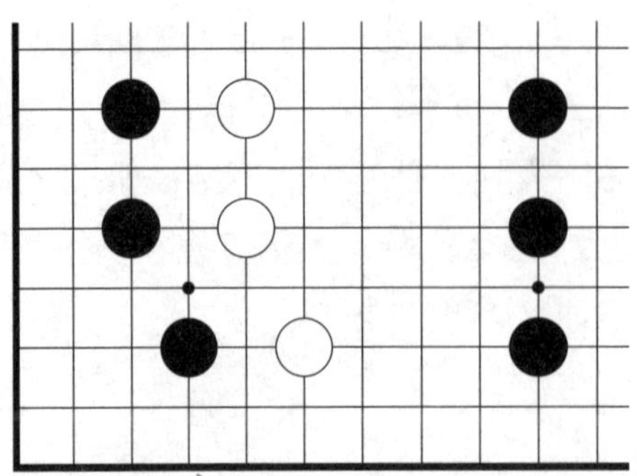
图2-12-14

2. 跨断

如图2-12-14所示，黑棋如何断掉白棋?

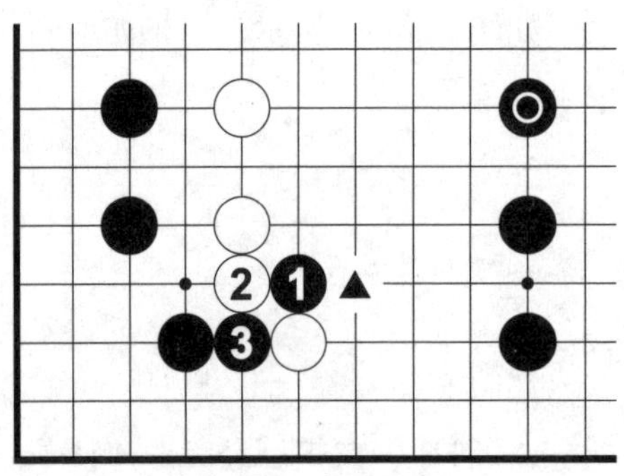

图2-12-15

如图2-12-15所示，黑1跨，白2挡，黑3断，因为◎处有黑棋存在，白棋之后在▲处的征吃不成立，黑1即跨断。

想要跨断成功，在跨断之前一定要算清之后的征吃是否有征吃不利的情况存在，若对方可以征吃成功的话，跨断就是无效的，没有意义的。所以在跨断之前一定要提前看清跨之后的逃跑方式。

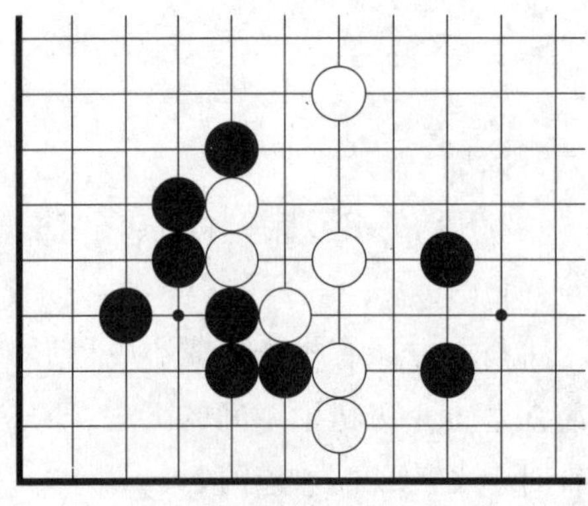
图2-12-16

七、靠断

利用靠的棋形断掉对方棋的下法。

如图2-12-16所示，黑棋如何断掉白棋?

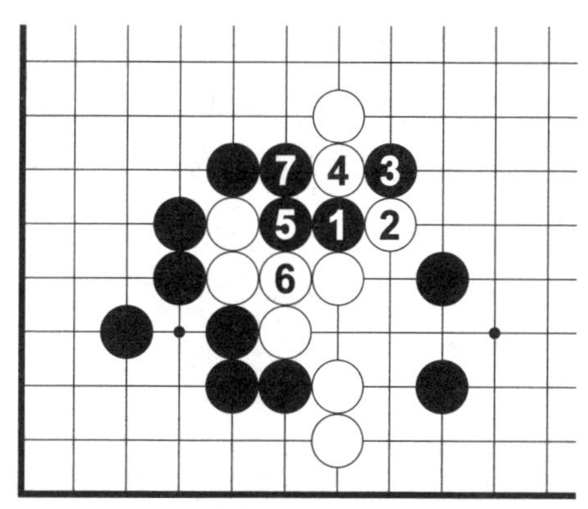

图2-12-17

如图2-12-17所示，黑1靠，白2扳，黑3也扳，之后进行至黑7，白棋无法全部连接。黑1即靠断。

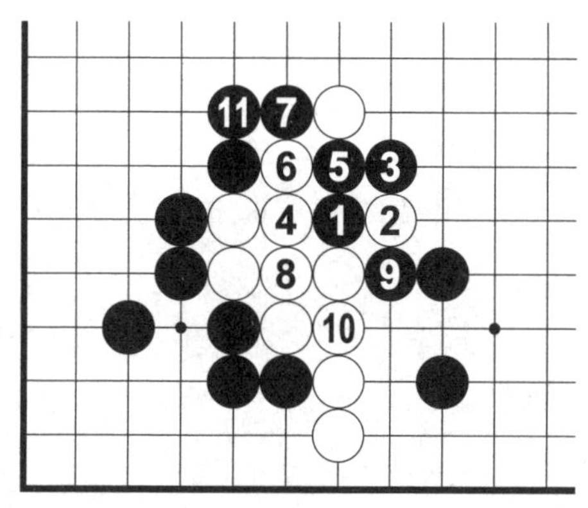
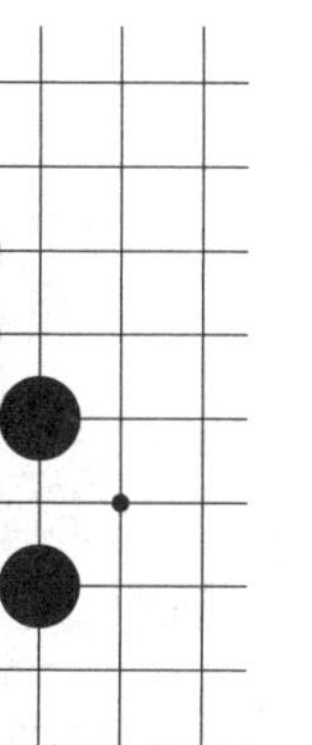

图2-12-18

如图2-12-18所示，白4若换个方式抵抗至黑11，白棋也不能全部连接。

八、顶断

利用顶的棋形断掉对方棋的下法。

如图2-12-19所示，黑棋如何断掉白棋？

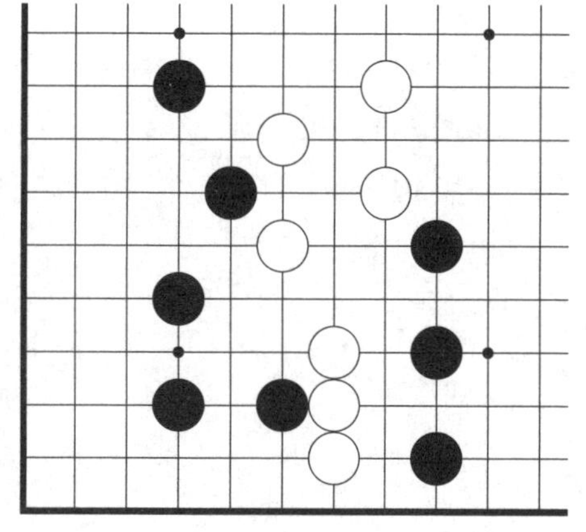

图2-12-19

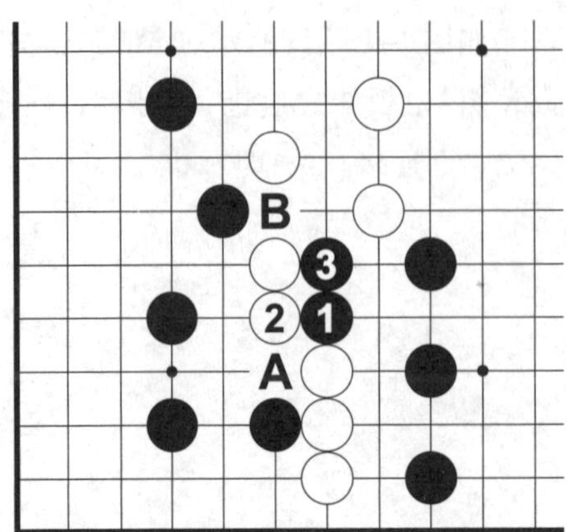

图2-12-20

如图2-12-20所示，黑1顶，白2挡，黑3贴重要，之后A、B两处黑棋必得其一，白棋无法全部连接。黑1即顶断。

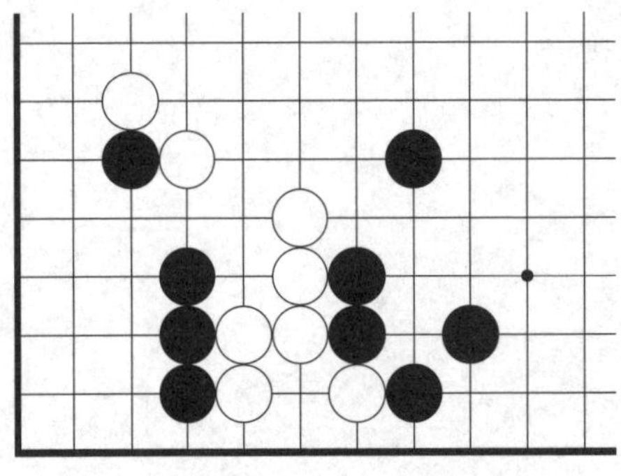
图2-12-21

九、夹断

利用夹的棋形断掉对方棋的下法。

如图2-12-21所示，黑棋如何断掉白棋?

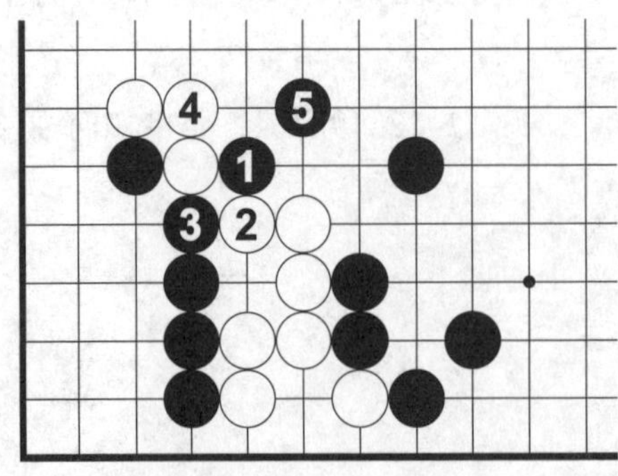

图2-12-22

如图2-12-22所示，黑1夹，白2挡，至黑5尖后，白棋已经被断成两部分。黑1即夹断。

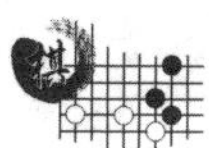

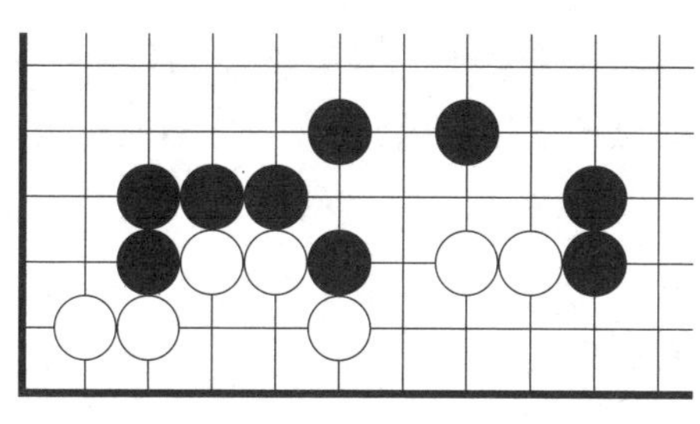

图2-12-23

十、打断

利用打吃断掉对方棋的下法。

如图2-12-23所示，黑棋如何断掉白棋?

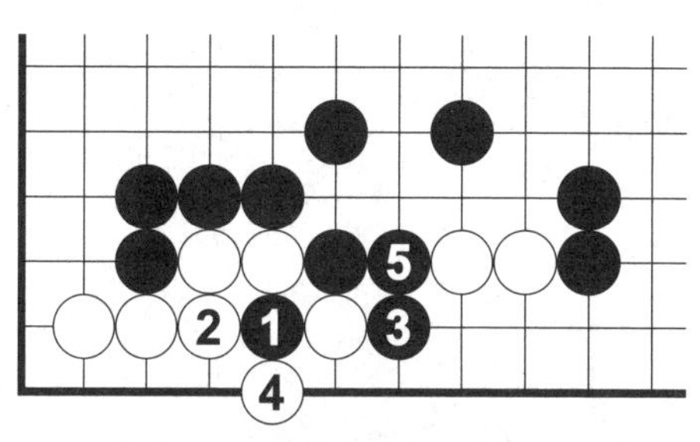

图2-12-24

如图2-12-24所示，黑棋断打做好准备工作，白2粘，黑3打吃至黑5粘住，白棋被断开。黑3即打断。

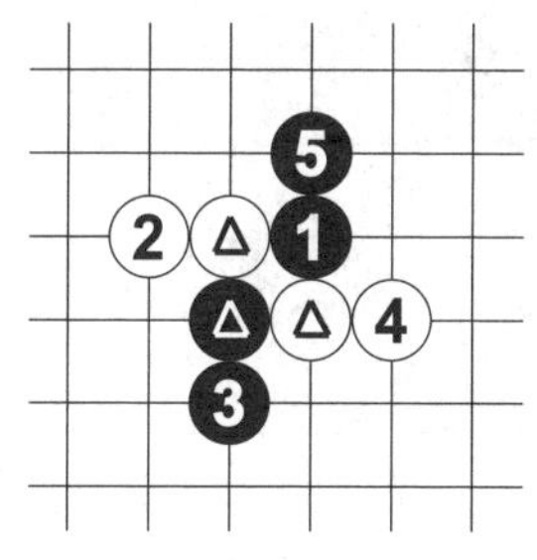

图2-12-25

十一、扭断

双方形成互相切断的“十”字形下法。

如图2-12-25所示，黑1断，与三颗▲形成的棋形就是扭断。扭断因为双方棋子交叉成“十”字形，故又称为扭十字。

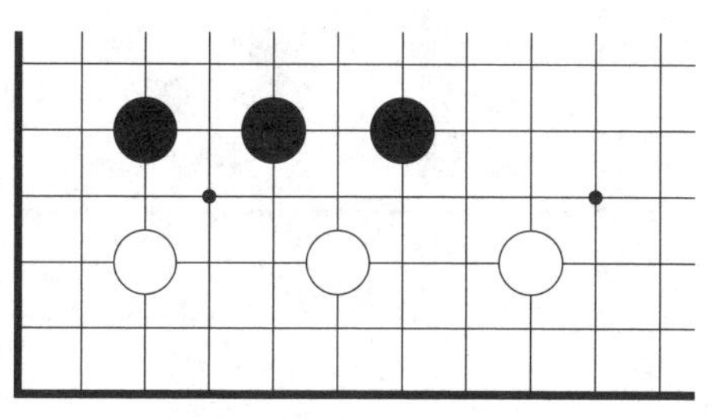

图2-12-26

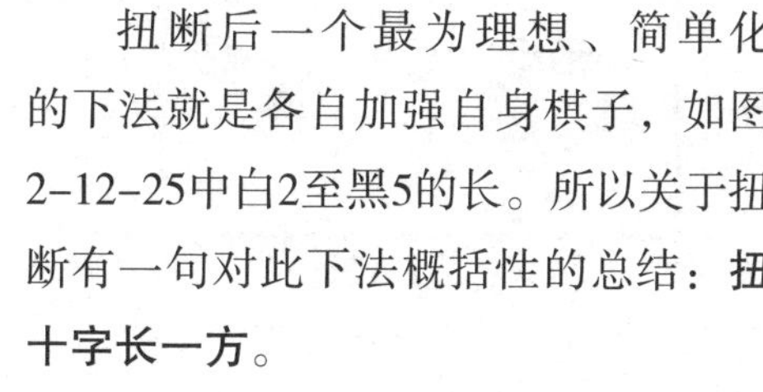

扭断后一个最为理想、简单化的下法就是各自加强自身棋子，如图2-12-25中白2至黑5的长。所以关于扭断有一句对此下法概括性的总结：**扭十字长一方**。

如图2-12-26所示，黑棋如何断掉白棋?

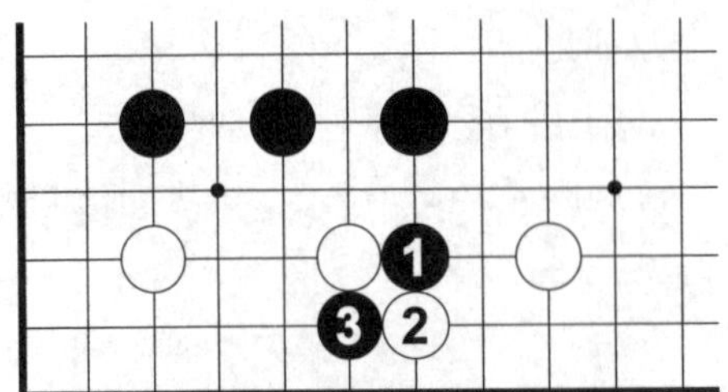

图2-12-27

如图2-12-27所示，黑1靠，白2扳意图连接，黑3扭断，之后白棋无论在哪边进攻，黑棋都可以利用打吃等着法在另一个方向断掉白棋。黑3即扭断。

课后练习

如何切断对方（黑先）？

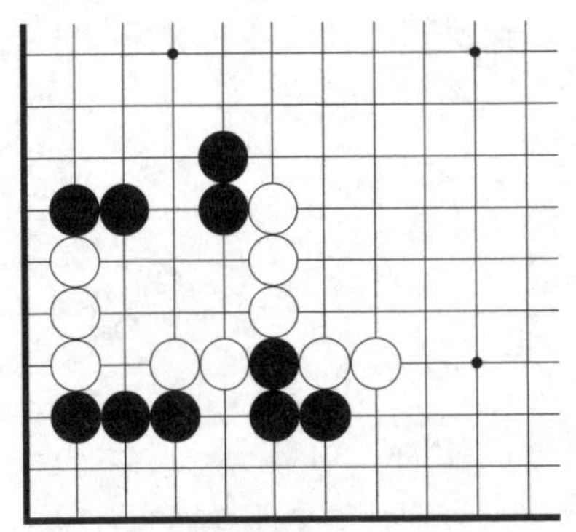

第1题

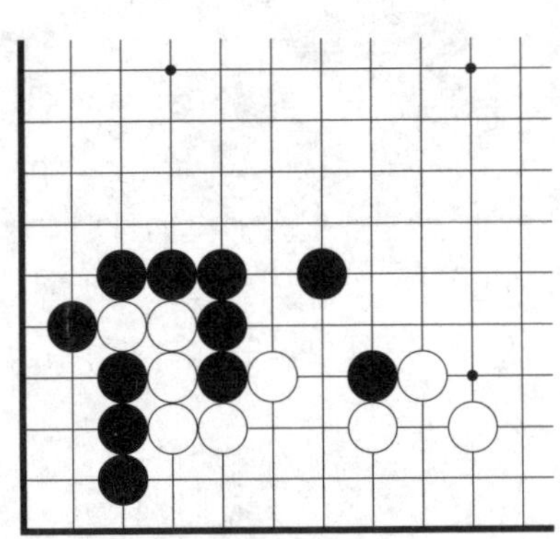

第2题

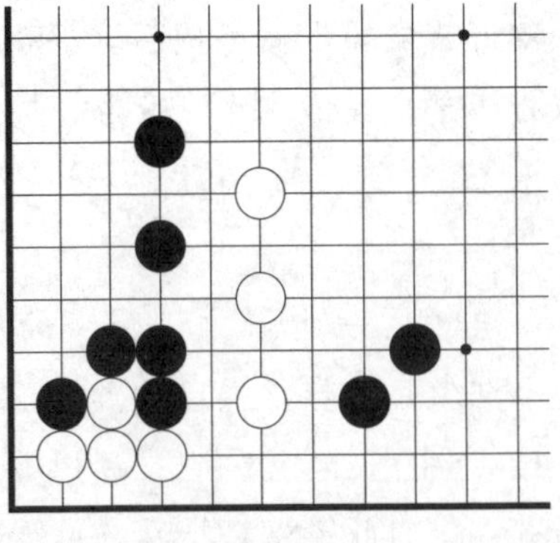

第3题

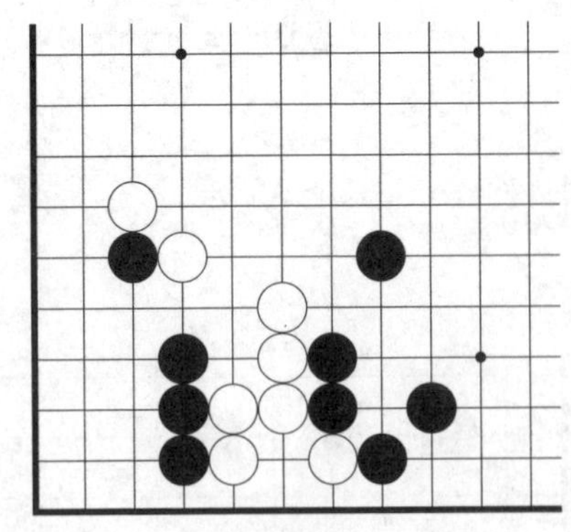

第4题

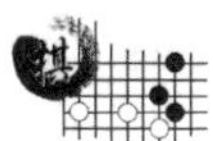

第十三节　弃子

主动放弃某些棋子来获得更大利益的方式称为弃子。弃子分为两种：一为自然弃子；二为战术弃子。

弃子和前边提过的“死子”还有被动的“送子”不是一回事。

弃子是要通过谋划，主动地、有选择性地送掉某些棋子，是要通过这些被弃掉的棋子获得利益；死子是已经确定是死棋的、没有利用价值的棋子，不能再为我方获取利益；而被动的送子则是无谋的下法。学习了弃子后要避免为了弃子而送子，要注意弃子是要有意义的。

一、自然弃子

为了使对方变弱甚至吃掉对方某部分棋子而去弃子。

1. 扑与倒扑

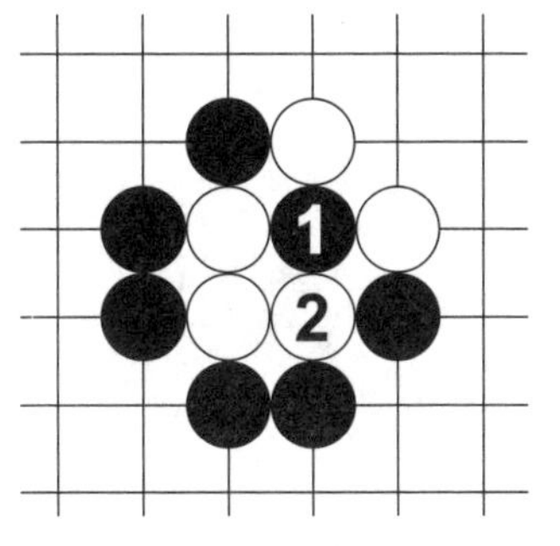

图2-13-1

如图2-13-1所示，黑1扑，白2提子也无意义，黑3再下在黑1处就可以把白棋吃回。

扑与倒扑是很早就接触过的基础下法，它的作用是通过弃子来减少对方的气，以此达到使对方变弱甚至吃掉对方的目的。是一种简单、典型的弃子下法。

2. 相邻断点

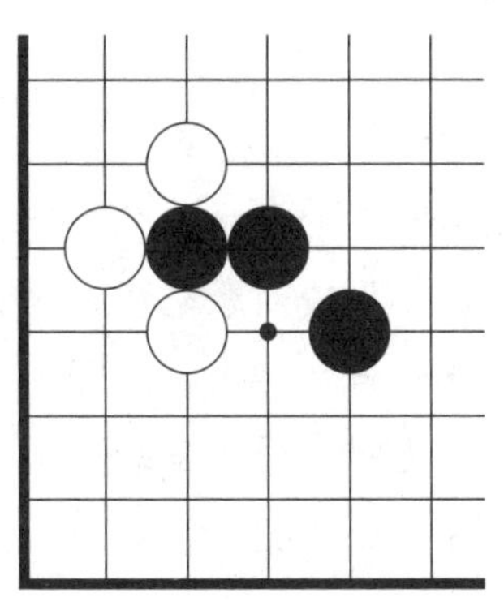
图2-13-2

如图2-13-2所示，黑棋如何利用白棋的断点来获得利益？

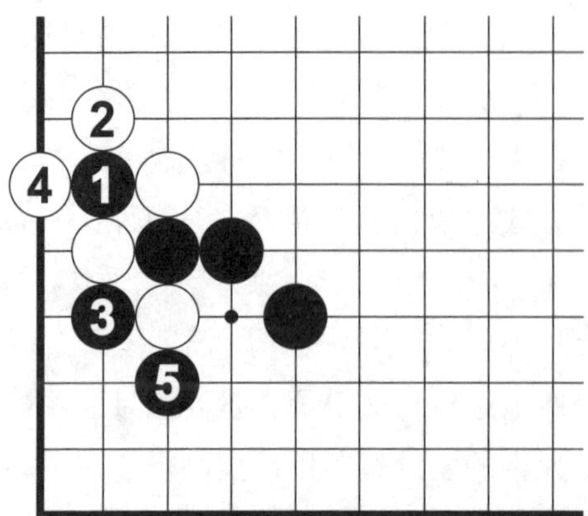

图2-13-3

如图2-13-3所示，黑1断，白2打吃，黑3反打，至黑5打吃，黑棋通过弃掉一子换来角上的地盘。

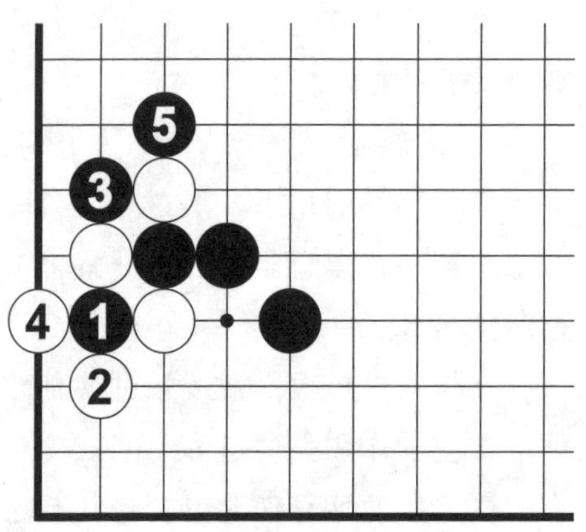

图2-13-4

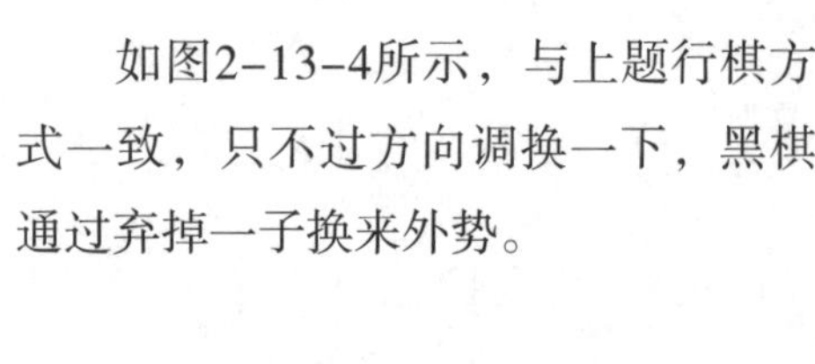

如图2-13-4所示，与上题行棋方式一致，只不过方向调换一下，黑棋通过弃掉一子换来外势。

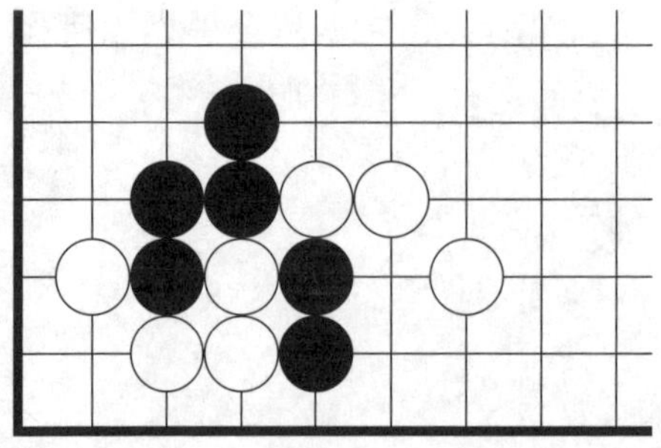

图2-13-5

3. 大头鬼

如图2-13-5所示，角上四颗白棋与两颗黑棋形成对杀之势，因为白棋占据角部很容易做出眼来即内气，制造有眼杀无眼，看起来黑棋不行，那么黑棋有何特殊办法？

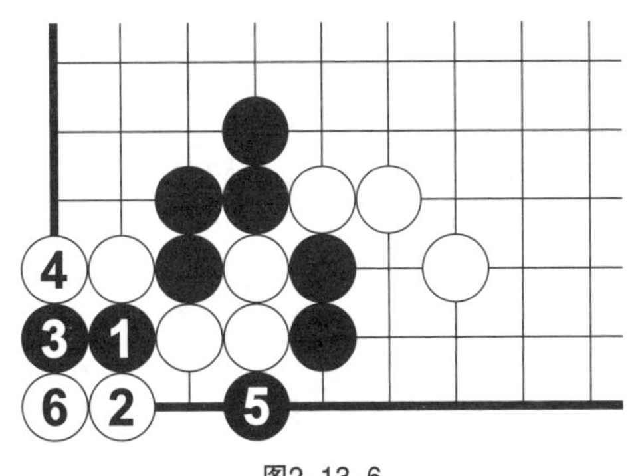

图2-13-6

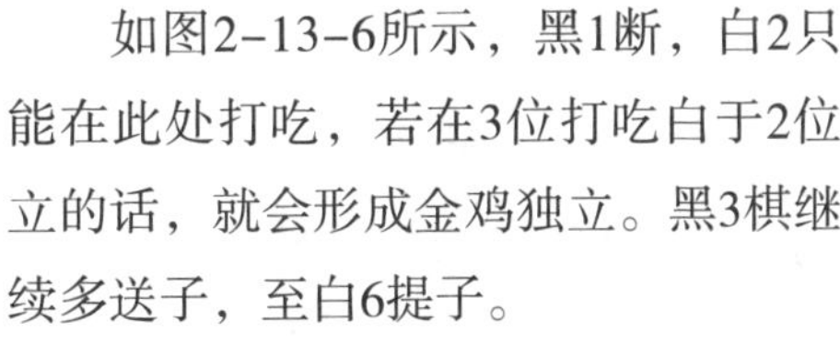

如图2-13-6所示，黑1断，白2只能在此处打吃，若在3位打吃白于2位立的话，就会形成金鸡独立。黑3棋继续多送子，至白6提子。

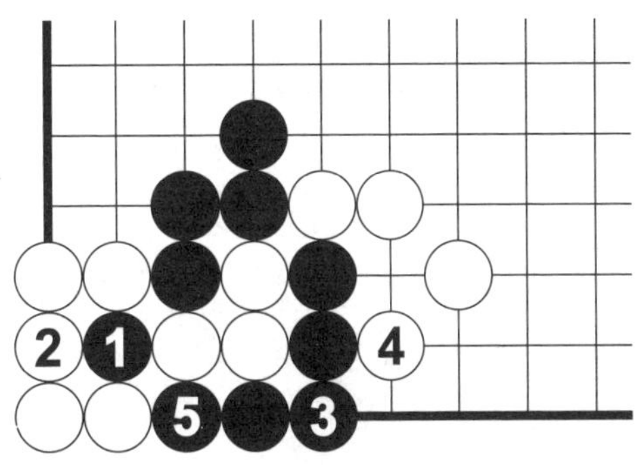

图2-13-7

如图2-13-7所示，接上题，黑1扑，白2只能提子，至黑5白棋已经不行，黑棋快一气杀白棋。

大头鬼的走法可以简单总结为**“断、送、扑”**。断是防止对方连接延气；送是防止对方直接提子形成虎口，其意还是防止对方延气；扑的作用自不必说，依然是减少对方的气。所以可以看出大头鬼的走法其意就是阻止对手延气。只要牢记此三个过程，完成大头鬼并不难。

二、战术弃子

为了加强自身棋子而去弃子。

如图2-13-8所示，黑棋如何利用白棋棋形上的弱点来加强自身？

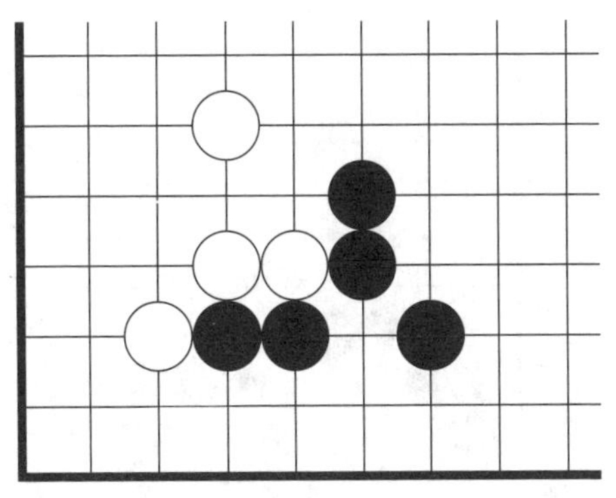
图2-13-8

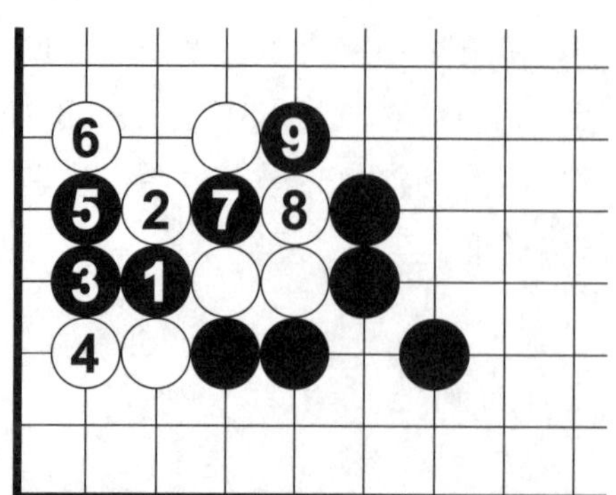

图2-13-9

如图2-13-9所示，黑1断，白2只能向下打吃，黑3立，白4只能在此处挡，黑5继续送重要，之后黑7扑，黑9打吃是连贯下法。

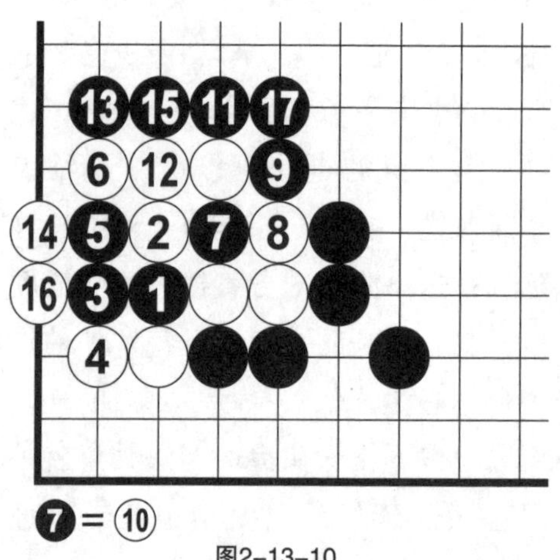

❼=⑩

图2-13-10

如图2-13-10所示，接上题，白10粘后黑11继续打吃，白12粘，黑13夹，白棋气少，白14只能打吃三颗棋子，至黑17补断点，黑棋通过弃子获得一个十分壮观的外势。

战术弃子往往要多弃、多送，因为只有这样才能有更多诸如打吃等下法的机会。

课后练习

如何利用弃子战术（黑先）？

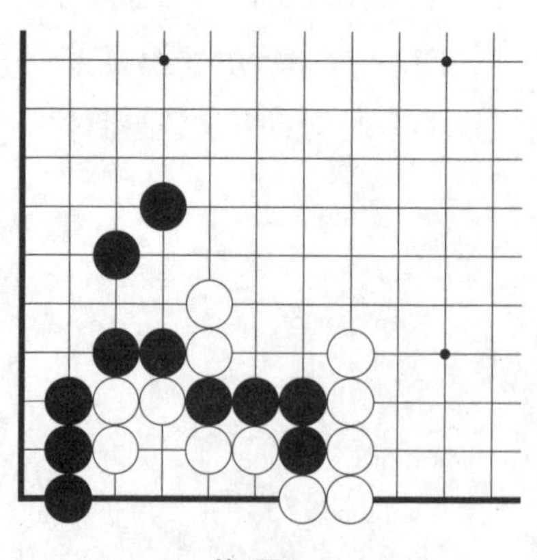

第1题

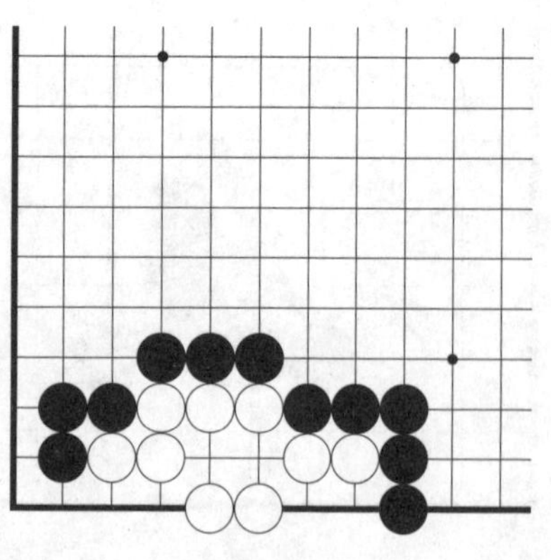

第2题

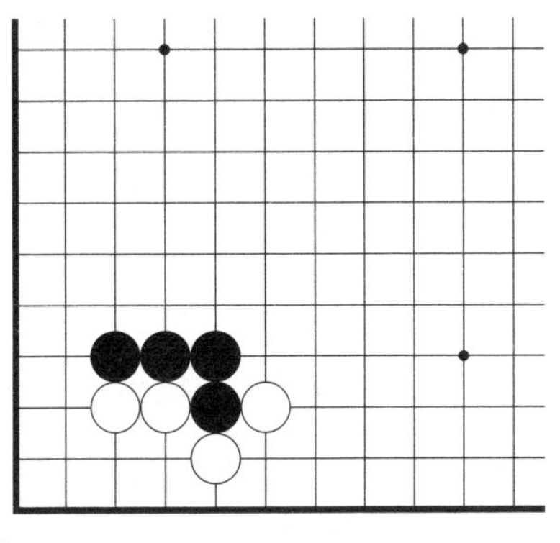

第3题

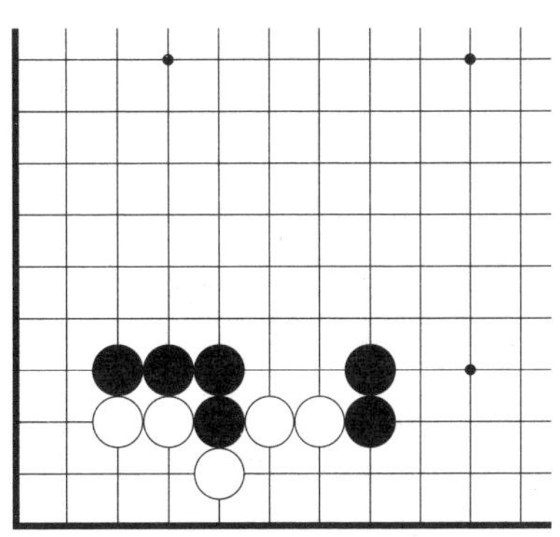

第4题

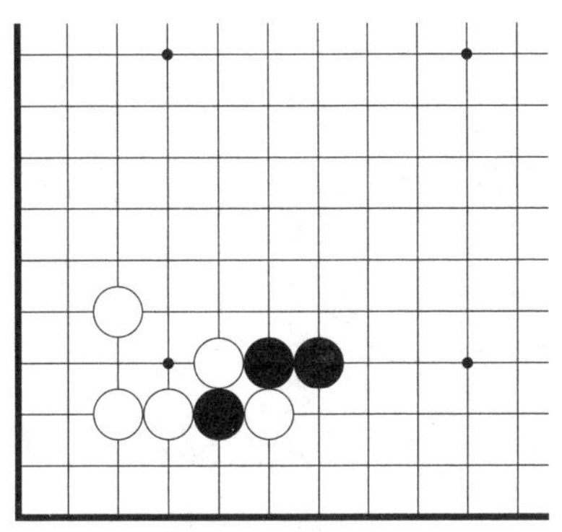

第5题

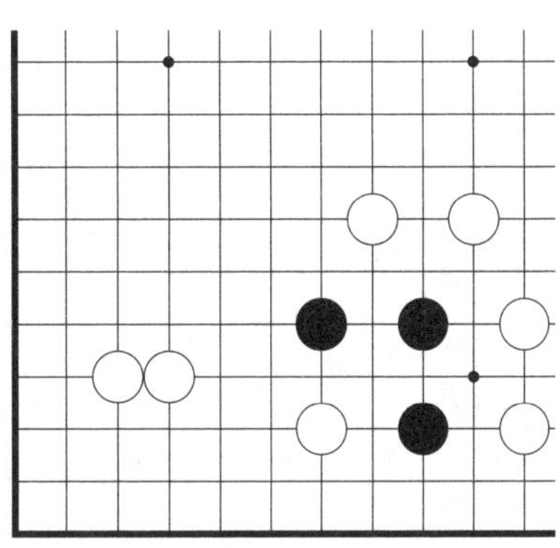

第6题

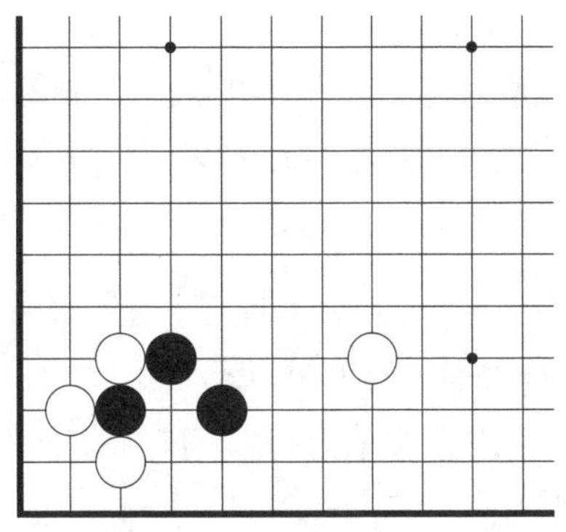

第7题

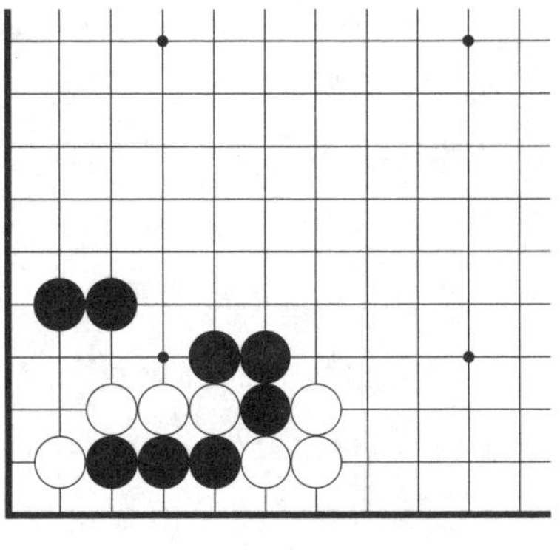

第8题

第十四节　劫

一、劫

双方可以围绕一口气的棋子往复交替提子的棋形。

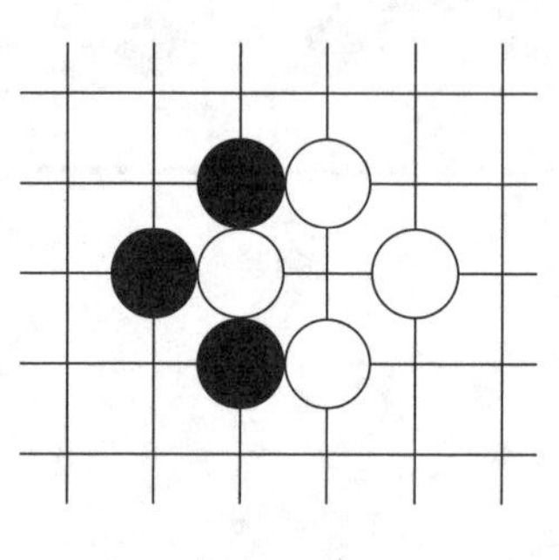
图2-14-1

如图2-14-1所示的棋形就是劫。

劫的棋形结构是由双方各一个虎口，且两个虎口开口端相对，然后取一颗黑子或白子放于对方虎口中。

劫的规则规定，当一方提掉劫中一子后，另一方不允许马上回提，须在棋盘他处行一步棋后，若对方跟着应了，才可以再提劫中一子，双方依此进行。简单总结成一句话就是，隔一步一提或隔一步一走。

二、消劫

提劫之后，且对手在他处行棋，但我方不予理睬，将劫消掉的下法。

关于劫的知识我们在上本教程中已经有所介绍，这里只做一个简单复习。

三、劫材、瞎劫、本身劫、损劫

1. 劫材

为了夺回提劫的机会而在棋盘他处下的一步绝对先手。

之所以劫材是先手，是因为在他处行棋的时候，行棋处的价值一定要大于劫本身的价值，这样对手才不敢轻易消劫，只能跟着应，我方才能换回提劫的机会。

2. 瞎劫

打劫过程中，在他处行棋，但是此步棋是后手，对方可以不管。

瞎劫与劫材相反，之所以瞎劫是后手，是因为在他处行棋的时候，行棋处的价值小于劫本身的价值，这样对手可以放心消劫。因此打劫的时候一定要分清楚所下的是劫材还是瞎劫。

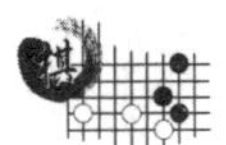

3. 本身劫

在发生劫的棋形本身上去找劫材，这样的劫材称为本身劫。

本身劫是劫材中最好的，因为它不会影响劫以外棋形的变化，可以避免为了打赢劫而被迫在他处行棋导致损失变化。

4. 损劫

为了夺回提劫的机会而在棋盘他处下的一步绝对先手，但此先手处在劫结束之后的行棋过程中会受到一定的损失或惩罚。

损劫更多是在打劫的过程中无法找出更好的劫材，只能无奈地选择可能会亏损的地方来争取劫的胜利。

四、打劫

从提劫开始，包括劫本身和与之有关的劫材、消劫之类的下法，直到劫的结束的整个过程。

简单来说，劫是一个棋形，打劫是一个走劫的过程。这点类似于虎与虎口的区别。

五、劫的种类

劫作为围棋中十分复杂的棋形之一，其种类也有很多，常见的有无忧劫、紧气劫、缓气劫、天下劫、万年劫、二手劫、连环劫、单片劫等。

1. 无忧劫

劫输后对本方影响很小。

如图2–14–2所示，黑1扑做劫，此劫如果黑棋输了对黑棋没什么影响，这个劫对黑棋来说就是无忧劫。

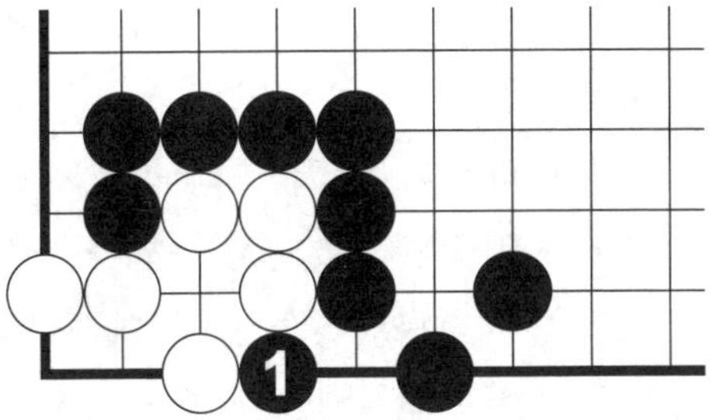

图2–14–2

2. 紧气劫

提劫后就是在打吃对方。

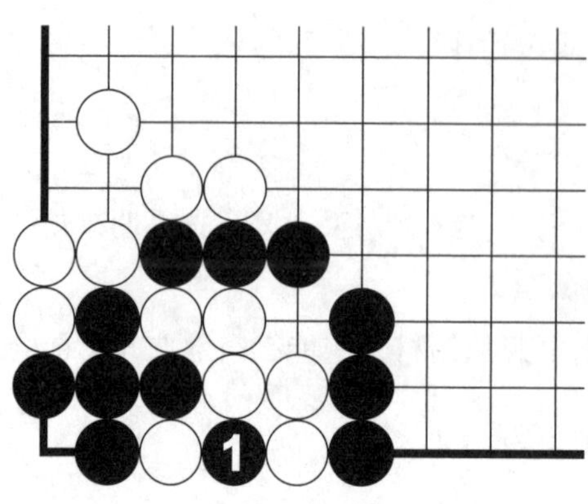
图2–14–3

如图2–14–3所示，黑1提劫后就是在打吃白棋，这种劫就是紧气劫。图中如果白棋通过找劫材后再提黑棋的话，也是在打吃黑棋，也是紧气劫，所以图中是双方紧气劫。

3. 缓气劫

提劫后对方还有的气数在一口气以上。

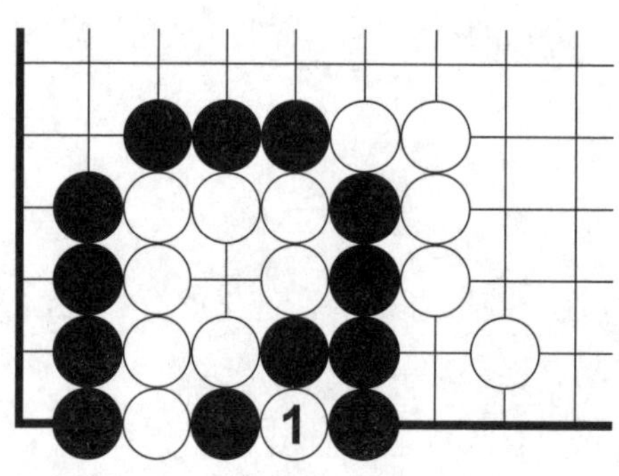
图2–14–4

如图2–14–4所示，白棋被打吃，所以白1提劫，但黑棋还有两口气，白棋无法一步棋提掉黑棋，必须在之后再花一手棋才能将此处的劫变成紧气劫，所以图中白棋劫为缓一气劫。

缓气劫的意思就是需要再花一定数量的棋子才能变成紧气劫，再花费的棋子数量就是缓几气劫。即缓气劫的命名法则就是提劫后所剩气数减一，剩下几口气就是缓几气劫。

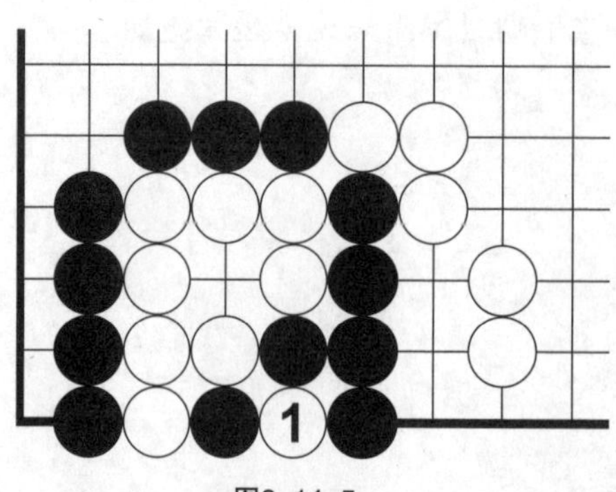
图2–14–5

如图2–14–5所示，白棋提劫后黑棋还有三口气，减一剩二，所以此处白棋的劫是缓二气劫。

围棋里一般把缓三气劫当作不是劫来看，因为不光要打赢劫本身，还要花三手棋去将对方气去掉，这意味着对方甚至可能再他处连下三手再打劫，这三手的价值太大了，所以有缓三气劫不是劫的说法。

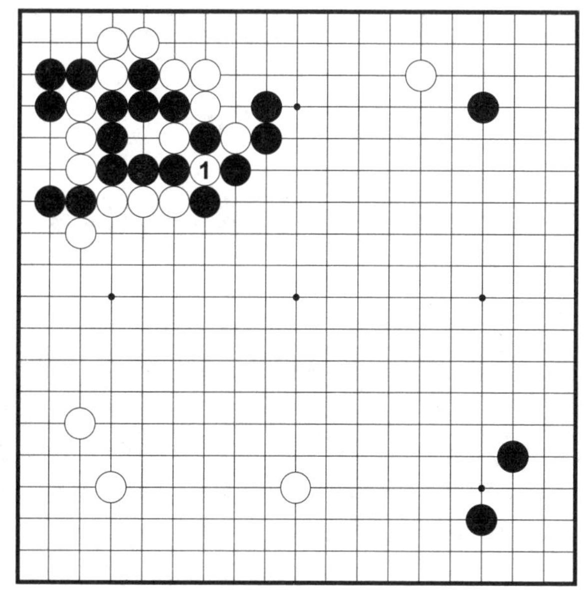

图2-14-6

4. 天下劫

价值十分巨大的劫。

如图2-14-6所示，白1提劫，此劫就是天下劫，而且黑方现在没有价值相当的劫材，白棋赢得劫后，不光吃掉八颗黑棋和角里黑子，还使外侧黑棋变弱，黑棋无法继续。

5. 万年劫

双方可能形成双活的劫。

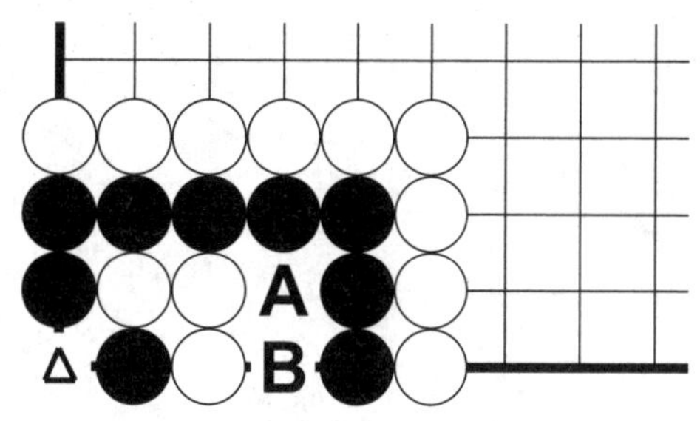

图2-14-7

如图2-14-7所示，黑棋不能在△处消劫，若消劫白棋做丁四棋形后黑棋全部被杀；若在A或B处紧气想吃掉白棋，则变成白棋先手提劫的紧气劫，黑棋的风险太大。所以此局面黑棋大概率是暂时不管。

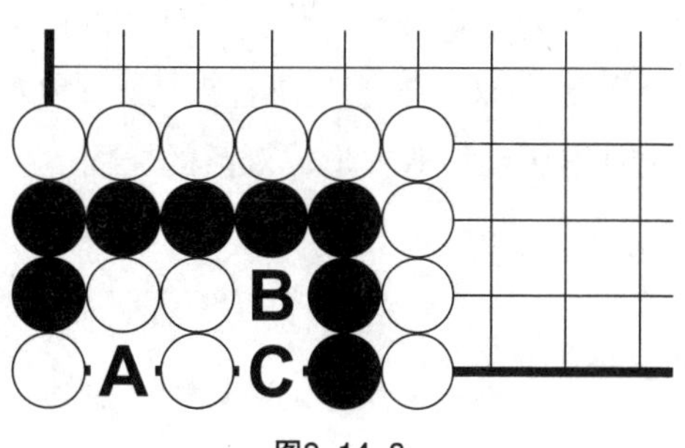

图2-14-8

如图2-14-8所示，这是角里白棋提后的形状，此时白棋若在A处消劫，则双方形成双活；若在B或C处紧气，则变成黑方先手提劫的紧气劫，白棋风险变大。所以白棋大概率也不会花一后手做双活，而会暂时不管。

综上所述，如遇到万年劫，因为无论谁先去下，要不形成双活，要不就会将风险变大，所以双方基本暂时不会处理此局部。

其实万年劫名称的由来就是如此，从劫的产生到此局部的结束，可能时间跨度很长，故用“万年”来表示。

当然如果实际过程中，有价值很大、足够的劫材来支持我方或者局面条件使我方不能等待，也是可以马上紧气开劫的。

6. 二手劫

一个劫将另外一个劫“盖住”，只有第一个劫被提掉后，第二个劫才会出现。

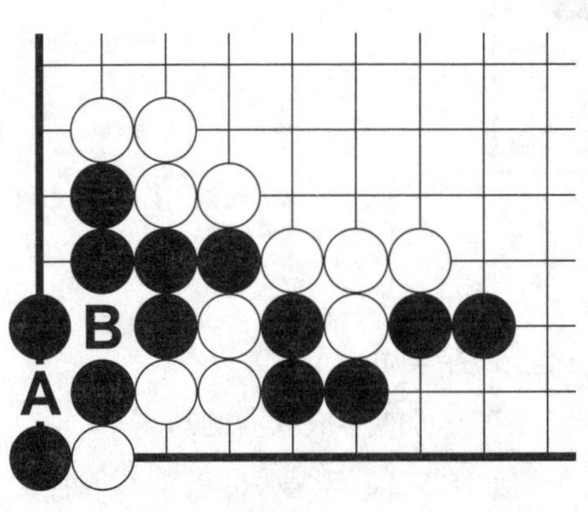

图2-14-9

如图2-14-9所示，当白棋在A处提劫后，发现在B处依然有劫。白棋若想取得胜利需将两处劫都打赢，对于黑棋也是。

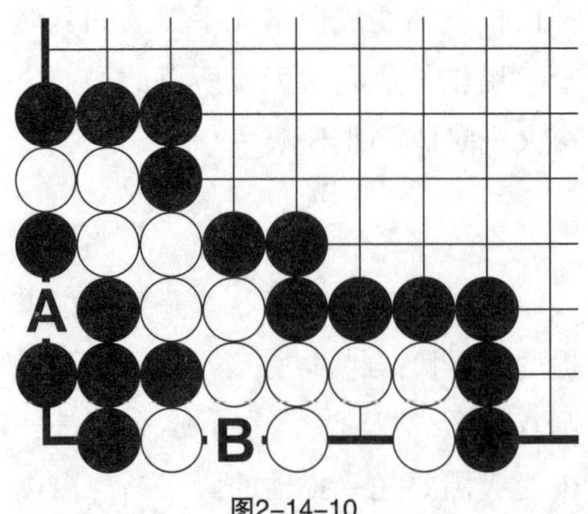

图2-14-10

7. 连环劫

一块棋上独立的两个劫。

如图2-14-10所示，若黑棋在B处提劫，则白棋在A处提劫，双方吃不掉对方；若白棋在A处提劫，则黑棋在B处提劫，双方依然吃不掉对方。所以此时连环劫使双方形成双活的局面。

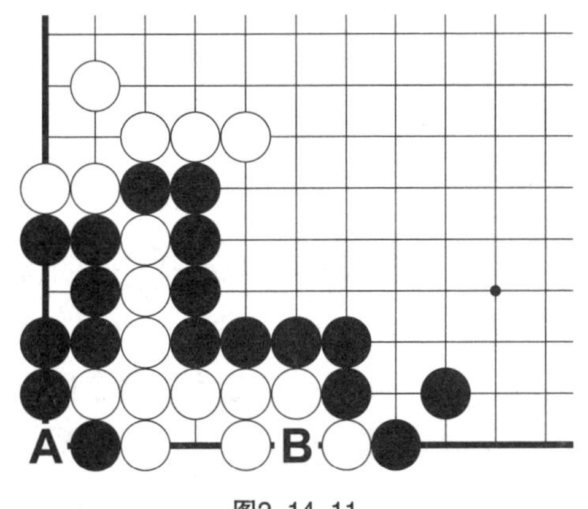

图2-14-11

如图2-14-11所示，此是连环劫的另一种情形。黑棋在B处提劫，则白棋在A处提劫的同时打吃黑棋角里棋子，所以黑棋必须打赢A处的劫，但是白棋又可以提B处的劫。

白棋可以利用连环劫来保证自身不被打吃也不必为此去找劫材，而黑棋根本没机会打吃到白棋且劫材早晚都会没有，所以此例中黑棋是死棋，白棋利用连环劫来吃掉黑棋。

8. 单片劫

即在收官阶段出现的无忧劫，价值只大于单官。

六、劫的轻重

一般评价劫的优劣好坏时我们用轻重来表达。

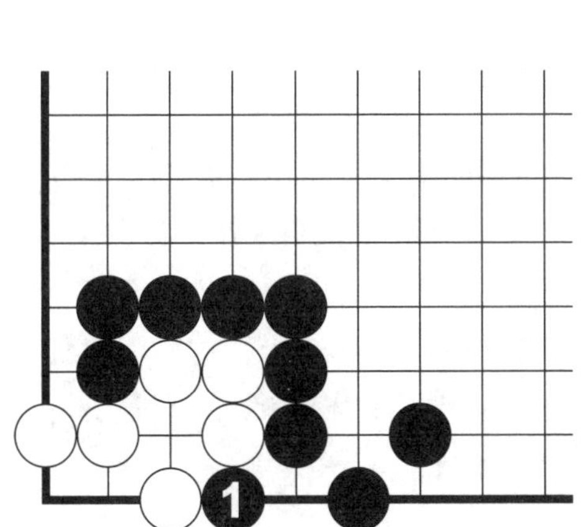

图2-14-12

如图2-14-12所示，这里我们借用一下前边讲的无忧劫。此劫黑棋即使输掉了，除了被吃掉一子之外没有任何其他损失；反之，如果此劫白棋输掉，则整个白角将全部被吃。

所以此劫对白棋来讲承担的压力很大，负担很重；而黑棋输了也没什么损失，赢了就赚多了，几乎没有压力。那么在这里我们就说此劫对白棋很重，对黑棋很轻。

第十五节　好形与愚形

多个棋子组合在一起的形状称为棋形。

棋形有好与坏之分，其实对局双方轮流落子，子数是相同的，那么获得优势的关键就在于如何把每颗棋子的作用发挥到最大。

好形相比于坏形，更注重每颗棋子的质量，发挥出棋子的最大用处，所以如何区分好形与坏形并如何去创造好形就十分关键。

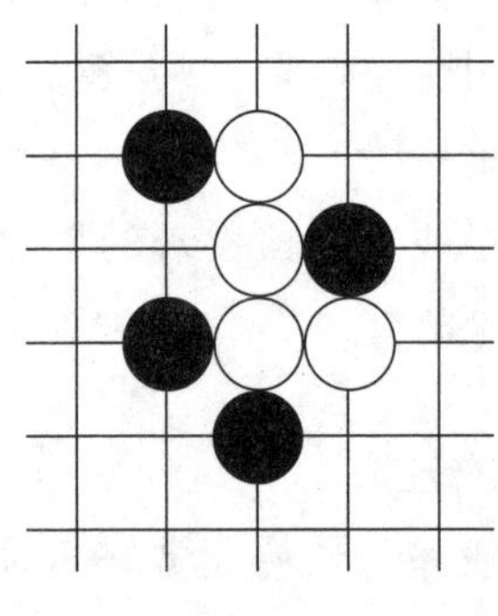

图2-15-1

一、判断好形与坏形的条件

（1）观察自身的棋子是否处于连接的状态。

如图2-15-1所示，黑棋四子十分“零碎”，不是一个整体；白棋四子全部连接在一起，所以很明显白棋的棋形要优于黑棋，原因就是黑棋的连接性十分不好。

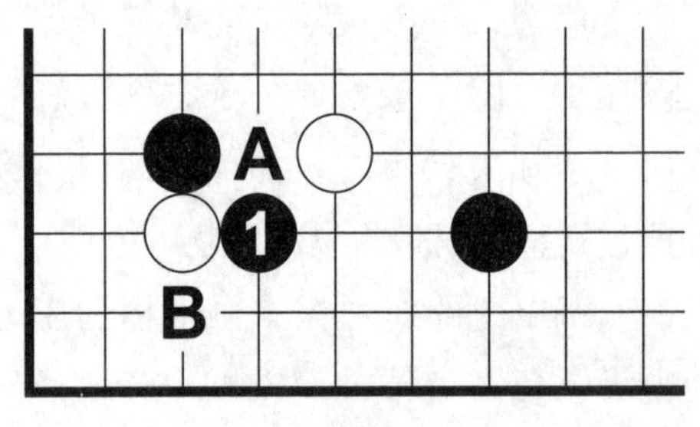

图2-15-2

如图2-15-2所示，黑1扳，白棋必须在A处断阻止黑棋连接，防止其形成好形、变强；若白棋在B处立避战，黑棋会马上于A处连接，这样黑棋处于连接的状态十分强大，白棋被分开变弱、被动。

（2）观察自身棋子的效率是否高。

如图2-15-3所示，一共有四个方形A～D，它们中哪些能被称为好形？

我们先来观察一下哪些方形能满足第一条件，其中只有A～C的方形不能被对方断开，所以D中的方形虽然很大，但因为其连接性差，对自身的保护能力不足，不能称为好形。

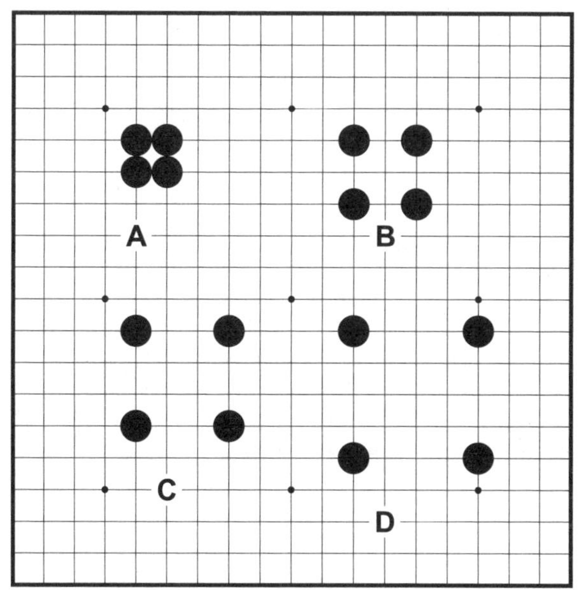

图2-15-3

然后A～C中，A虽然连接性十分好，但是所占地盘的数量太小，棋形凝重，效率不高，也不能称为好形。

那么B和C就是满足两个条件的好形。既保证自身能够有效连接，同时还扩大了所占地盘的范围，效率高。

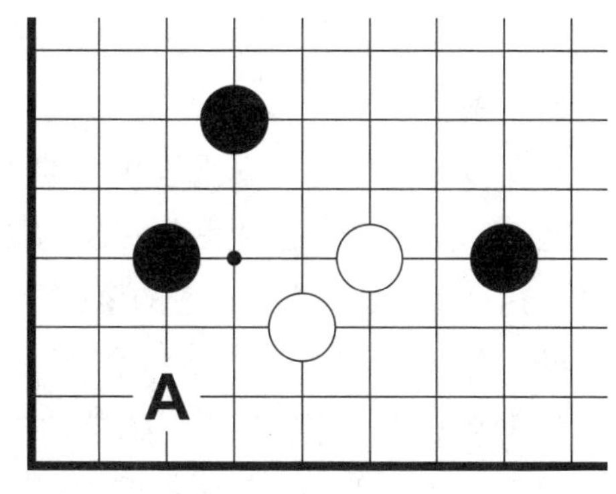

图2-15-4

（3）观察自身棋子是否有眼位。

如图2-15-4所示，白棋两子被黑棋夹击，现在对于双方来讲，谁能得到A处十分重要，若黑棋得到，则白棋眼位不充分，以后会被持续进攻；若白棋能得到，则白棋眼位充分、安定，不易受到牵制。

综上所述，判断好形与坏形首先要看棋子是否连接，如果不能有效连接就去看效率和眼位都是无用的；在能确保不被断开后，再来注意将棋子的效率提高，不要形成凝重的聚堆棋形；若棋子有被包围的可能，就要再注意眼位，否则棋子被杀，连接和效率也就没有意义了。

二、要点与急所

实战中棋形好的一方作战会处于主动地位，反之，棋形不好的极易遭到进攻和惩罚。如何使棋形有利，争夺棋形的要点就十分重要。

1. 要点

实战中影响棋形强弱的至关重要的位置。

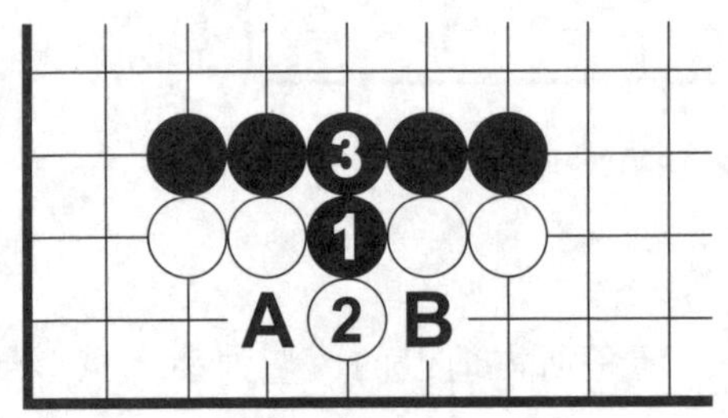

图2-15-5

如图2-15-5所示，黑1挖至黑3后，白棋产生A、B两处断点，在今后的作战中会受到牵制。

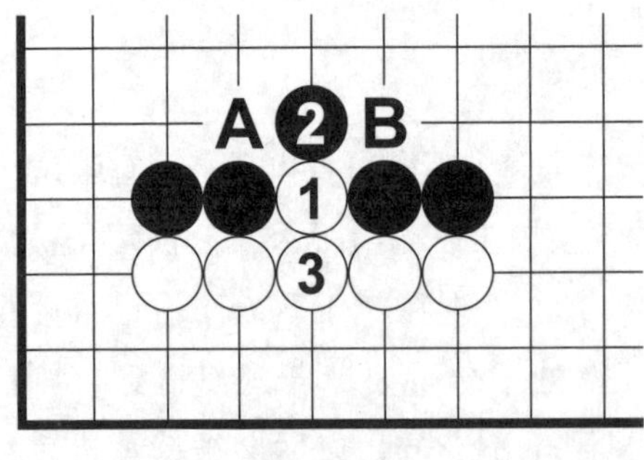

图2-15-6

如图2-15-6所示，与上图相反，这次白棋先行，方法一样，这次是黑棋产生两处断点，在今后的作战中会受到牵制。

所以从两图可以看出，哪一方能先抢到这一挖就会造成截然相反的结果，这个挖就是双方棋形上的要点。

2. 急所

本质也是要点，但一盘棋的要点可能会有若干个，其中一个十分重要。

课后练习

各题要点都在哪里（黑先）？

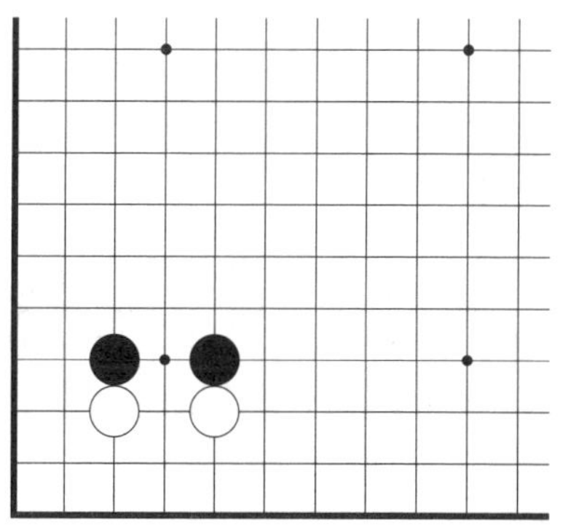

第1题

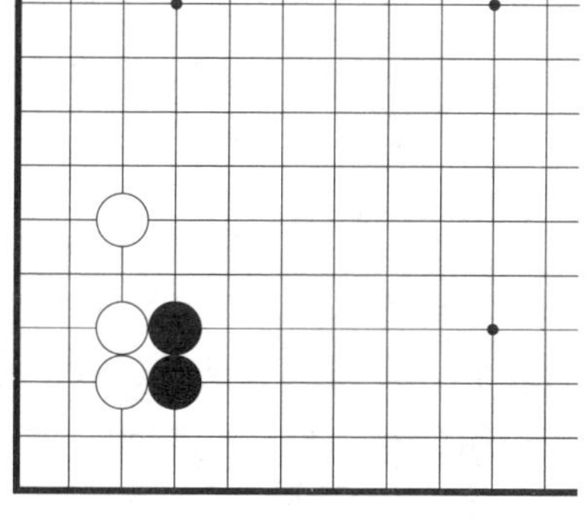

第2题

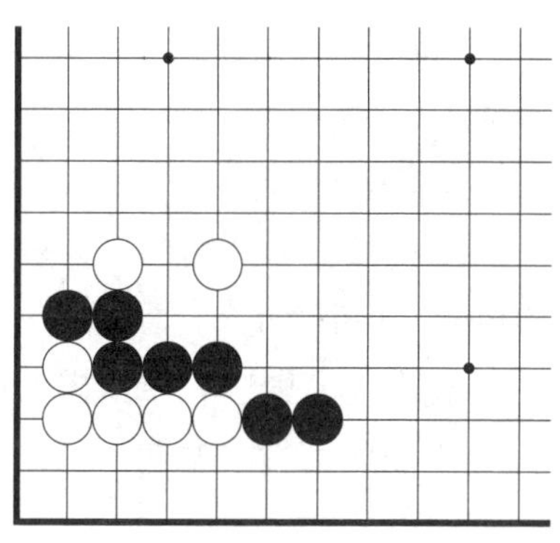

第3题

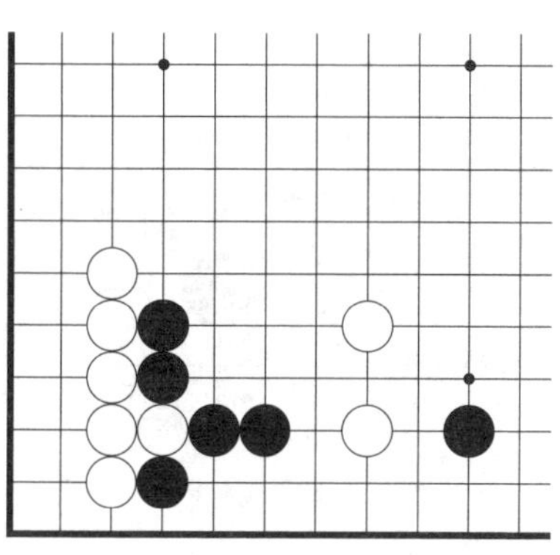

第4题

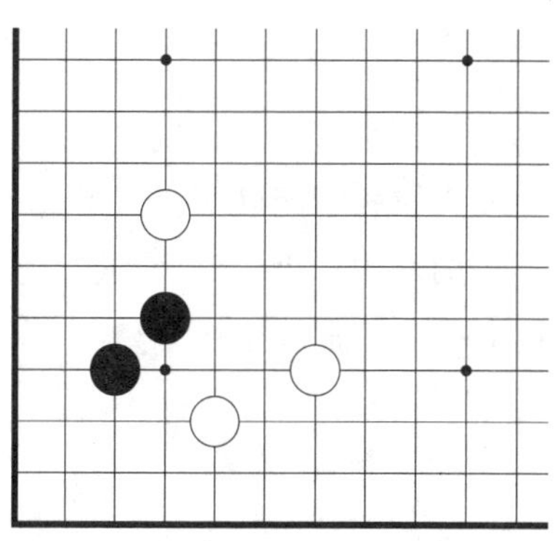

第5题

第十六节　打入选点

一、攻击

或者说进攻，是在对方棋形较弱时，我方通过威胁、压迫、包围、破坏等手段，获得实地、外势或者破坏对方地盘、棋形的方式。

1. 攻击的目的

所下棋子一定要有目的，进攻的目的就是要获得价值。这个价值可以是实地、外势，即使没有获得这些，将对手的地盘破坏、阻止其范围的发展、使其棋形变坏等都是有力的进攻。

很多初学者特别喜欢吃棋，这里要强调攻击不等于吃子，吃子只是多种进攻手段中的一种而已，要多考虑各种价值的大小。

2. “借劲儿”

如图2–16–1所示，白棋在正常没有受到威胁的条件下，不会自己主动去长加强自己，那样的话，会有变坏形的可能。现在黑1靠，意图对白棋一子进行威胁。黑棋这一靠白棋就有了加强自身的理由。白2顺势一长，加强了自身的同时还将黑棋一子变弱了。

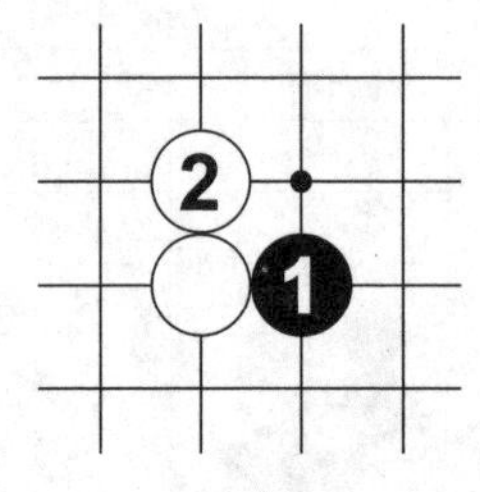
图2–16–1

所以借劲儿的道理本意就是想进攻对方，但靠在对手棋子上后，反而帮助对方加强了棋子，并使自身变成了弱棋，适得其反。

3. 实战利用进攻获利的例子

如图2–16–2所示，黑棋如何通过进攻白棋一子来获得利益？

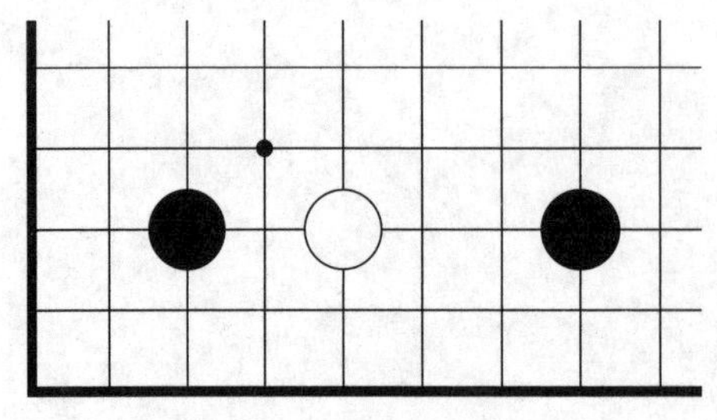
图2–16–2

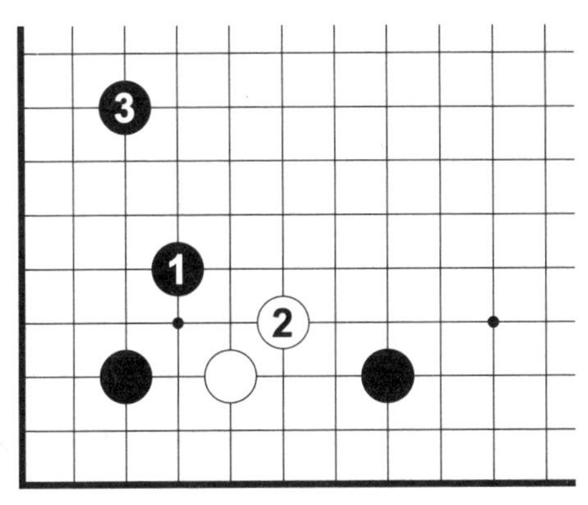
图2-16-3

如图2-16-3所示，黑1小飞，若白2脱先，黑棋就会继续下2位飞封吃住白棋一子，所以白2尖出逃跑，黑3斜拆，扩大地盘。

可以看出，黑棋是利用威胁白棋一子的死活，来达到在周围围地的目的，虽然没有吃掉白棋，但收获也是很大的。

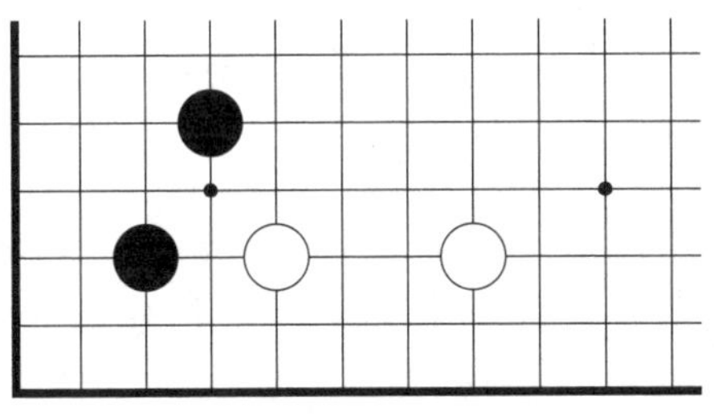
图2-16-4

如图2-16-4所示，黑棋如何通过进攻白棋来获得利益？

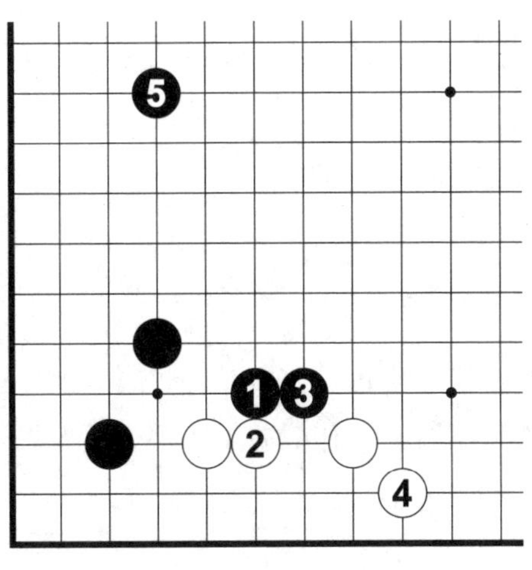
图2-16-5

如图2-16-5所示，黑1飞压，白2只能挡住，黑3长继续给予白棋压力，白4尖防止相邻断点的问题，之后黑5占大场。黑棋收获颇丰。

二、打入

进入对方地盘并破坏其地盘的下法。

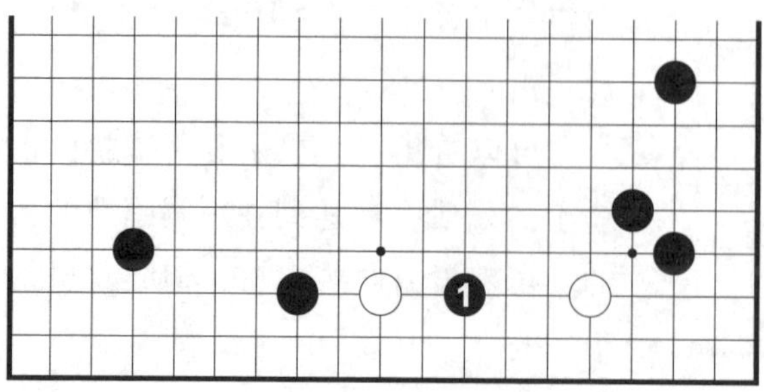

图2-16-6

1. 判断是否能打入

如图2-16-6所示，黑1夹打入白方地盘，因为白子很弱，无论白棋处理哪边白子，黑棋都必然通过进攻获利。

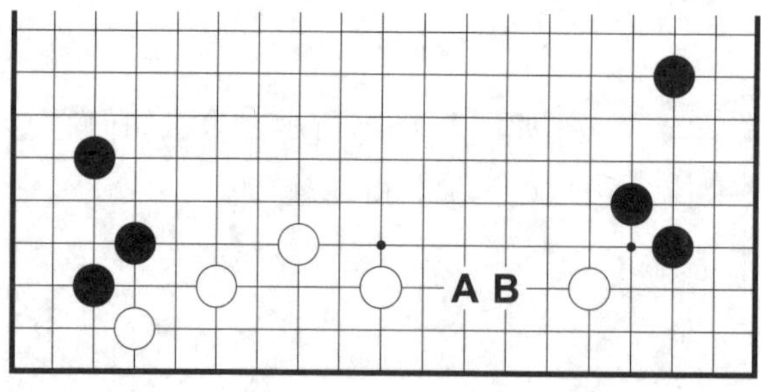

图2-16-7

如图2-16-7所示，黑棋若在A或B处打入，因为白棋左边强大，白棋向外处理右下白子时，必然会对打入的黑棋造成极大影响，所以此时打入不一定是最好的结果。

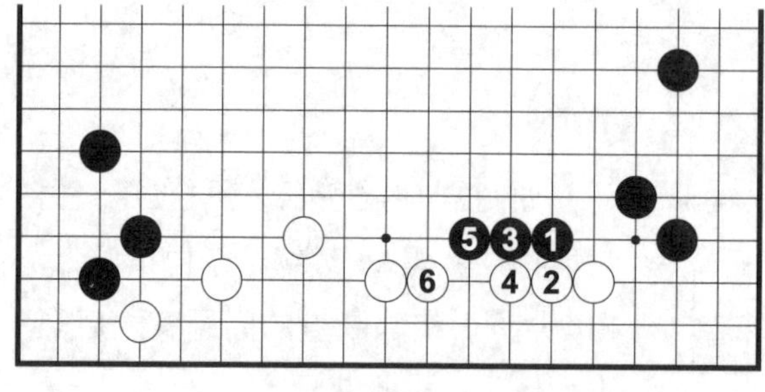

图2-16-8

如图2-16-8所示，此时黑1最好的选择是尽量压缩白棋的地盘，不让其继续发展，并扩大了本方的外势。

综上，打入虽能破坏对方的地盘，但在实战中也不可贸然地进行，要根据对方地盘的强弱来判断打入是否能带来收获。若打入作战并不乐观，就要思考其他的作战方式。

2. 打入常见问题

如果根据强弱判断可以进行打入作战，我们就要确定具体打入的位置。在确定打入位置的过程中有几个常见的问题我们要小心。

（1）打入的线数随意。

打入的目的是要破坏对方地盘，那么我方打入的棋子要不可以很好地就地做活，要不可以很好地向外逃跑。

根据以上三点我们可以总结出，在三线和四线打入是比较常见的位置。因为一线和二线位置太低，做活和逃跑不易；五线甚至更高又不一定能很好地破坏对方地盘，所以易做活的三线和四线就最为常见。

（2）打入的位置总在中间。

打入是进入对方地盘，很像单枪匹马地去作战，所以为了打入成功，我方打入的棋子要尽量对对方棋子造成极大的影响或威胁。

在实战中很多初学者在下打入时很爱下到对方地盘中间，意图离对方棋子距离远些，希望棋子能安全做活或逃跑。这种想法是不对的。打入要通过威胁影响对手才能成功，离对方距离远的话，就没法做到这点，打入很容易失败。

所以打入时要观察对方哪一部分更弱，更容易被我方利用。

（3）打入总用靠。

就如前边所讲，靠这种下法如果用得不恰当，是很容易给对方“借劲儿”的，所以靠在打入中使用要谨慎。

一般靠都是在打入前，因为对方给我方利用的地方不多，我方可以在其弱点处利用靠来制造头绪。

课后练习

如何打入（黑先）？

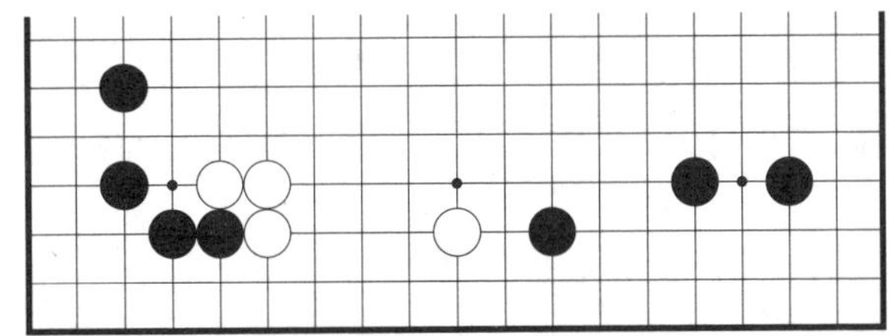

第1题

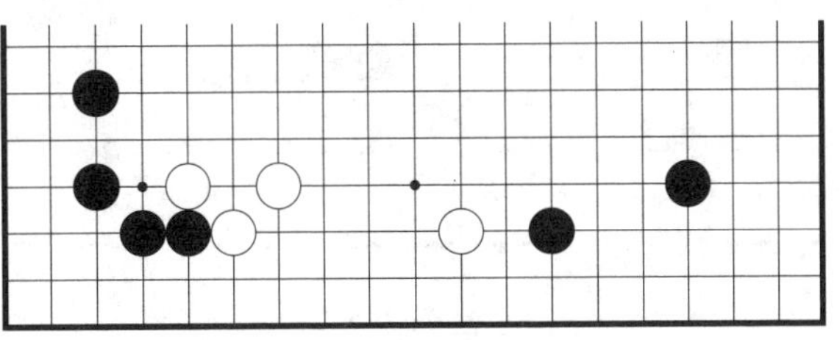

第2题

第十七节 浅消、侵消、侵分

一、浅消

在对方有成空或范围上方行棋，限制对方发展、破坏其潜力的过程。

1. 肩冲

以尖的棋形走在对方棋子的斜上方。

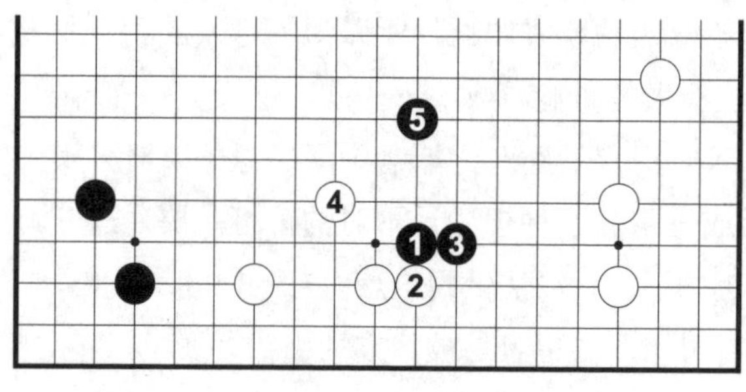

图2-17-1

如图2-17-1所示，黑1肩冲，白2挡住，黑3、5加强保护自身。

我们可以看出，黑棋肩冲压缩白棋地盘之后，白棋已经不能再形成巨大的范围了。

肩冲一般是在对方地盘对我方棋子的压力不大时来下，因为肩冲离对方棋子的距离近，这点要小心。

2. 吊

吊的位置并不固定，会根据对方范围发展的深浅来决定压缩对方的具体位置。常见的吊有小飞吊，以小飞的棋形走在对方范围的上方。

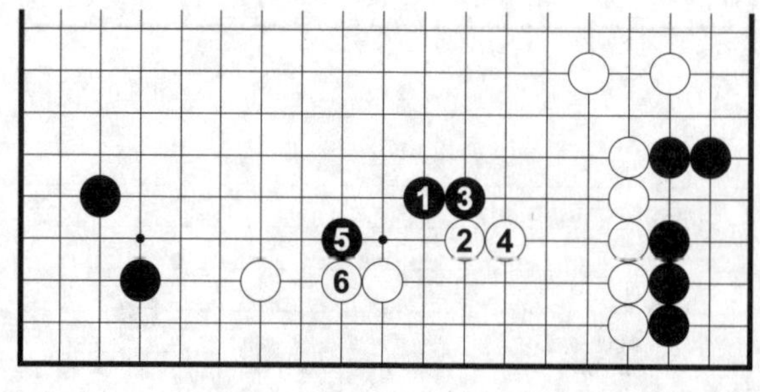

图2-17-2

如图2-17-2所示，黑1吊至黑5飞压、白6挡，黑棋成功限制了白棋发展。

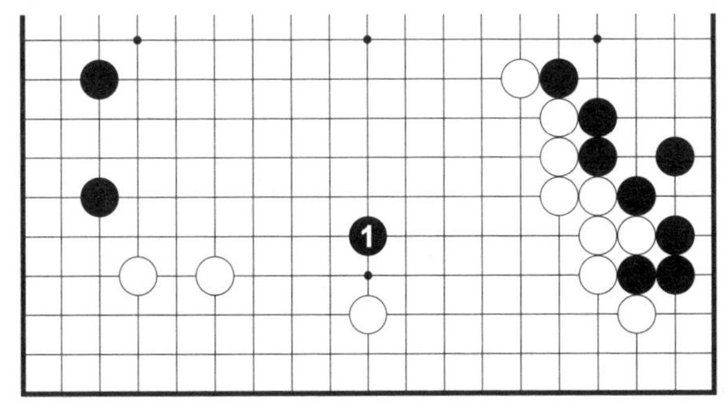

图2-17-3

3. 镇

以关的棋形走在对方范围上方。

如图2-17-3所示，黑1镇，此时白棋的右边棋子较强，肩冲和小飞吊不太适合。

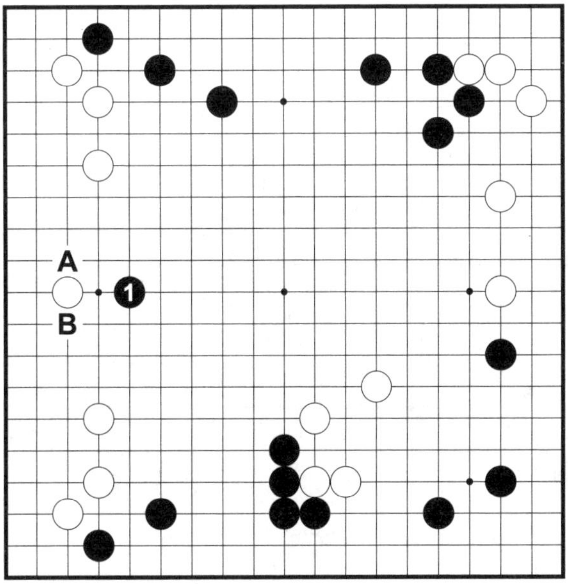

图2-17-4

二、侵消

在浅消的基础上，保留进入对方地盘的机会。

如图2-17-4所示，黑1镇压缩了白棋范围的发展，而且还保留了A与B处的两个靠，有进一步侵入白方阵营的手段。

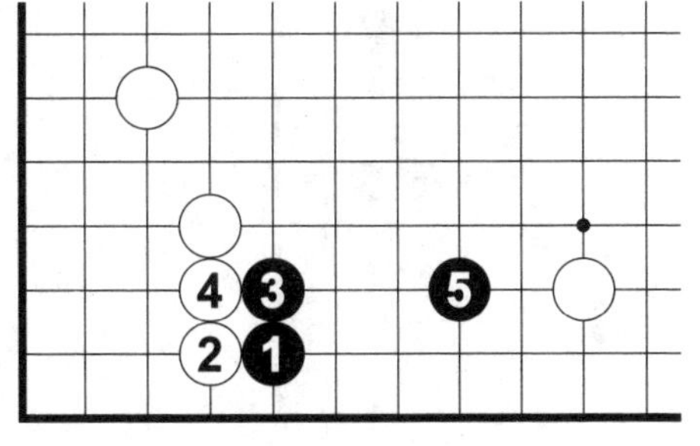

图2-17-5

三、侵分

似打入，进入对方范围，并能有效地分割地盘的下法。

常见的侵分有二·五路侵分，即走在角上坐标2～5处。如图2-17-5所示，黑1侵分，至黑5是一种固定下法，成功在白棋地盘里分割出一块地盘。

课后练习

如何浅消（黑先）？

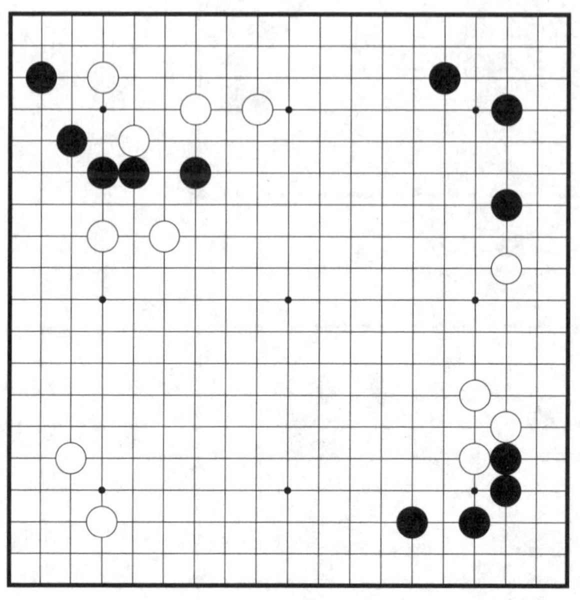

第1题

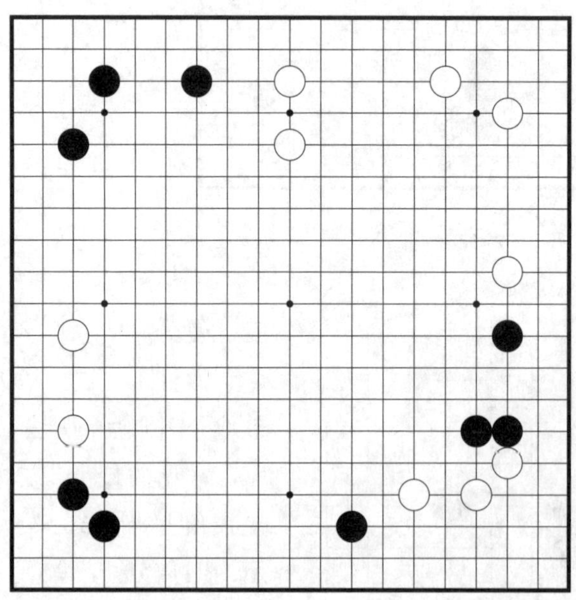

第2题

第十八节　腾挪

灵活地运用弃子、转换的方法，来处理自身十分弱的棋，是比较高级的围棋下法。比较常见的下法有靠、碰等。

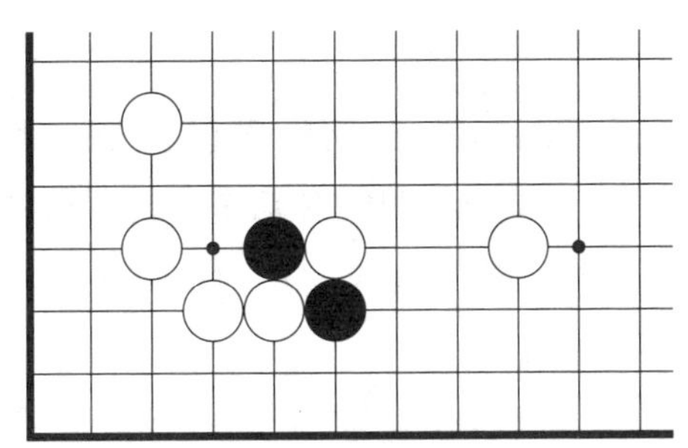

图2-18-1

如图2-18-1所示，黑棋下方两子该如何处理，显然直白地直接打吃是占不到便宜的。

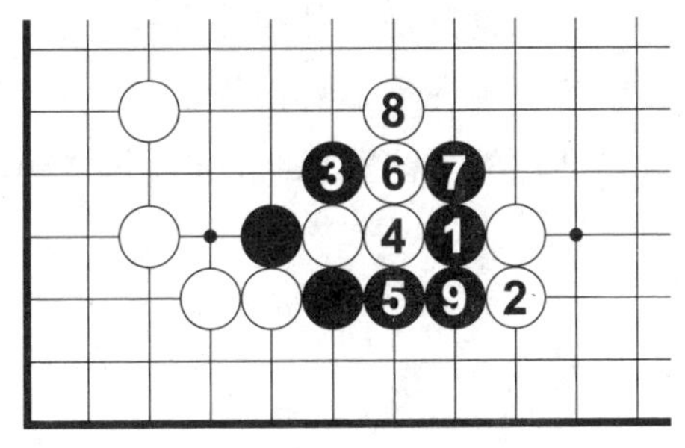

图2-18-2

如图2-18-2所示，黑1靠是好办法，若白2立应对，黑3打吃后至黑9，黑棋通过左边的弃子将自身加强，并使右边白棋两子变弱，在今后的作战中占优。

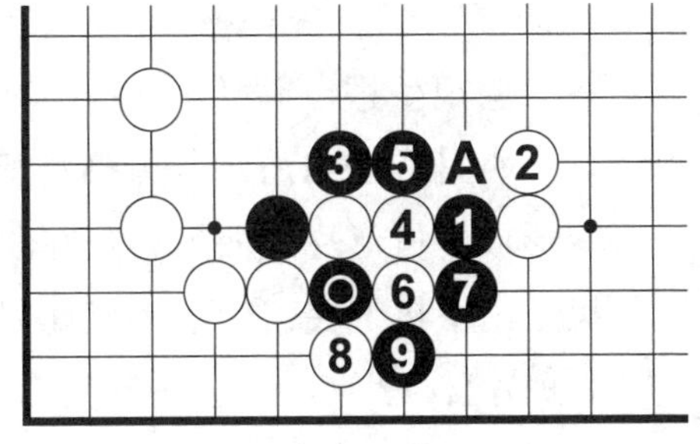

图2-18-3

如图2-18-3所示，若白2长，黑3依旧打吃，至黑9打吃后白棋于◉处粘，黑棋则于A处粘，黑棋通过将◉一子弃掉加强了自身，并使白棋右边两子变弱。

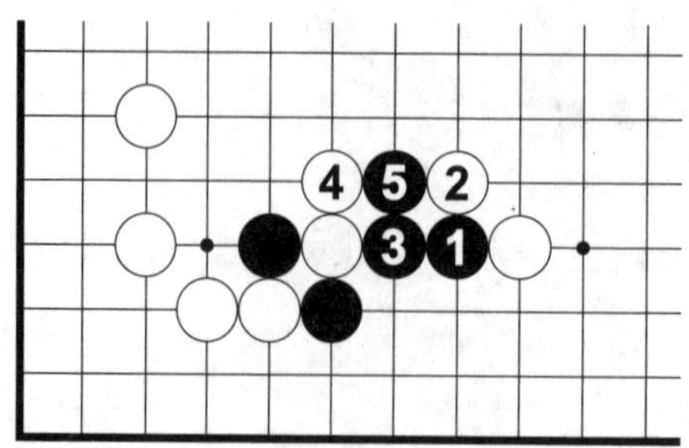

图2-18-4

如图2-18-4所示，若白2上扳，黑棋简单打吃、冲出，白棋棋形散乱。

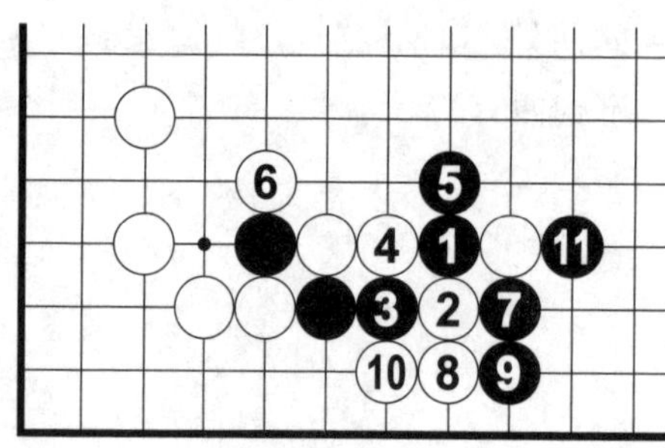

图2-18-5

如图2-18-5所示，若白2下扳，黑3顶，白4若断，黑5长后至黑11，黑棋利用棋子换来征吃右边白棋一子，处理好了自身。

可以看出，腾挪是一种非常高级巧妙的处理自身弱棋的下法，若运用得当会起到很好的效果；但我们也要意识到腾挪是一种很综合的下法，其中包含了弃子、转换等十分考验实战灵活性的下法、思维，运用时要谨慎。

第十九节　围棋谚语

围棋实战中有一些比较典型的棋形，会产生出一些特别的应对下法和道理，我们对这些下法加以总结就得出一些有总结性的话。

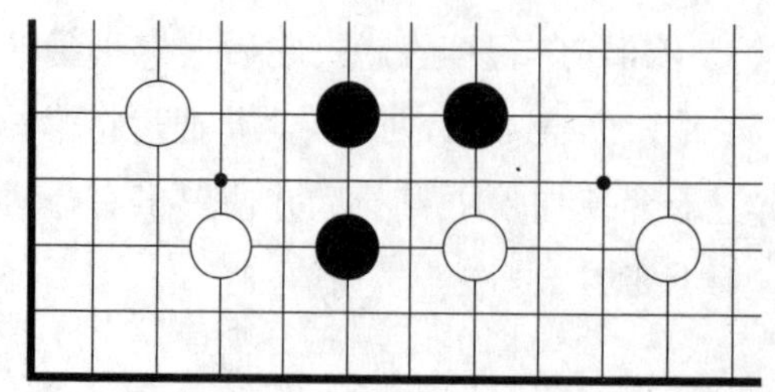

图2-19-1

一、曲尺生根点胜托

如图2-19-1所示，黑棋三子所形成的棋形称为曲尺，现在曲尺处于白棋的夹击中，黑棋如何处理好自身？

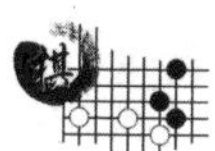

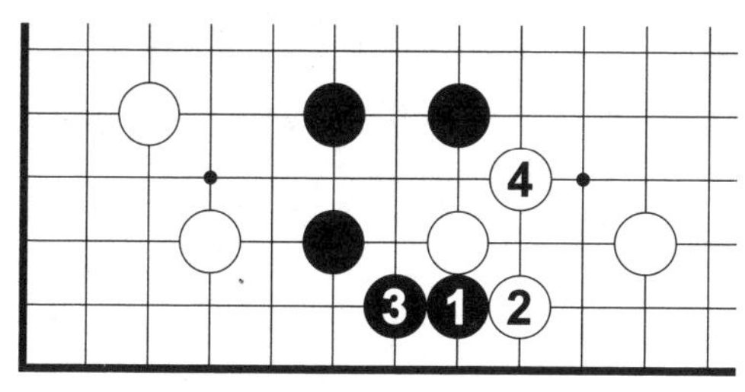

图2-19-2

如图2-19-2所示，黑1若托，至白4补棋，黑棋的眼位不充分。

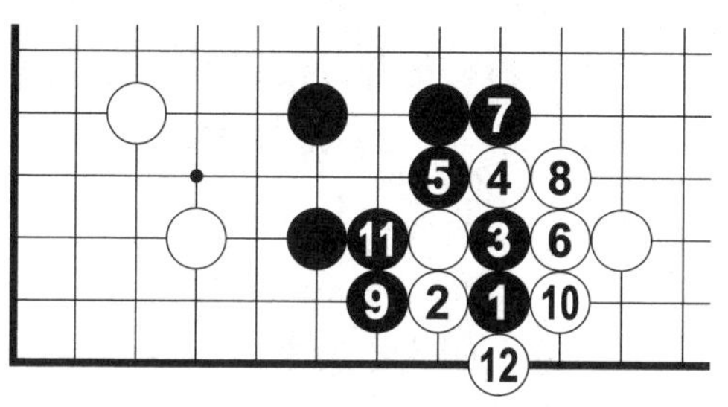

图2-19-3

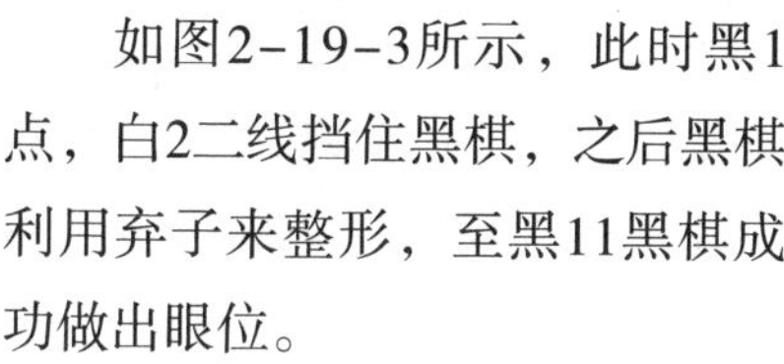

如图2-19-3所示，此时黑1点，白2二线挡住黑棋，之后黑棋利用弃子来整形，至黑11黑棋成功做出眼位。

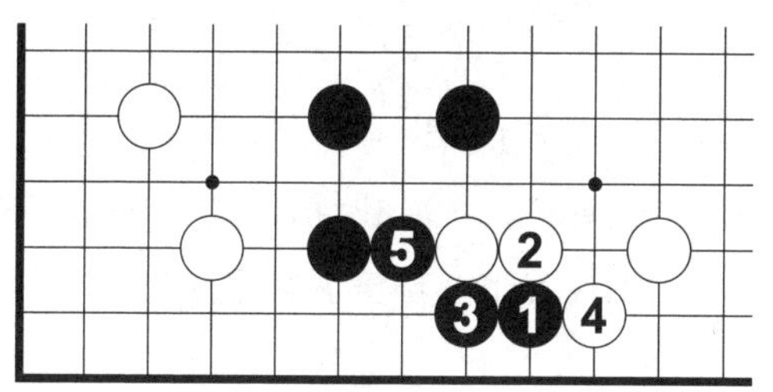

图2-19-4

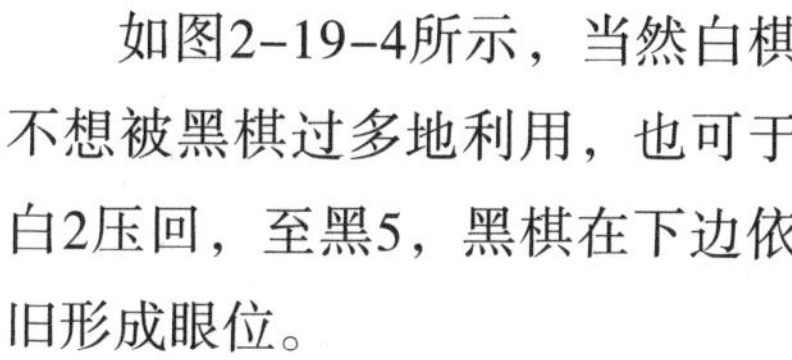

如图2-19-4所示，当然白棋不想被黑棋过多地利用，也可于白2压回，至黑5，黑棋在下边依旧形成眼位。

综上所述，曲尺生根点胜托的意思就是曲尺的棋形受到威胁时若想做出眼位，点的作用要优于托。

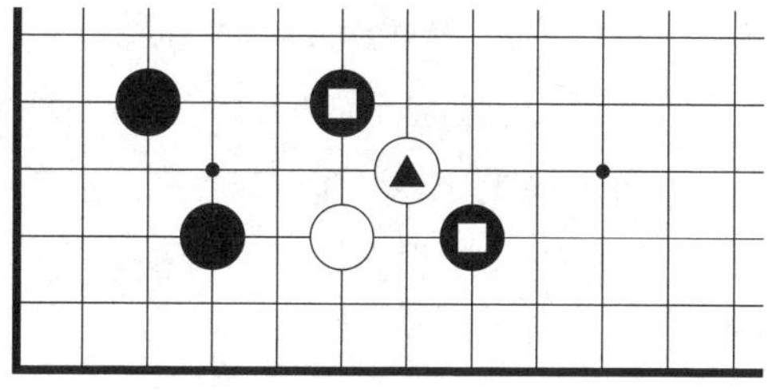

图2-19-5

二、象眼遇穿忌两行

如图2-19-5所示，黑棋◘两子成呈“田字格”形似象棋里的“飞象”，我们把两子之间的点称为象眼，走在象眼上称为穿，即白棋▲一子。

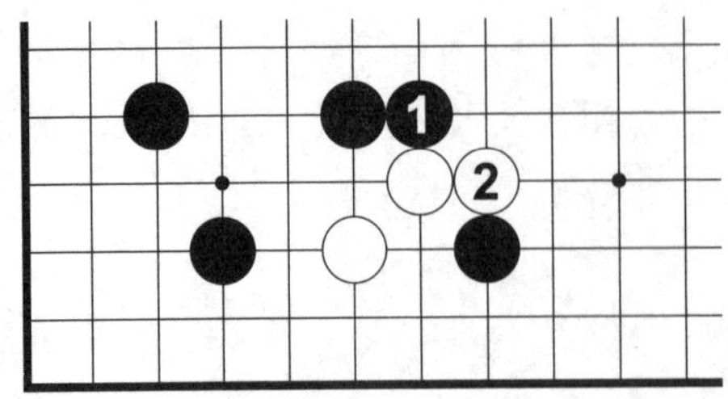

图2-19-6

如图2-19-6所示，黑1贴，白2顺势一压，虽然黑棋上方得到加强，但下方一子变弱，今后要受到威胁；若黑1下在2位，那么白棋就下在1位，道理一致。

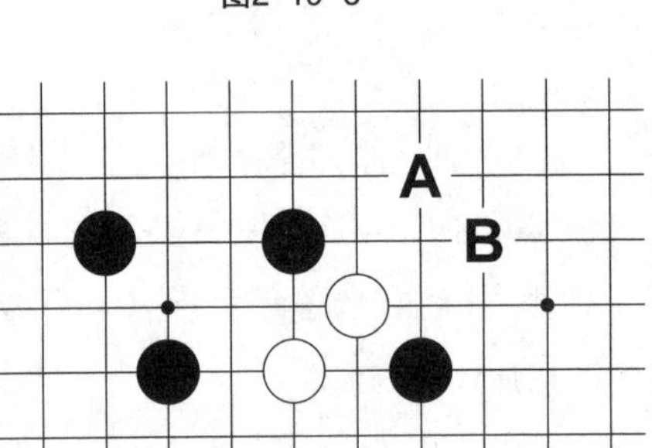

图2-19-7

如图2-19-7所示，所以为了避免帮助白棋加强并使我方变弱，黑棋会选择在A、B两处飞来应对，这样既在一定程度上补强自身避免“借劲儿”，还有包围攻击白棋之意。

综上所述，象眼遇穿忌两行的意思就是“象眼”处受到对手穿的进攻时，我方不要轻易在两侧贴住行棋，走飞的棋形才是正着。

三、两打同情不打

如图2-19-8所示，在白棋存在断点的情况下黑棋应该如何应对？

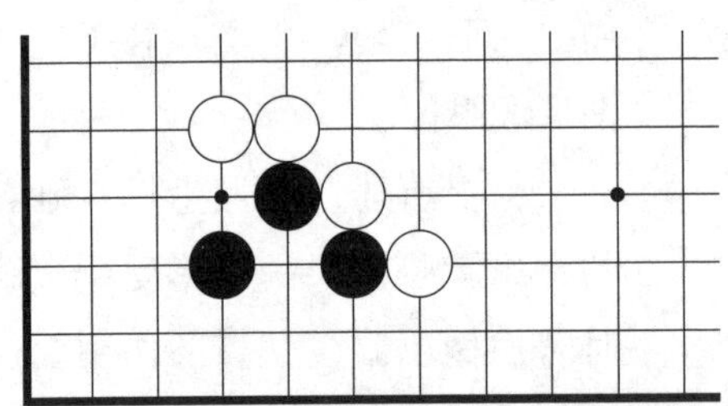
图2-19-8

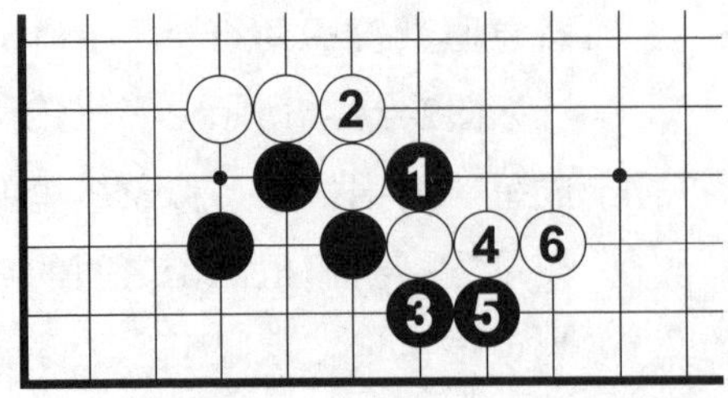

图2-19-9

如图2-19-9所示，黑1断打，白2粘后黑3再打吃至白6长，这是一种较普通易懂的下法，但黑棋一是让白棋变得过强，二是多送一子亏损。

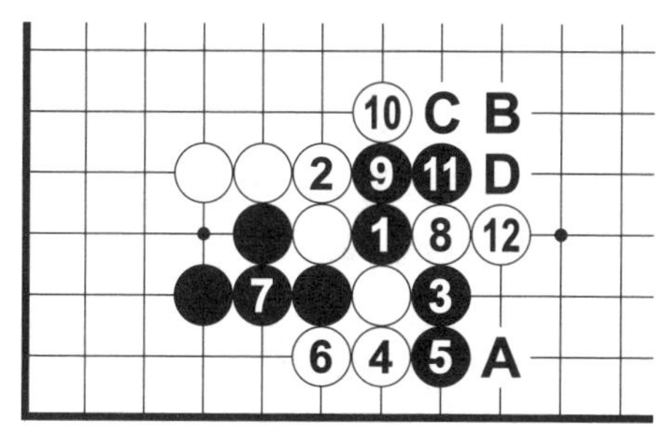

图2-19-10

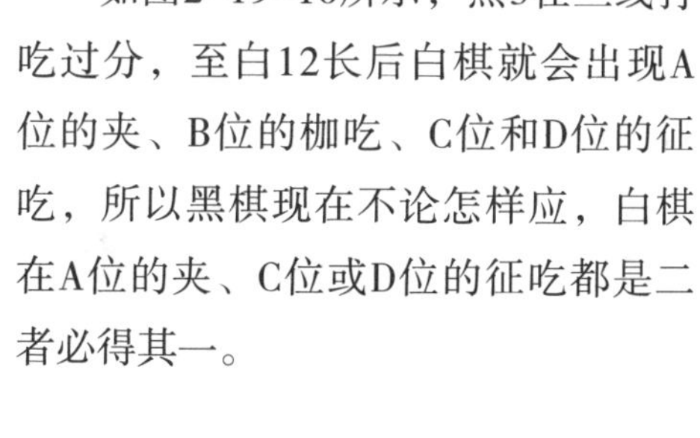

如图2-19-10所示，黑3在三线打吃过分，至白12长后白棋就会出现A位的夹、B位的枷吃、C位和D位的征吃，所以黑棋现在不论怎样应，白棋在A位的夹、C位或D位的征吃都是二者必得其一。

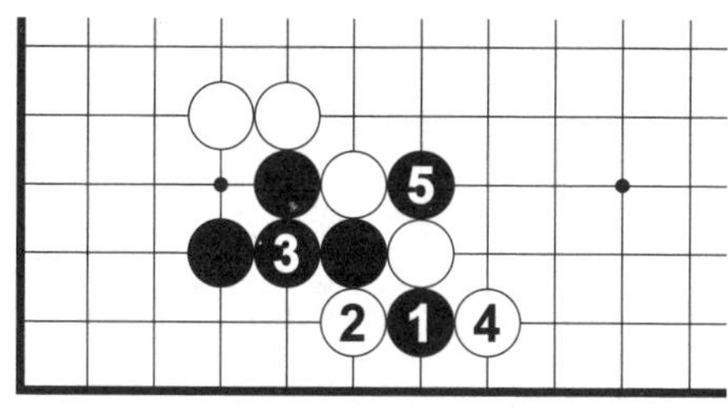

图2-19-11

如图2-19-11所示，从上两图看出，黑棋贸然地打吃并没有太好的结果，所以黑棋可直接于1位扳出，若白棋想当然地断打，至黑5双打吃，白棋大亏。

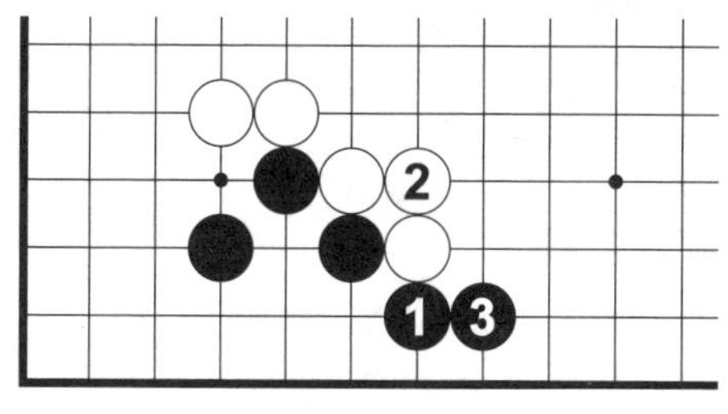

图2-19-12

如图2-19-12所示，所以当黑1扳时，白2只能粘住自身的问题，黑3顺势一长，双方都可接受。

综上所述，两打同情不打的意思就是在局部我方接下来的两步棋能连续地打吃对方，那么这种情况出现等同于不要打吃。

其实通过两打同情不打我们可以体会到，在对方出现弱点时，不一定要马上扑上去进攻，而是可以利用其必须处理弱点的特性，来将自身的棋子强弱、发展等方面做得更好。

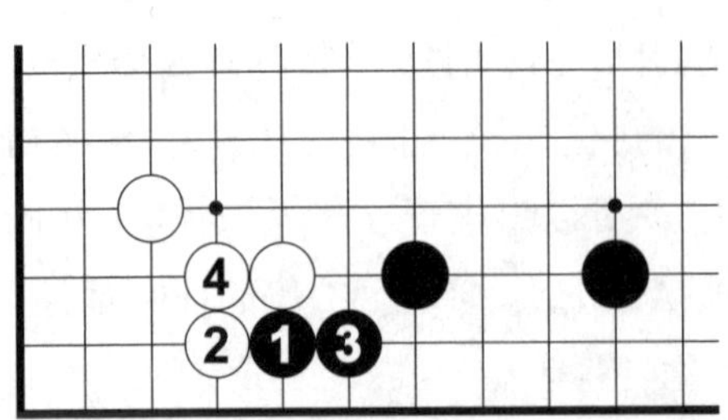

图2-19-13

四、托二宜其边已固

如图2-19-13所示，此时黑1托至白4，黑棋通过托成功扩大了眼位，同时将白角的效率降低。

如图2-19-14所示，若此时白角是这样的，黑1还是去托，至白4后，虽然黑棋也加强了眼位，但使白棋本来不坚固的角变成了效率很高的棋形，不值得。

综上所述，托二宜其边已固的意思就是想托在二线的时候，最好要在对方的边已经坚固时再托，因为此时托可能会将对方棋的效率变低；若在对方不坚固时，不考虑如何进攻而是去托的话就会帮对手变强。

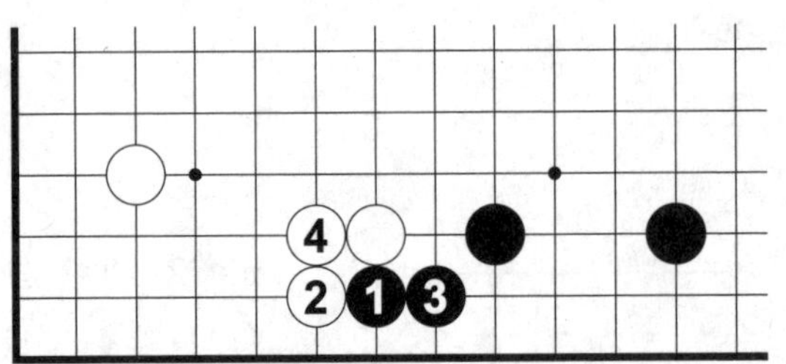

图2-19-14

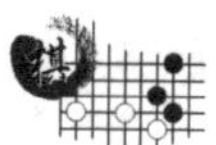

第三章　收官

收官是一盘棋的尾声，地盘不会再产生剧烈的变化，双方以彼此地盘的边界为界限，争夺剩余的地盘的阶段。官指的是官子，就是收官时在边界走的棋子的总称。

收官要想下得好，必须清楚官子的类型和大小，只有这样才能选择先下哪处对我方最有利。

第一节　官子类型

其实官子根据能否继续获利可分为两大类，即先手官子和后手官子。

先手官子就是除了官子本身获得的利益外，之后进程还可以继续获利且棋盘上没有能与之相比的地方，对手不得不管；后手官子就是官子本身获利后，不能继续获利或者此时此处不是棋盘上价值最大的地方，对手可以不管。

那么根据双方先后手的不同，我们可以将官子类型细分为三类，即双先官子、单先官子和逆收官子、后手（双后）官子。

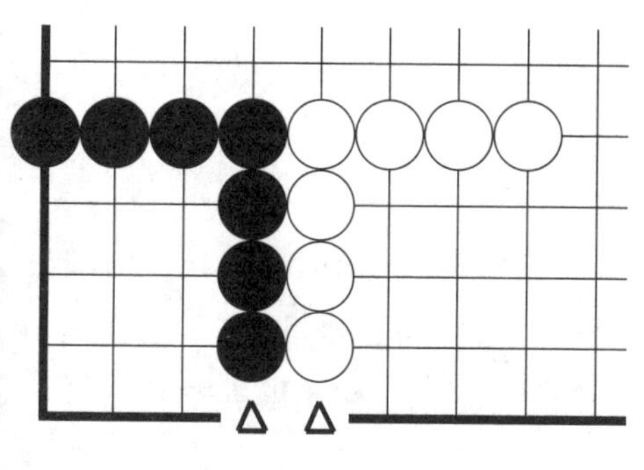

图3-1-1

1. 双先官子

双方谁先下都是先手的官子类型。

如图3-1-1所示，我们假设棋盘其他地盘都已经下完，此时只剩下△处的官子没有确定，这处的官子类型就是双先官子。

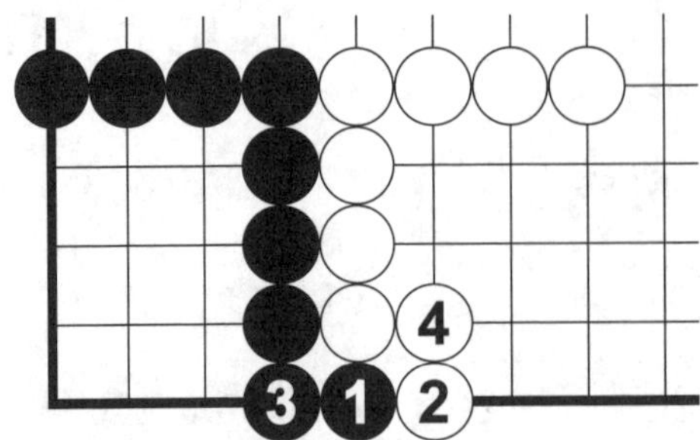

图3–1–2

如图3–1–2所示，黑1扳，白2挡，黑3粘后，白4必须跟着应。此官子黑棋先下完成后依然是黑棋先下。

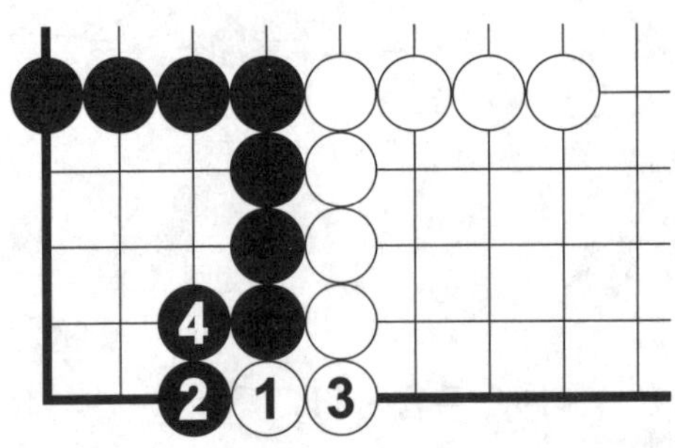

图3–1–3

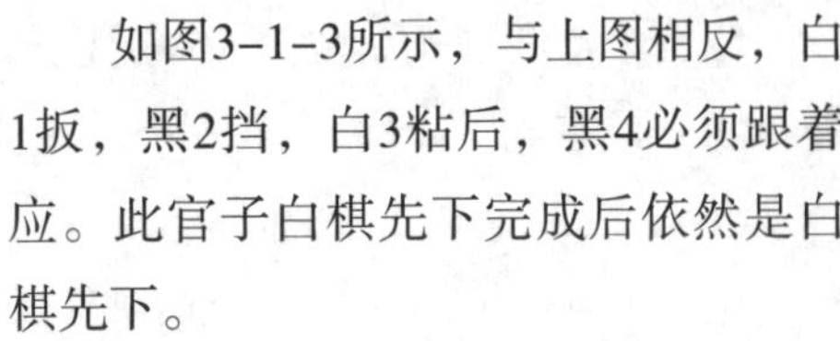
如图3–1–3所示，与上图相反，白1扳，黑2挡，白3粘后，黑4必须跟着应。此官子白棋先下完成后依然是白棋先下。

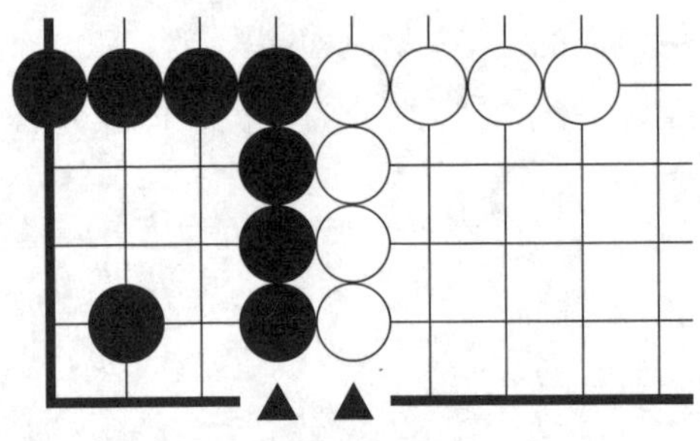
图3–1–4

2. 单先官子和逆收官子

一方下是先手官子，而另一方下是后手官子的官子类型。

如图3–1–4所示，和之前相比黑棋地盘中多了一子的保护，这处的官子类型就是单先官子和逆收官子。

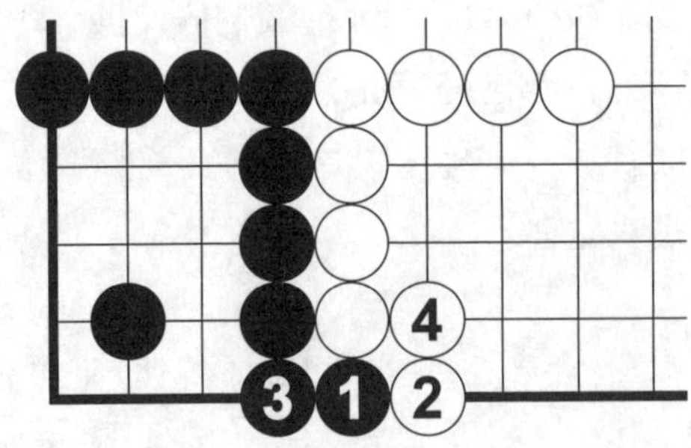

图3–1–5

如图3–1–5所示，黑1扳，白2挡，黑3粘后，白4必须跟着应。此官子黑棋先下完成后依然是黑棋先下。

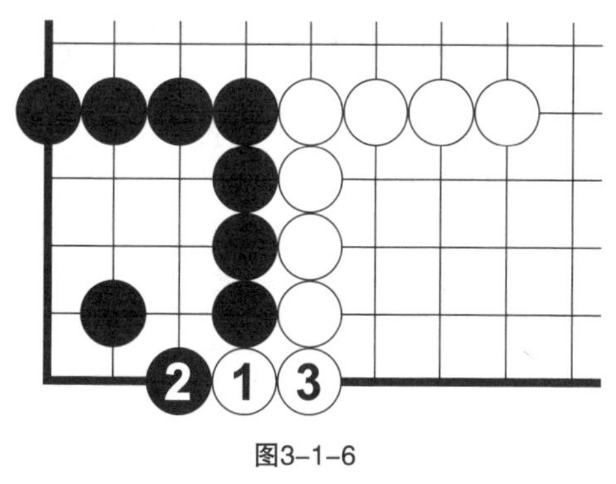

图3–1–6

如图3–1–6所示，白1扳，黑2挡，白3粘后，因为黑棋断点已经是假断点了就不必再管。此官子白棋先下完成后变成了黑棋先下。

综上，此题中黑棋是单先官子，白棋是逆收官子。之所以将后手官子的一方称为逆收官子，是因为后手的一方如果为了抵消对方先手的优势，可以将此官子走掉，虽是后手但可以“逆向”地去掉对方先手权利。

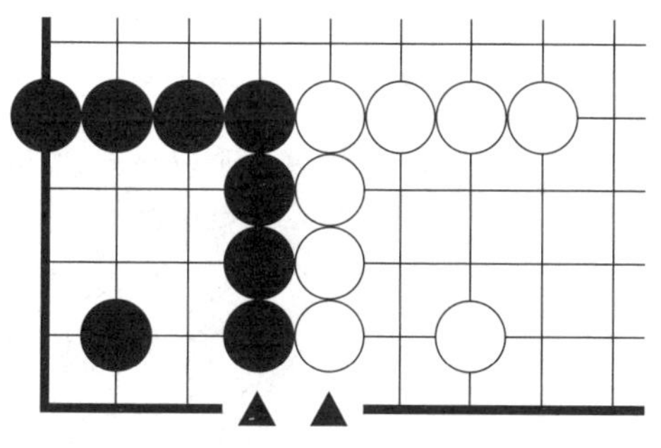
图3–1–7

3. 后手（双后）官子

双方下都是后手的官子类型。

如图3–1–7所示，此时黑棋和白棋的地盘中都多了一子的保护，无论谁先走都是后手，这处的官子类型就是后手（双后）官子。

第二节　官子大小及计算方法

知道了官子类型还不够，我们还要了解官子的大小。因为一盘棋收官时可能官子很多，光凭类型不一定能抢到最大的官子。

常用的官子大小计算方法有三种，这里我们学习两种简单、普遍的方法：出入法和增减法。

在学习如何计算官子大小之前我们先明确一个术语和一个道理。

目，是表示地盘大小的量词，即交叉点的个数。比如棋子围住了一个交叉点，我们就可以说围了1目。

一子等于两目，围棋中如果出现死子，那么这个死子的位置算作两目。

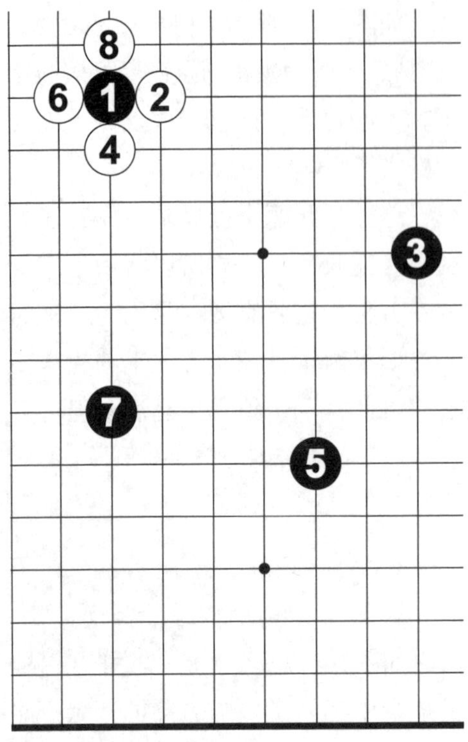
图3-2-1

如图3-2-1所示，我们不考虑棋子在棋盘上的位置关系，每下一个子就占一个交叉点的地盘。如图双方各下四子，黑棋随意位置占地盘，白棋选择去吃一颗黑棋，我们来算一下最后黑白双方所占地盘的大小。黑棋还剩下3、5、7三颗棋子，占了3个交叉点；白棋四颗棋子安全再加上吃掉一颗黑棋后中间围出来的一个交叉点，共占了5个交叉点。

我们可以看出，白棋占了5个交叉点，黑棋占了3个交叉点，双方地盘的差是2个交叉点。这2个交叉点是由吃掉的一颗棋子带来的，所以一颗死子等于2个交叉点，即一子等于两目。

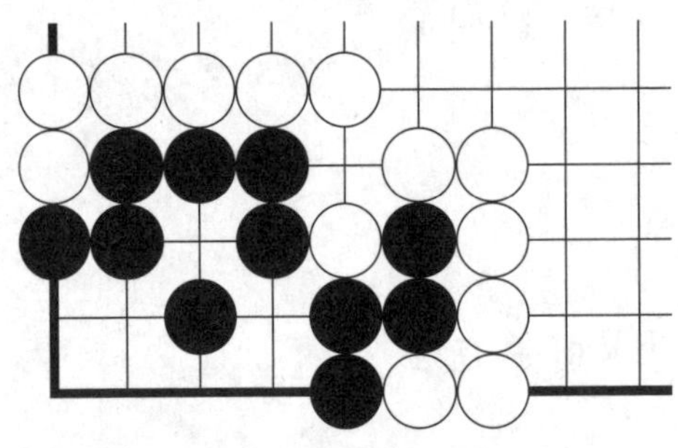
图3-2-2

一、出入法

收官时只有单方地盘会发生变化的官子计算方法。

如图3-2-2所示，此处的官子大小如何？此处官子不论谁先行，白棋地盘都不会变。

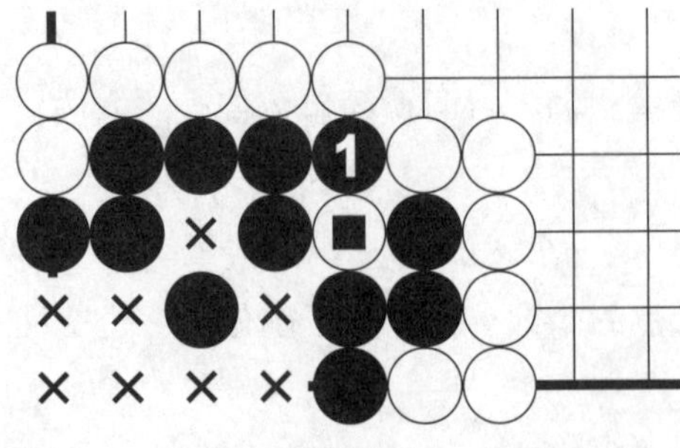
图3-2-3

如图3-2-3所示，若黑棋先行，黑1提子，黑棋地盘最后的大小是×和■（死子）处，共10目。

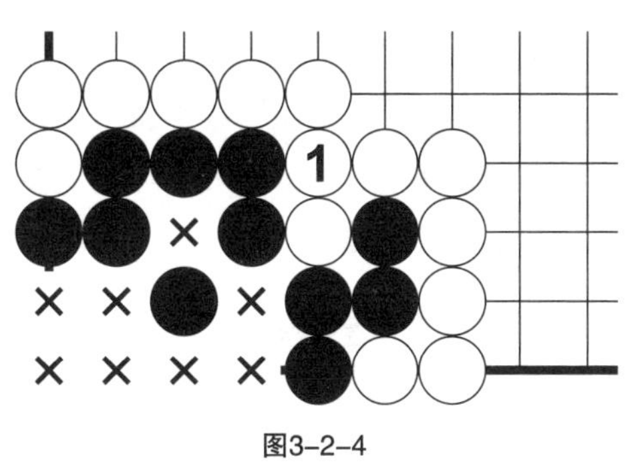

图3-2-4

如图3-2-4所示，若白棋先行，白1粘救一颗白棋，黑棋地盘最后的大小是×处，共8目。

综上，出入法是收官时只有单方地盘会发生变化的官子计算方法，在计算之前我们要先模拟双方各自先行后的样子，然后将发生变化的地盘分别计算出来，再将两个目数做差，这个差就是此官子的大小。

如上两图黑棋地盘分别是10目和8目，两者的差是2目，所以此官子的大小就是2目。

二、增减法

收官时双方地盘都会发生变化的官子计算方法。

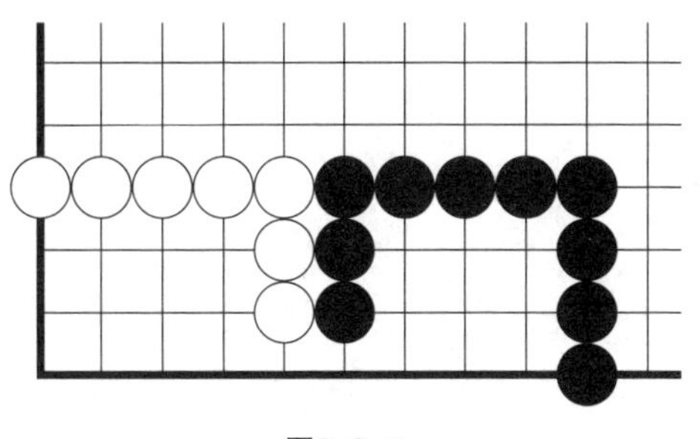

图3-2-5

如图3-2-5所示，此处的官子大小如何？

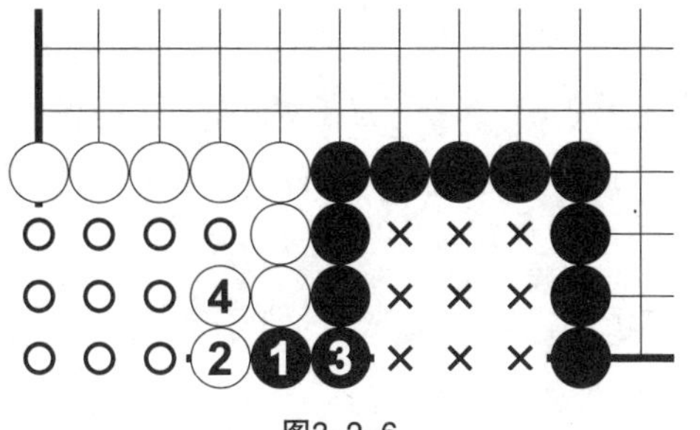

图3-2-6

如图3-2-6所示，若黑棋先行，黑1、3扳粘，白2、4防守。此时黑棋地盘有9目（×处），白棋地盘有10目（○处）。

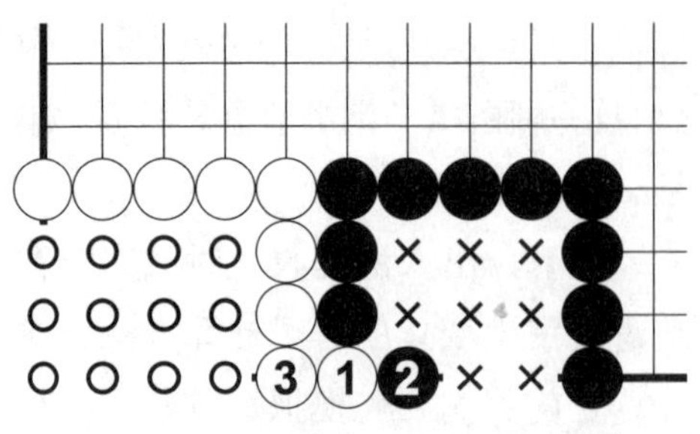

图3-2-7

如图3-2-7所示，若白棋先行，白1、3扳粘时后手，所以黑2挡就可。此时黑棋地盘有8目（×处），白棋地盘有12目（○处）。

综上，增减法是收官时双方地盘都会发生变化的官子计算方法，在计算之前我们要先模拟双方各自先行后的样子，然后将发生变化的双方地盘分别计算出来，再将本方的目数做差，之后黑棋、白棋得出的这两个差再加一起做和，就是此官子的大小。

如上两图黑棋地盘分别是9目和8目，白棋地盘分别是10目和12目；黑棋本方的差是1目，白棋本方的差是2目；再将这两个差做和1目+2目=3目，所以此官子大小就是3目。

出入法本质上就是一方差是零的增减法。

第三节　如何正确收官

一、收官顺序

了解了官子类型和官子大小后，我们就对如何正确收官有了明确的了解。

即遵循双先官子→单先官子→逆收官子→后手官子。在同类型的官子里再遵循官子由大到小的顺序。

如图3-3-1所示，A～D的收官应该按何顺序进行？已知A的官子大小是后手2目，B的官子大小是后手4目，C的官子大小是后手6目，D的官子大小是后手8目。

如图3-3-2所示，A～D的官子类型都是后手，那我们就可以只按照官子大小的顺序来收。黑1至白4正确。

如图3-3-3所示，A～C的收官应该按何顺序进行？已知A的官子大小是双先4目，B的官子大小是后手12目，C的官子大小是后手6目。

如图3-3-4所示，A～C的官子类型A是先手，B、C都是后手，那我们就先按照官子类型再官子大小的顺序来收。黑1至白6正确。

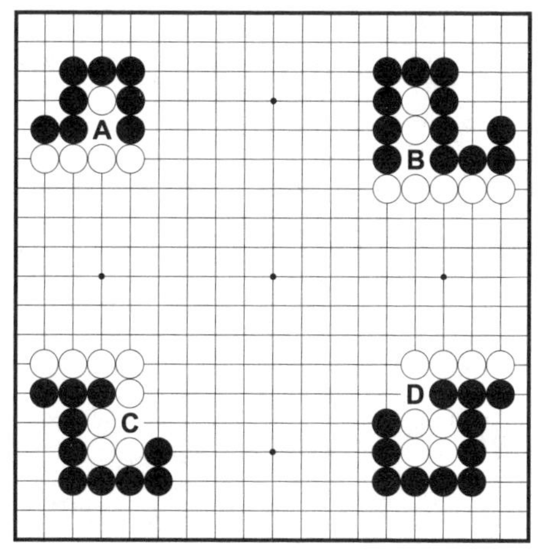

图3-3-1

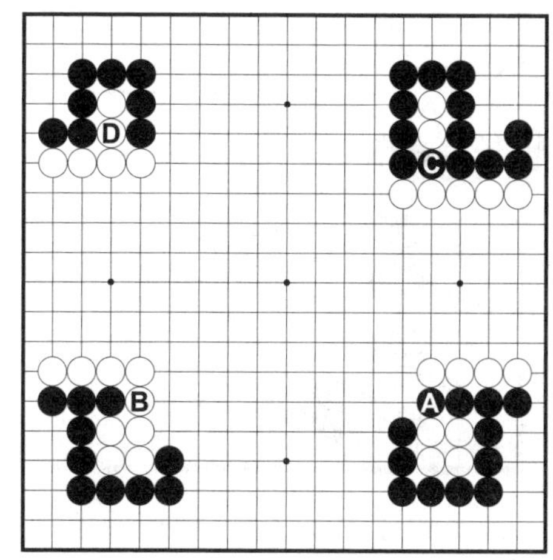

图3-3-2

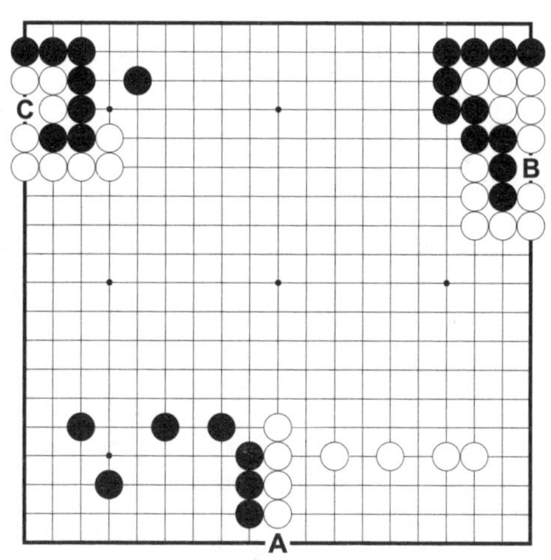

图3-3-3

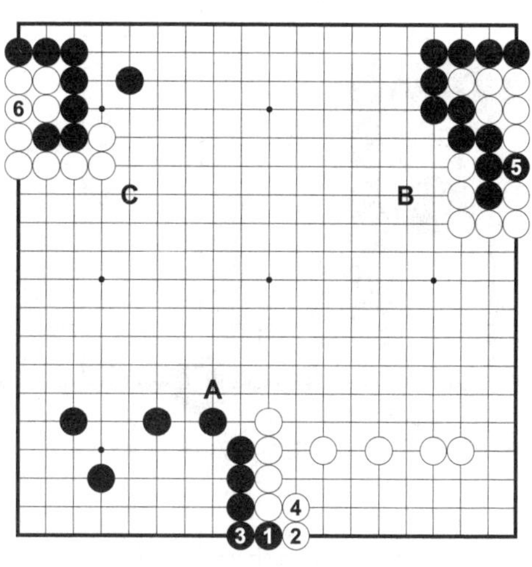

图3-3-4

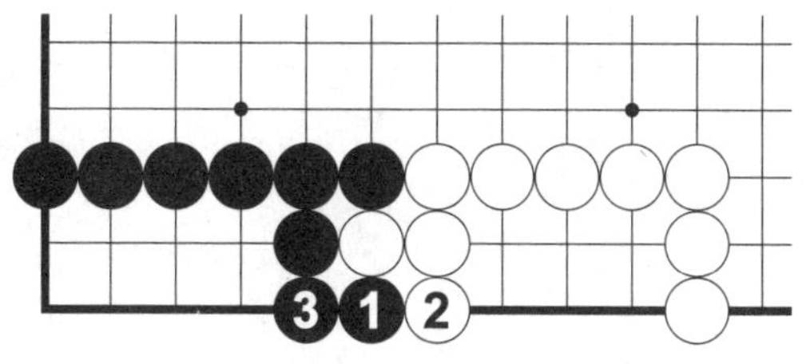

图3-3-5

二、常见下法

1. 扳粘

利用扳与粘组合的方法进行收官，扳粘是收官中最基本、常见的下法。

如图3-3-5所示，扳粘实战中的运用。

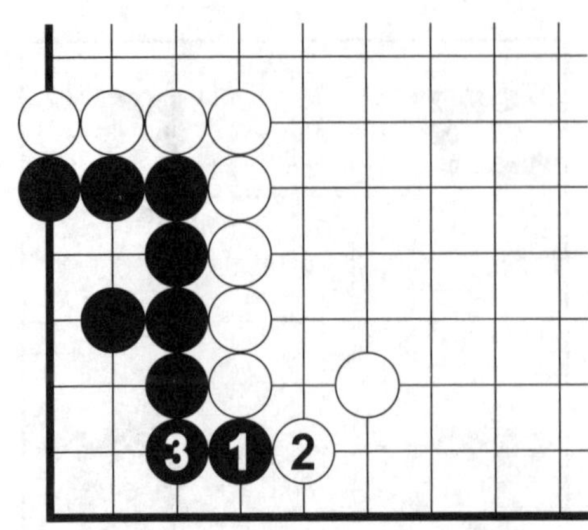
图3–3–6

2. 立

也是收官常用方法，正确使用立有争夺先手收官的意图。

如图3–3–6所示，此处的官子如此进行的话，黑棋落了后手。

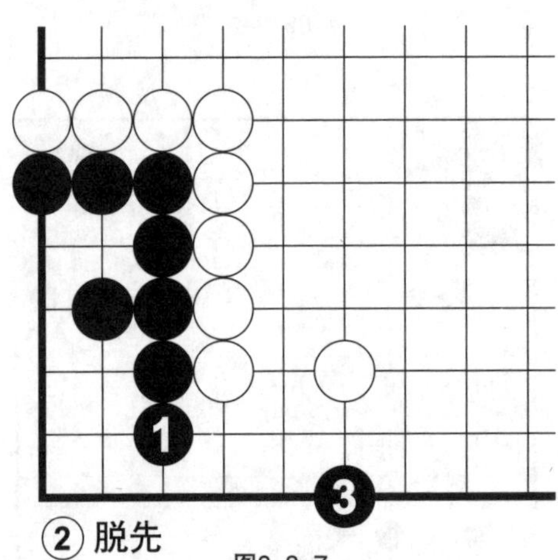

图3–3–7

如图3–3–7所示，此处官子黑1应该立，白2若脱先，黑棋就可以大飞进入白棋地盘，所以此处白棋不敢脱先。

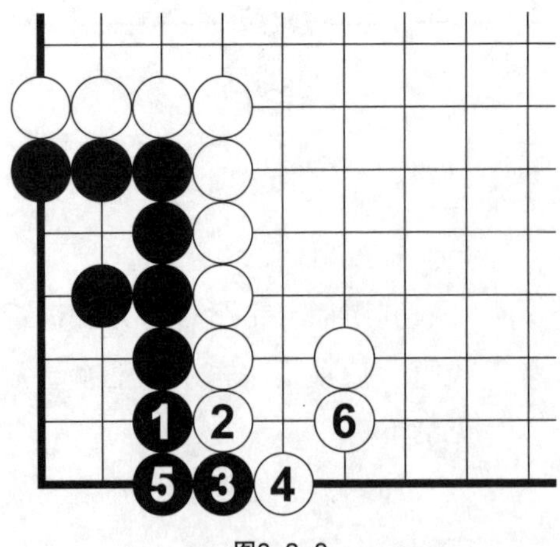
图3–3–8

如图3–3–8所示，此处的正常收官过程，黑棋先手收官。

3. “伸腿”

在自身棋子的基础上走一线的飞，向对方地盘中延伸，这种下法就是“伸腿”。根据飞的不同分为大飞伸腿和小飞伸腿。

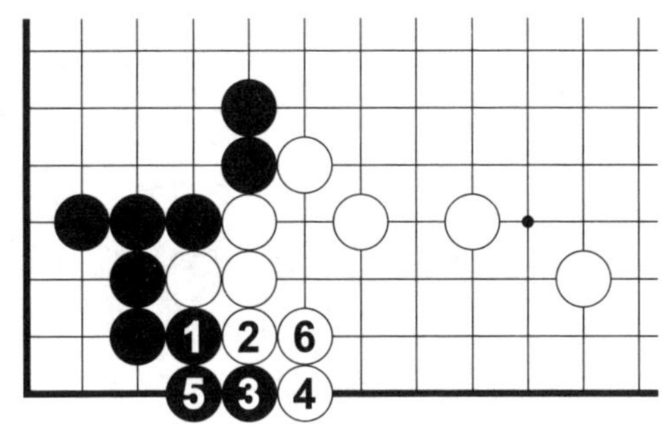

图3-3-9

如图3-3-9所示，此处官子黑棋若只简单地拐，之后虽是先手收官，但没有使利益最大化。

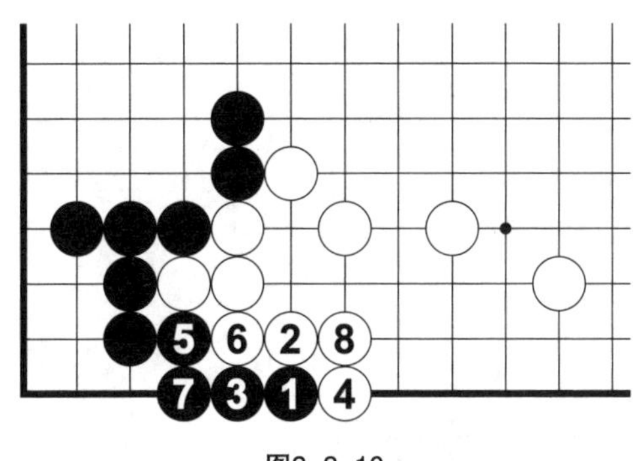

图3-3-10

如图3-3-10所示，此时黑1可以一线大飞伸腿，白棋必须防守，至白8黑棋比上图更多地压缩了白棋地盘。

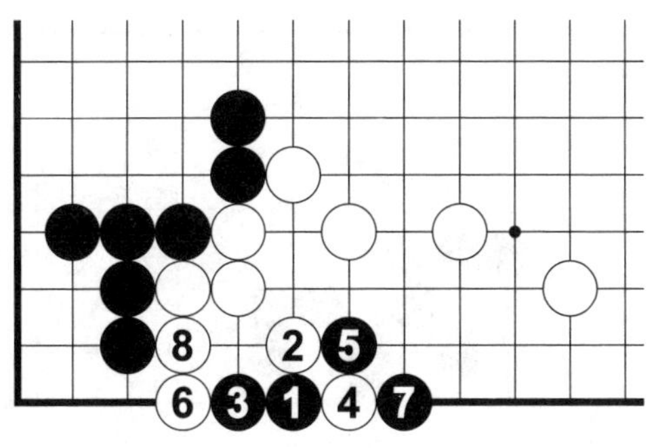

图3-3-11

如图3-3-11所示，上图中的黑5不能走此图的断，至白8黑棋被断在了里边，无法做出两个真眼，大亏。

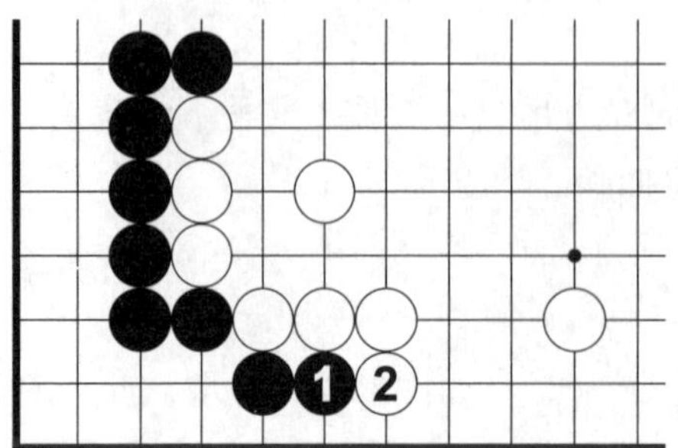

图3-3-12

如图3-3-12所示，此处官子黑1若简单爬一下，白2挡，黑棋虽是先手，但也没了后续，而且没有最大限度压缩白棋地盘。

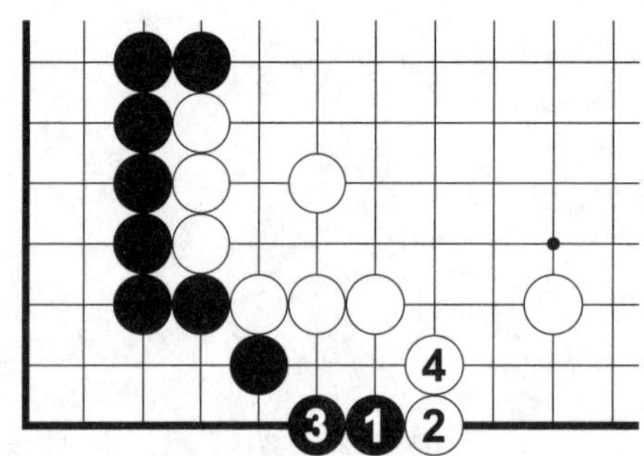

图3-3-13

如图3-3-13所示，黑1一线小飞伸腿，至白4，黑棋比上图更多地压缩了白棋地盘。黑3不能下4位打吃，道理与大飞伸腿中一致。

课后练习

确定官子类型和官子大小。

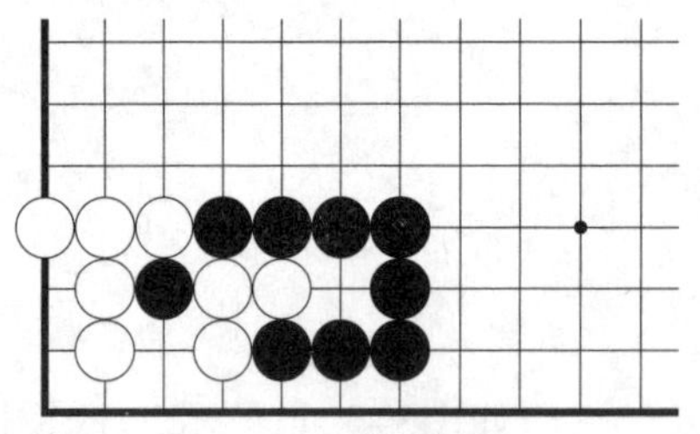

第1题

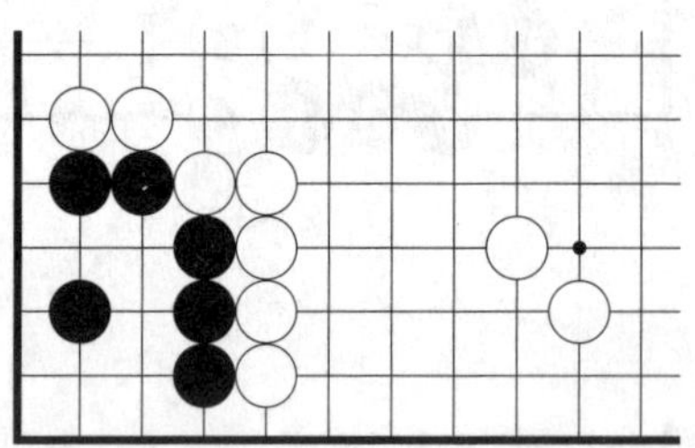

第2题

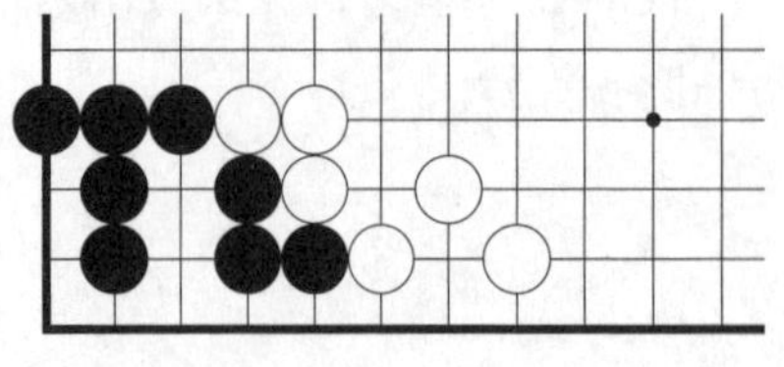

第3题

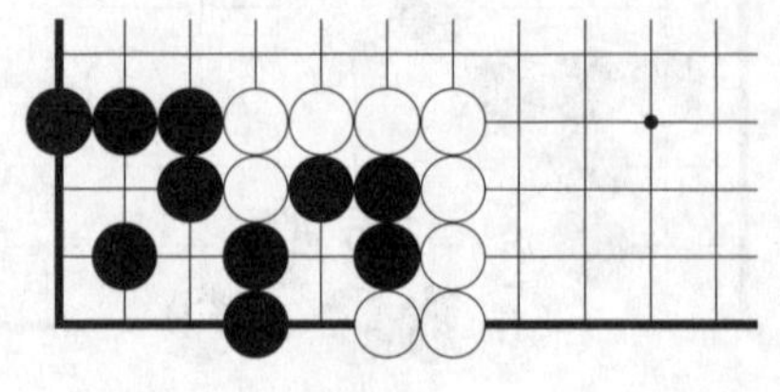

第4题

第四章　数地

围棋的胜负是根据双方地盘的多少来判断的，那么在棋局的进行中怎么来数地盘借以来判断局势？双方结束对局后怎样判断输赢？

第一节　棋局进行中的数地

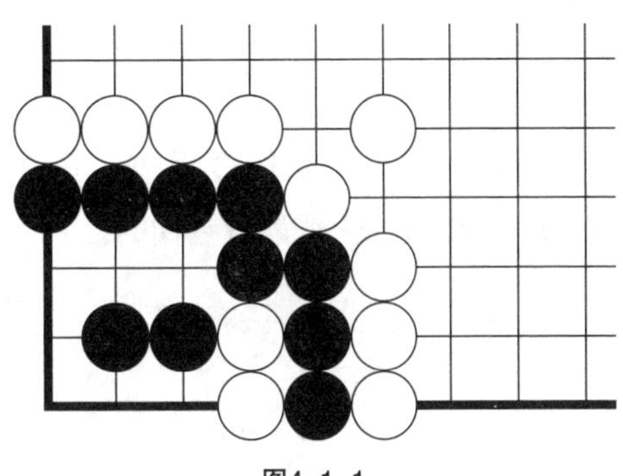
图4–1–1

1. 确定边界的地盘数法

如图4–1–1所示，黑棋地盘里一共有7个空交叉点和两颗白棋死子（一子等于两目），所以黑棋所围地盘一共有11目。

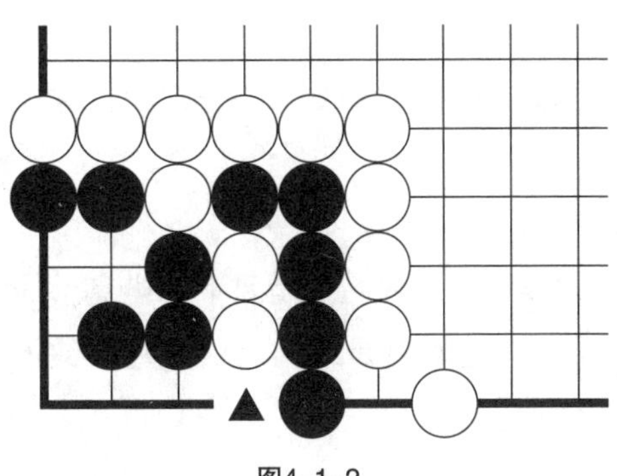
图4–1–2

如图4–1–2所示，黑棋地盘里的▲处黑棋早晚要再提一下，所以其地盘里一共有6个空交叉点和两颗白棋死子（一子等于两目），所以所围地盘一共有10目。

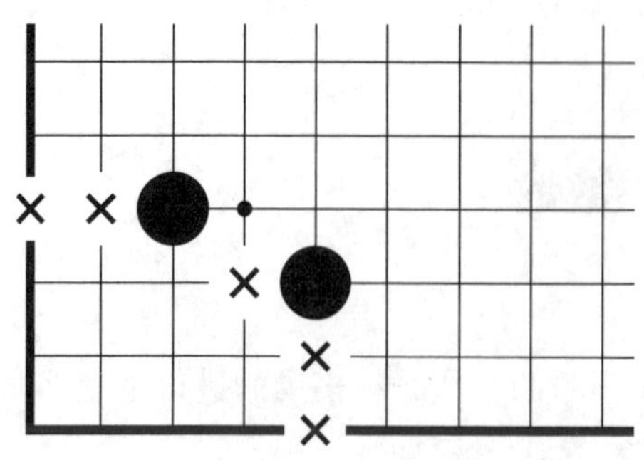

图4-1-3

2. 未确定边界的地盘数法

在数未确定边界的地盘时，我们采取一种较为简单的方法，就是向下画垂线。如图4-1-3所示，无忧角可以像图中×这样大体确定下边界，共11目。

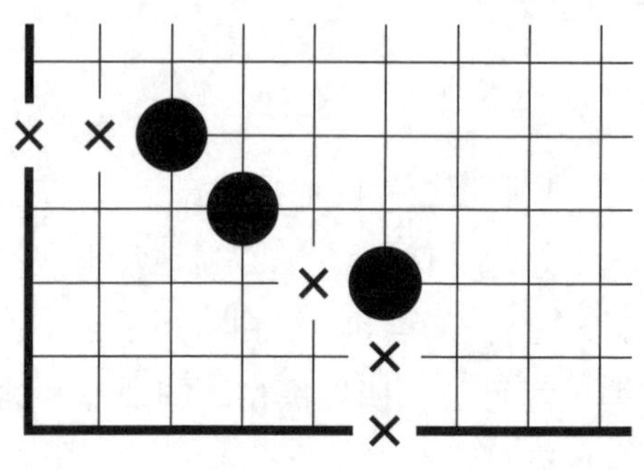

图4-1-4

如图4-1-4所示，这是星位小飞守角加尖后的形状，画垂线后共17目。

着重说明一下，我们这里数未确定地盘边界的目数大小时，是采取的简单方法，真实下棋的过程中是要通过实际可能的步骤来进行判断的。

第二节　棋局结束后的胜负判断

棋局结束后要通过数地盘来最后确定谁取得胜利，那么如何来判断？这里我们用的是数子法，就是子、空皆数。

1. 确定终局

如图4-2-1所示，这是一局对局结束时的样子。对局结束是要下到棋盘上的交叉点都已确定所属，并且双方同意对局结束，这时就是终局，双方进入数子判定胜负的阶段。

2. 去掉死子与处理双活

对局结束时，棋盘上会出现几种需要处理的情况。

其一是要将棋盘上的死子拿掉，如图4-2-1中双方的○子；其二是若出现双活的情况，数子之前要将公气位置填上。无眼双活各填一子；有眼双活各算半

子（可以先任意填一子，之后数地盘，根据所数的是哪一方再进行加减），如图4-2-1中的A、B两点。

如图4-2-2所示，这就是按上述方法处理后的盘面样子。

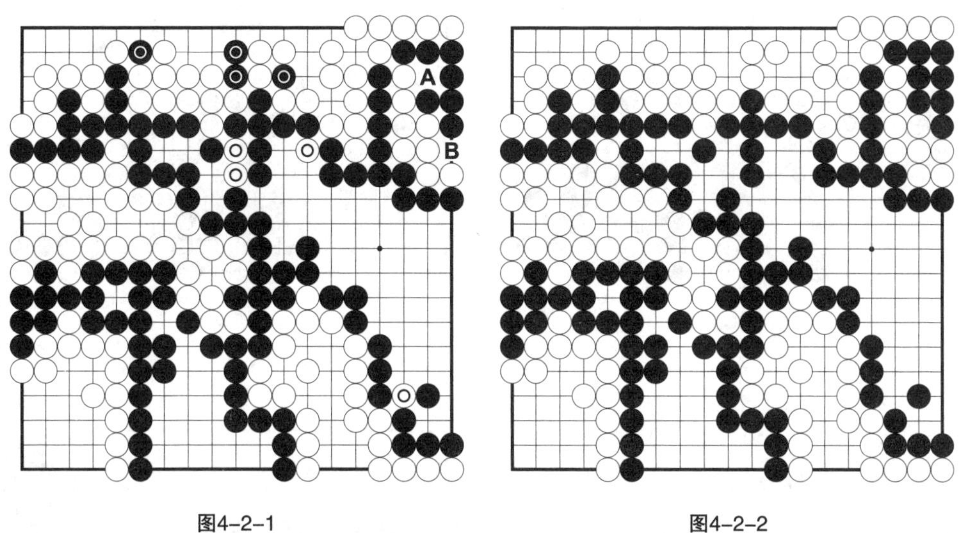

图4-2-1　　图4-2-2

3. 确定数哪一方

因为棋盘的大小是固定的共361个交叉点，所以数任意一方其实都可以。但一般从方便的角度，我们可以选择地盘较少、形状较规整的来数。

4. 以10的倍数为单位做方形

在所数一方的地盘中做整10倍数的方形是为了便于快速地得出地盘大小，在数之前我们可以快速地对所数一方的地盘做一下整理。

如图4-2-3所示，A、B黑白两子都突出于本方棋形，影响棋形的规整度，这时我们可以对双方进行一个互换，互换后并不影响双方地盘的大小。但要注意的是只能互换边界的一些突出棋子，不能乱换，比如破坏了棋子死活、需要重新定边界的换法都不可以。同理C、D也可以互换。

规整棋形后我们就可以在所数一方的地盘中去做整10倍数的方形了。如图4-2-4所示，我们在黑棋地盘中做出A、B、C、D四个方形，A空为40子、B空为20子、C空为30子、D空为10子，一共100子。

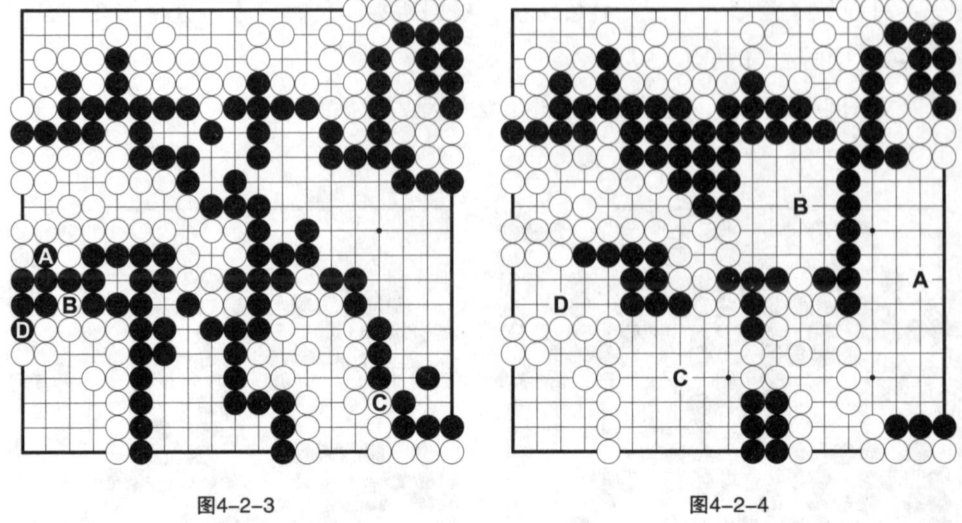

图4-2-3　　图4-2-4

5. 数子

方形空数完后，再将棋盘上剩下的棋子整十整十摆，查出个数。

如图4-2-5所示，这是摆完后的样子，共82子。

根据数空数子后，黑棋所得地盘一共182子。

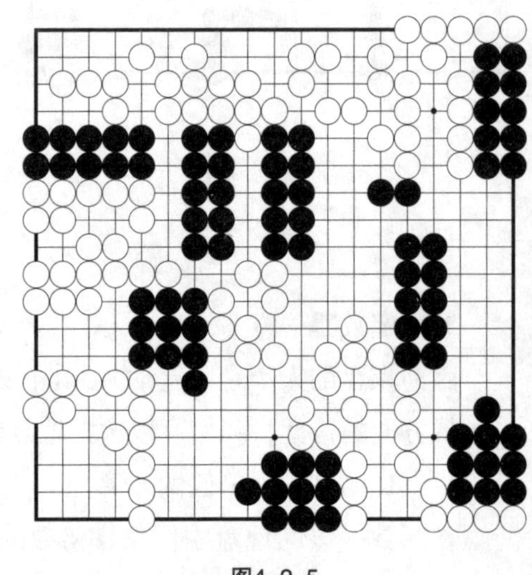

图4-2-5

6. 胜负判断

中国规则规定黑棋需要达到184 $\frac{1}{4}$ 子、白棋需要达到176 $\frac{3}{4}$ 子才算取得胜利。为了便于操作，我们在实际中以黑棋需达到185子、白棋达到177子为标准。

所以例题中所数黑棋为182子，没有达到185子的标准，故此局白棋获胜。

课后练习题答案

第二章第二节　挖

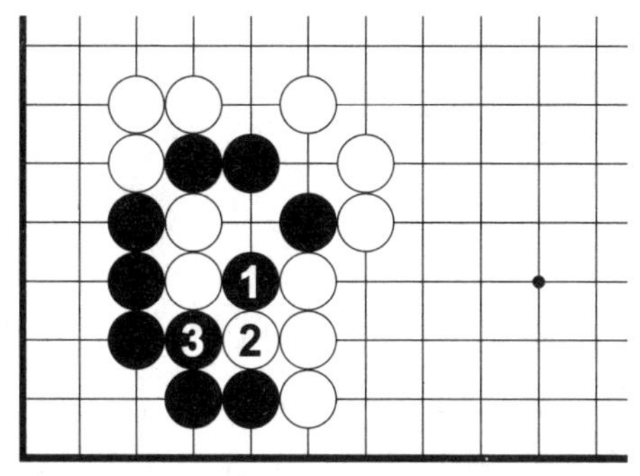

第1题正解　黑1挖正确，白2打吃，黑3做倒扑即可。

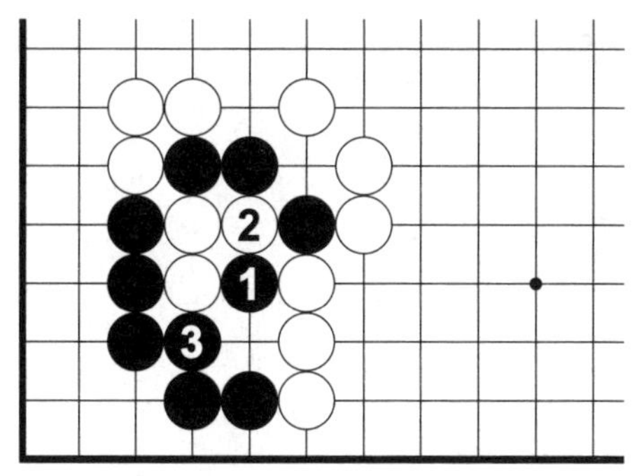

第1题正解　白2在此打吃也没意义，不入气。

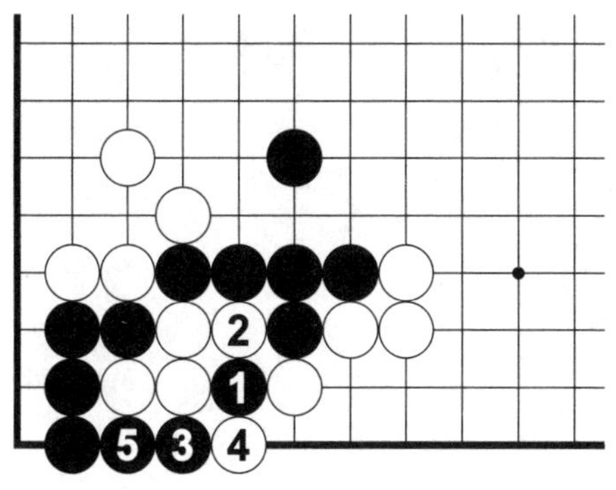

第2题正解　黑1挖，白2在此打吃，黑3不去救黑1一子正确，直接打吃白棋，白4只能提子，黑5连接的同时再打吃白棋。

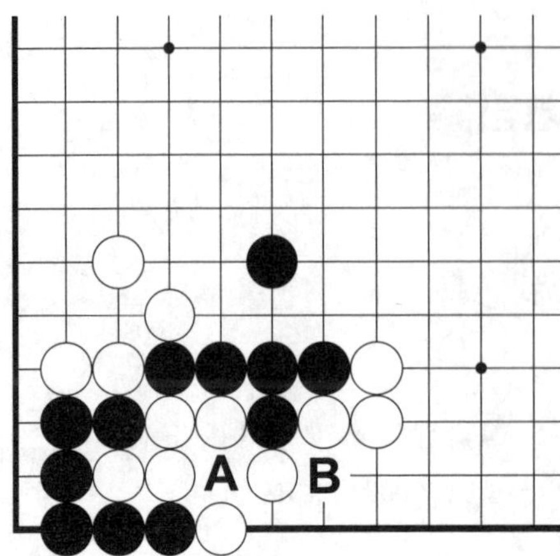

第2题正解　之后白棋存在A与B两处问题，连接A就会被黑B位打吃边线棋子；连接B会被黑A位直接提掉，已经没有办法了。

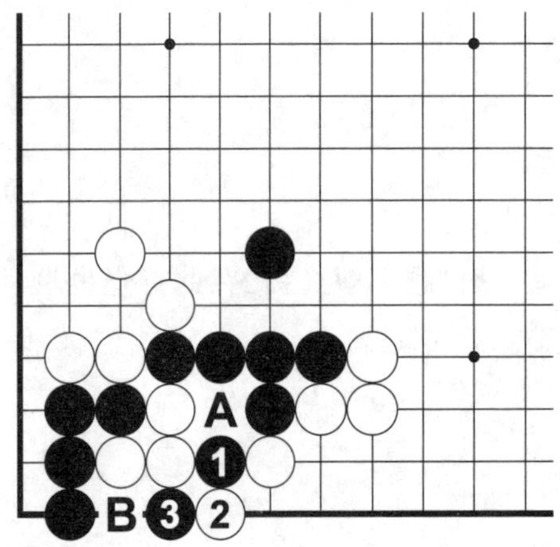

第2题正解　若白2在一线上打吃，黑3扑即可。此后白棋A位提子，黑就B位连接还原成上解答案；白B位提子，黑就A位连接打吃，白棋接不归。

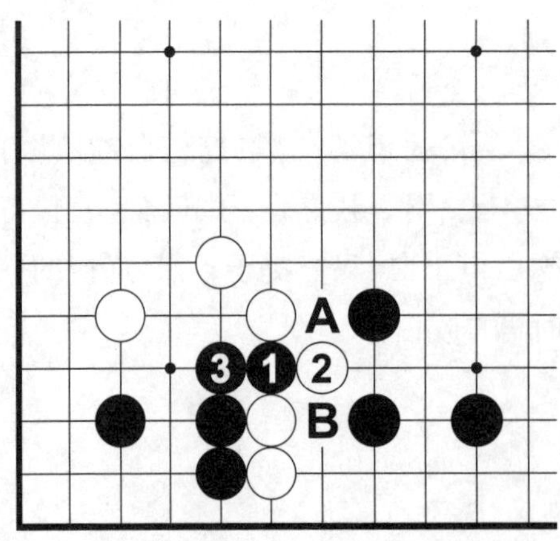

第3题正解　黑1挖，白2打吃，黑3连接，之后白棋A、B两处无法同时照顾到，必被黑棋断掉。

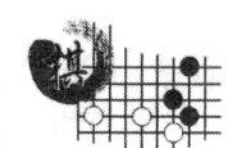

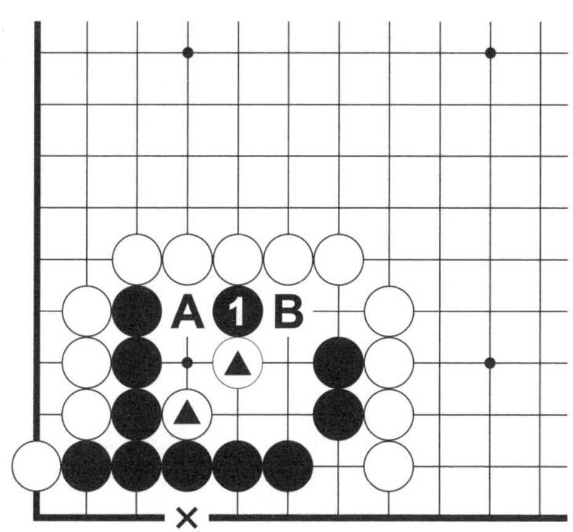

第4题正解　此题黑棋×处必是一个真眼，所以黑棋的目标就是利用白棋的弱点来进攻白棋▲两子，在进攻中在上方做出第二个真眼来。黑1挖正确，之后白棋会有A、B两种抵抗方式。

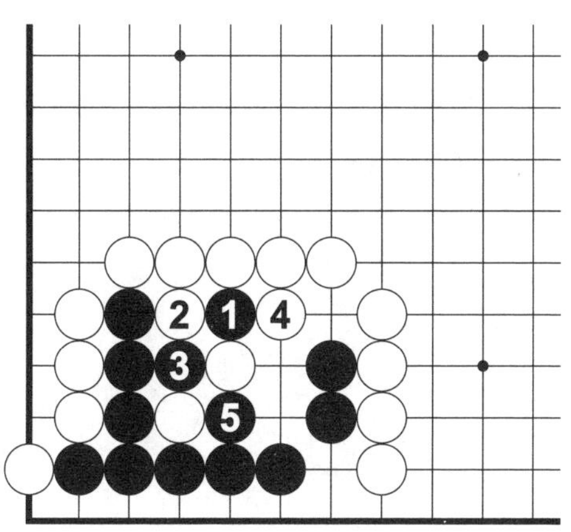

第4题正解　白2打吃，黑3不救黑1正确，白4只能提子，黑5吃掉白棋一子后做出第二个真眼。黑3若在4位救黑1一子，白棋就可以在3位连接，黑棋就没有机会做第二个真眼了。

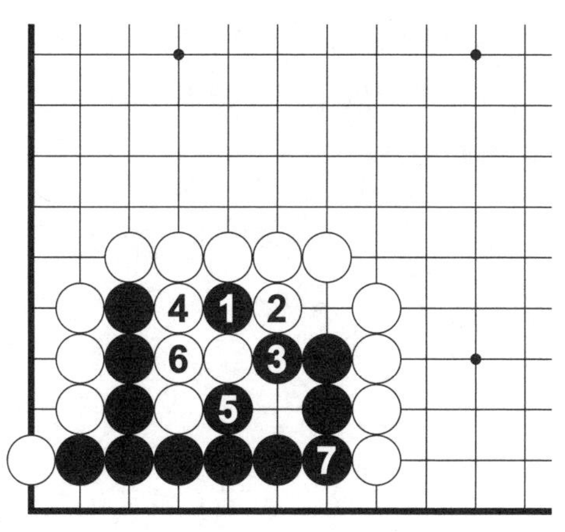

第4题正解　白2打吃，黑3断，白4只能提子，之后进行到黑7，两眼活棋。

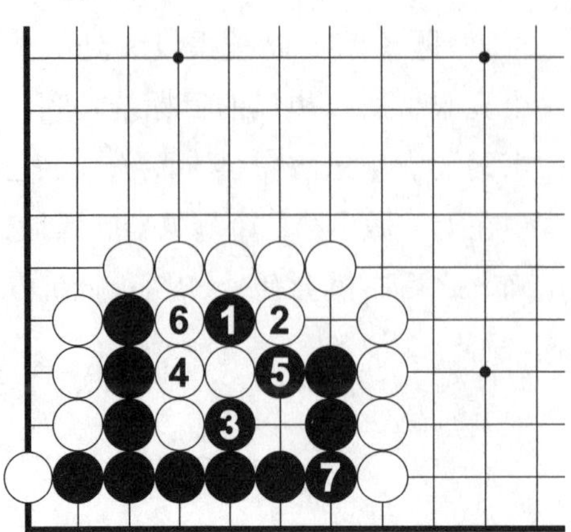

第4题正解　黑3也可下在此处，进行到黑7与上解中形状一致。

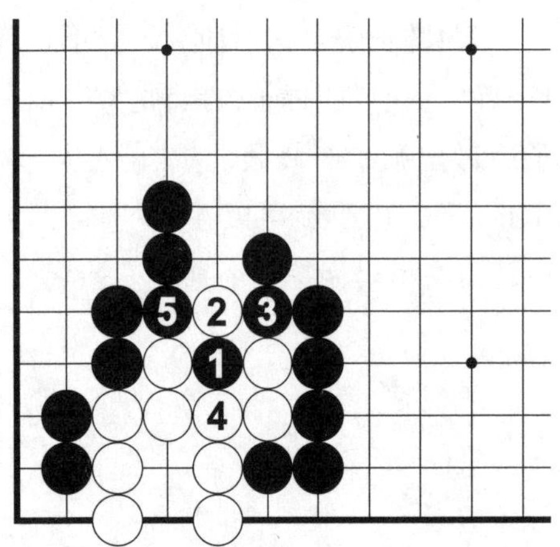

第5题正解　黑1挖，白2打吃，黑3在此处断打重要，至黑5挤，白棋无法做出两个真眼。

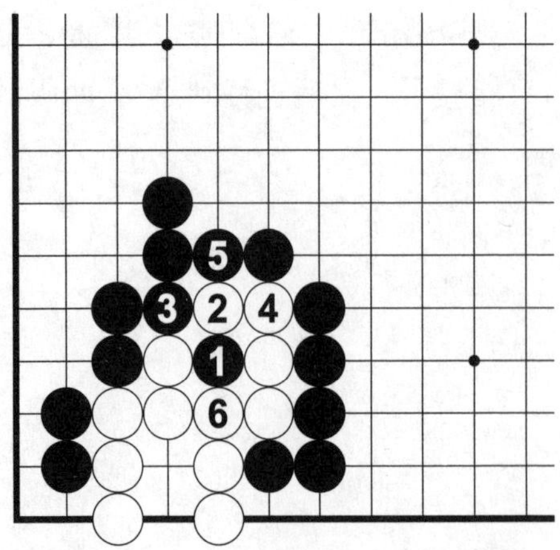

第5题错解　黑3若在另一侧打吃，白4是可以不用直接提子的，至白6白棋两眼活棋。

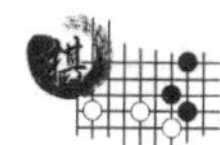

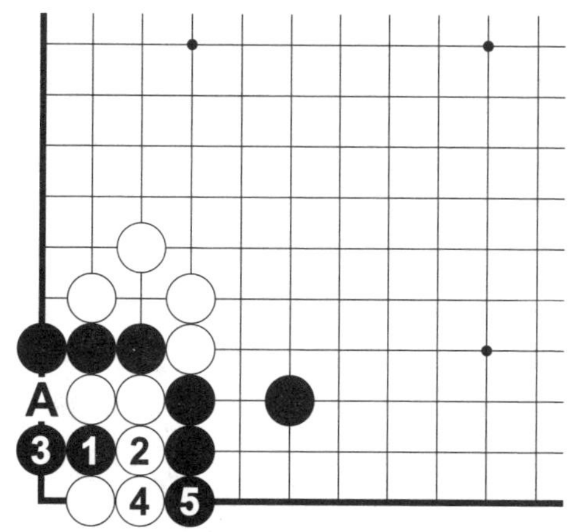

第6题正解　黑1挖，白2打吃后黑3立，因为A处白棋不入气，所以白4无奈，但黑5后白棋依然不入气，外面整体对杀气数又不够，白棋没有办法。白2在3位打吃也不行，黑在2位连接直接打吃接不归。

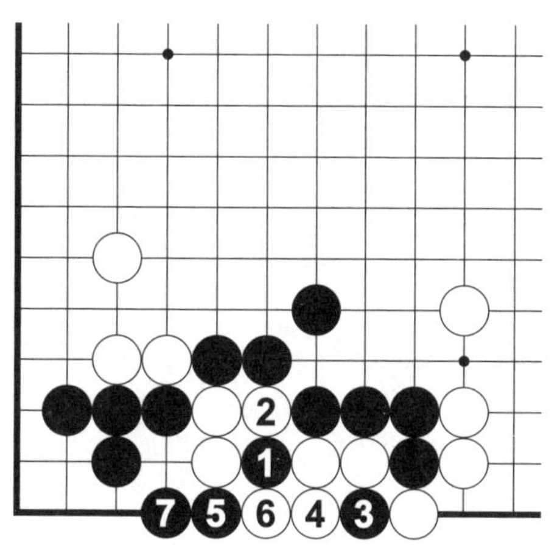

第7题正解　黑1挖，白2打吃，黑3先扑一个重要，至黑7长。

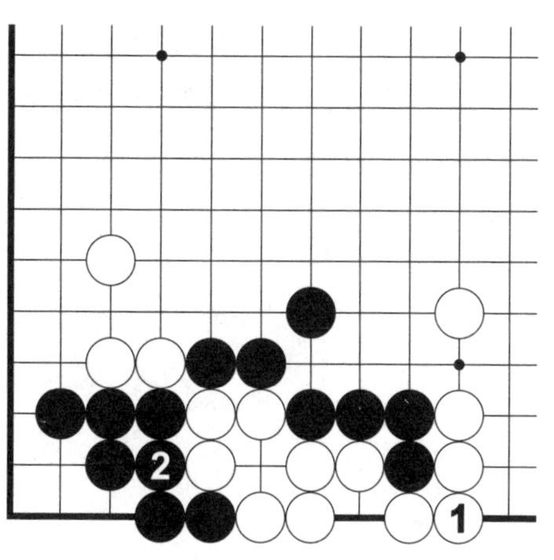

第7题正解　白棋形似断点的位置太多，故白1补一个，但是黑2后白棋依然被打吃接不归。

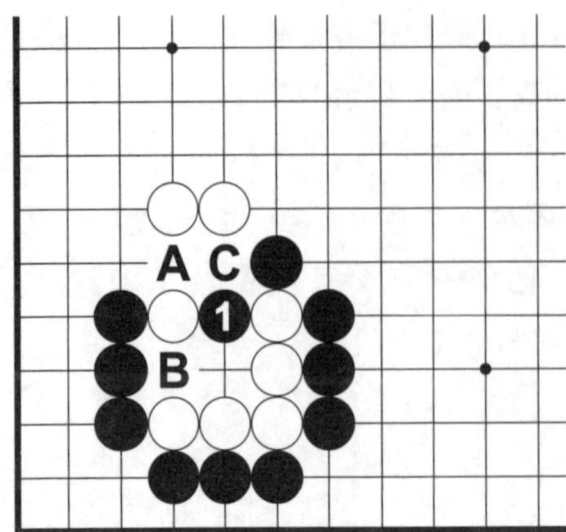

第8题正解　黑1挖，白棋已经没法应对。白若A位，黑B位即可；白若B位，黑A位；白棋若C位，黑棋B位。

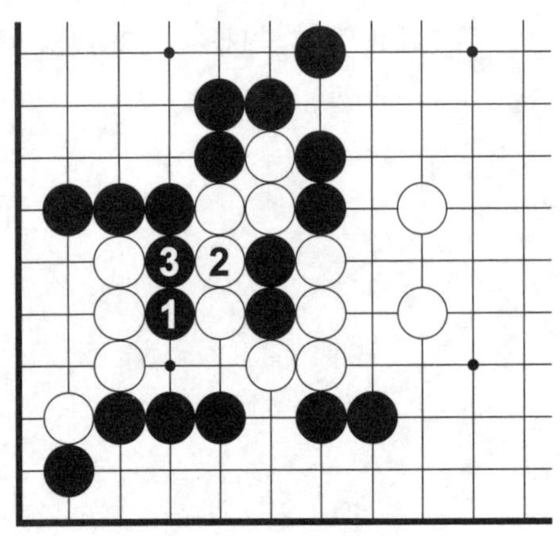

第9题正解　黑1挖，白2若提子，黑3连接即可将四颗白子断开。

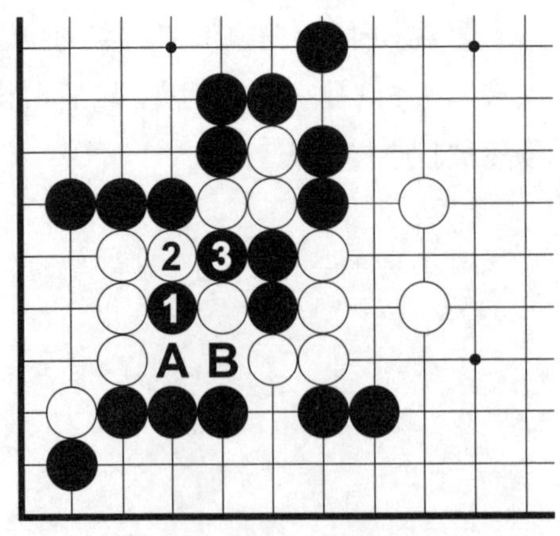

第9题正解　白2若在此处打吃，黑3提子即可，此后黑棋A、B两处必得其一。

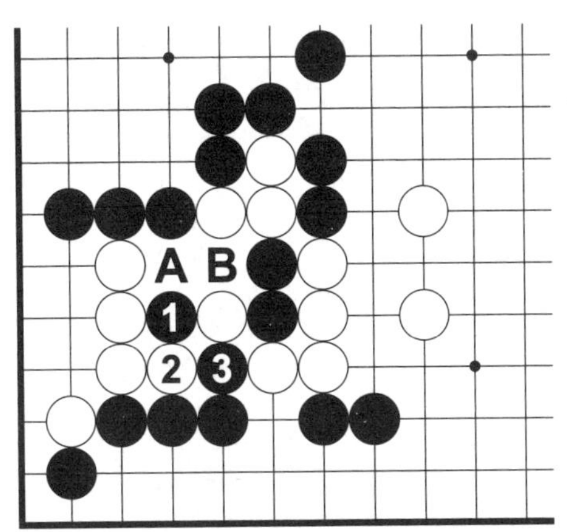

第9题正解　白2若在此处打吃，黑3不在B处贪图吃子而在此处断打正确，此后黑棋A、B两处必得其一。

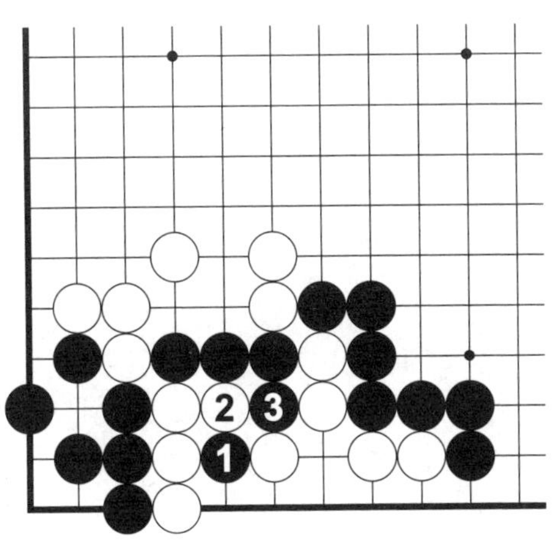

第10题正解　黑1挖，白2在此处打吃错误，被黑3双打吃，白棋已经无法继续。

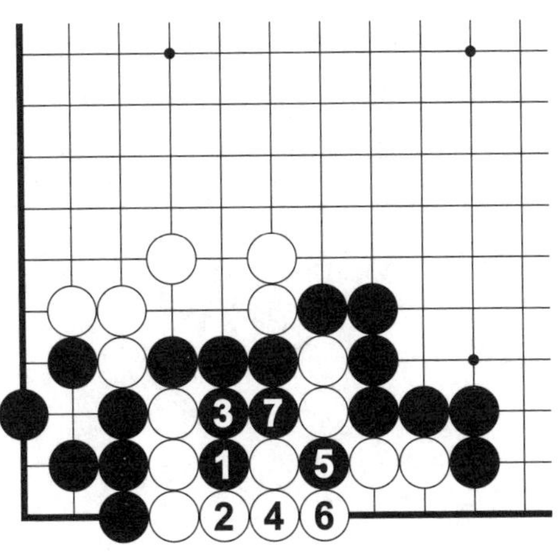

第10题正解　白2在此处打吃正确，黑3、白4正常，黑5扑重要，至黑7打吃。

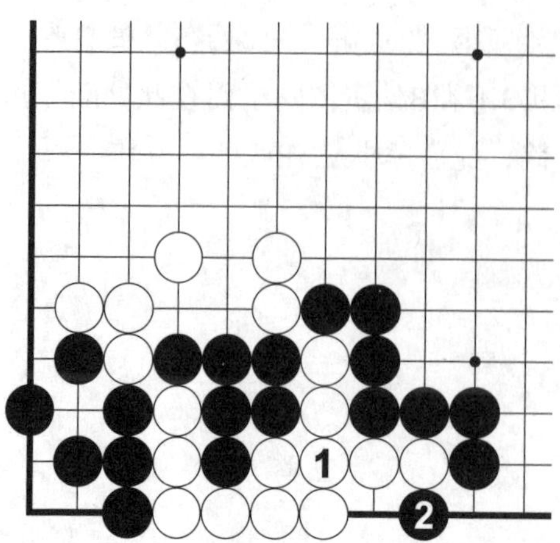

第10题正解　白1连接，黑2打吃，黑棋对杀比白棋快一口气。

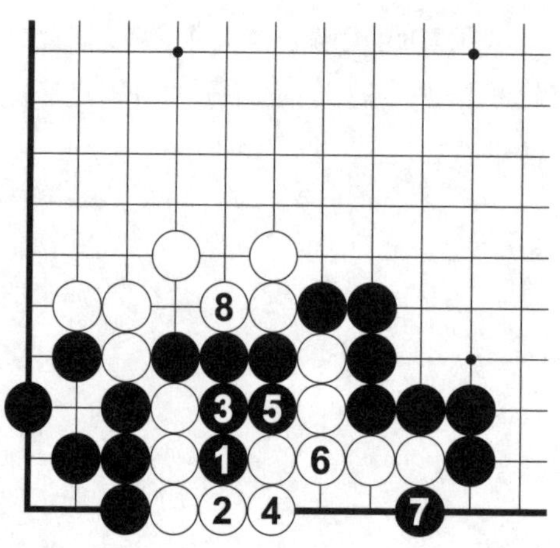

第10题错解　若黑5不扑，对杀黑棋先被杀。

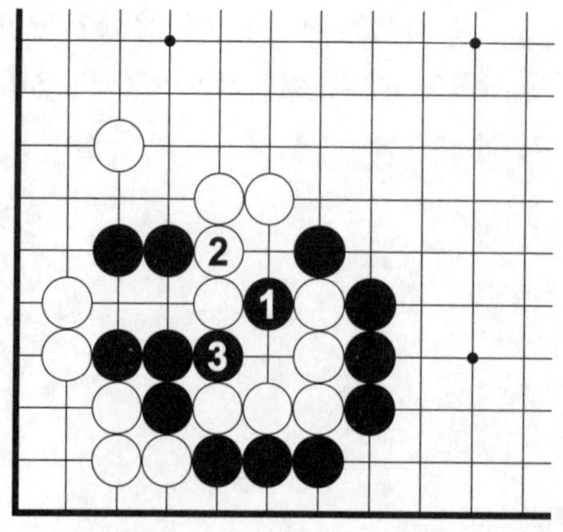

第11题正解　黑1挖，白2先连外侧断点，黑3关门吃。

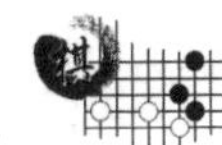

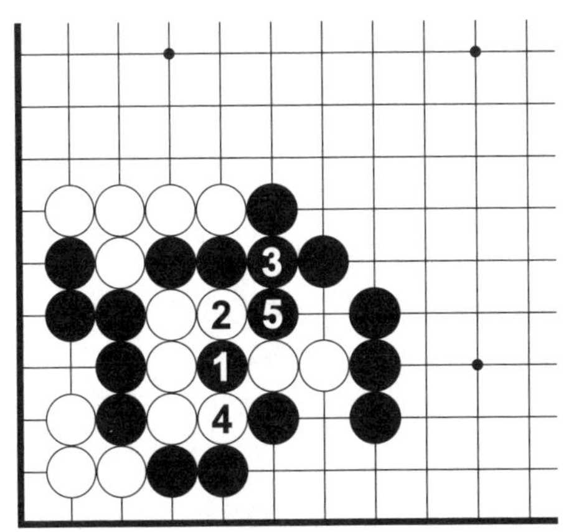

第12题正解　黑1挖，白2打吃，黑3必须连接救自身，不用担心黑1被吃，白4、黑5后，黑棋气多于白棋。

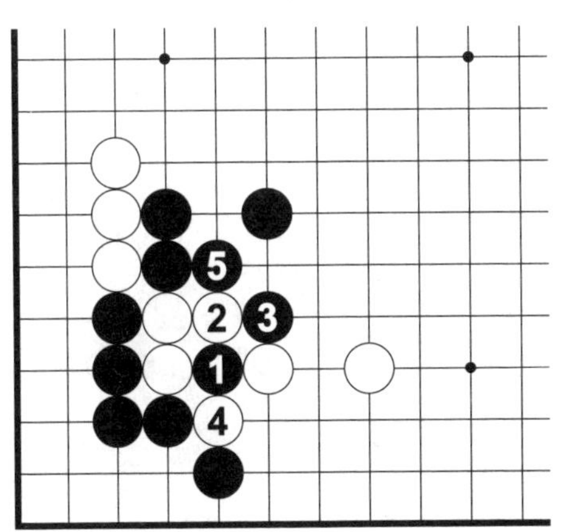

第13题正解　黑1挖，白2打吃，黑3反打是重点，白4提子，黑5继续打吃。

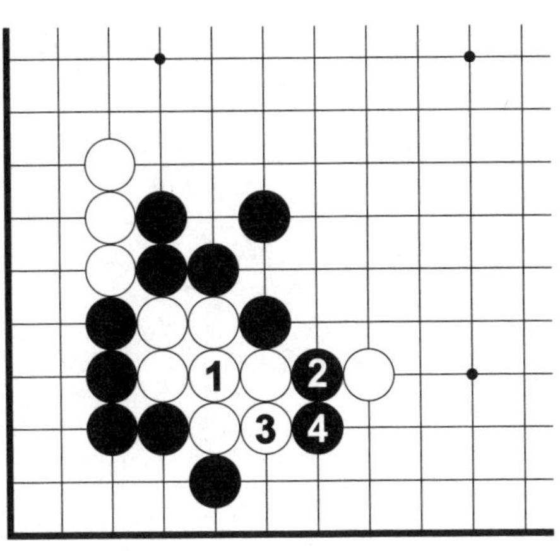

第13题正解　接上图，白1只能连接，之后黑2、4征吃白棋。

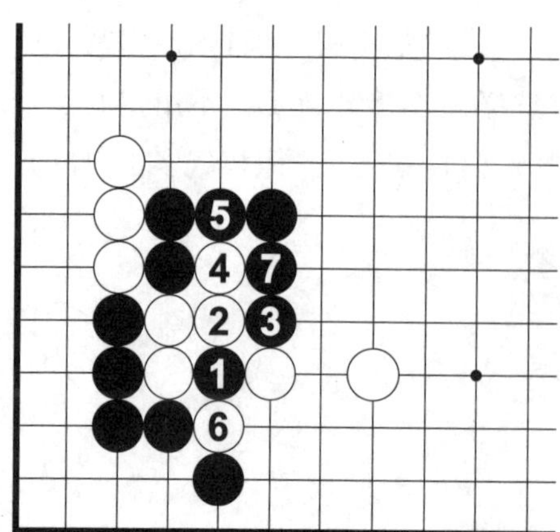

第13题正解　白4也可以多跑一手，但最后的结果和前两图一致。

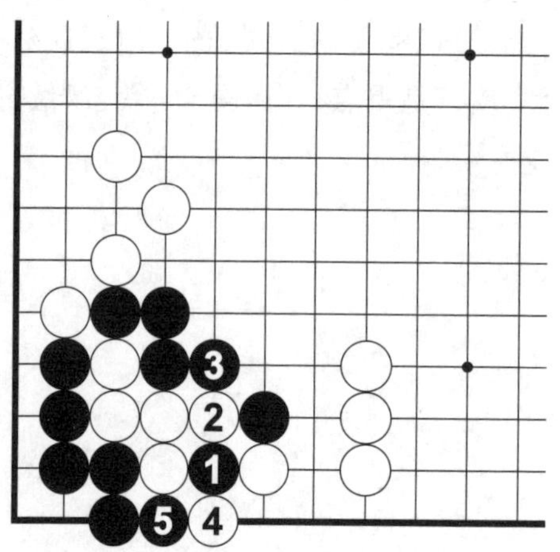

第14题正解　黑1挖，白2打吃，黑3反打重要，白4提子，黑5继续打吃。

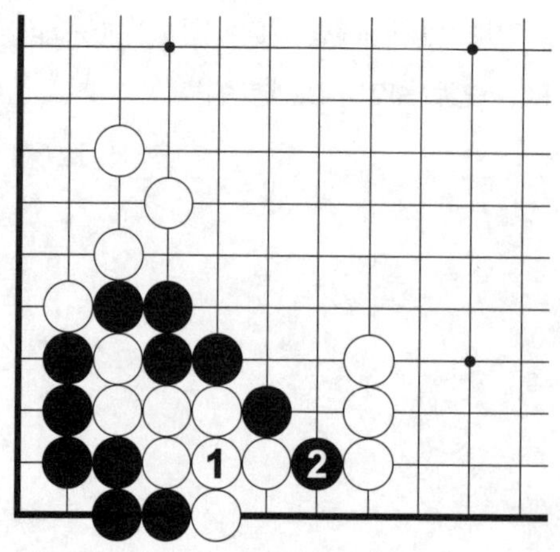

第14题正解　接上图，至黑2被吃。

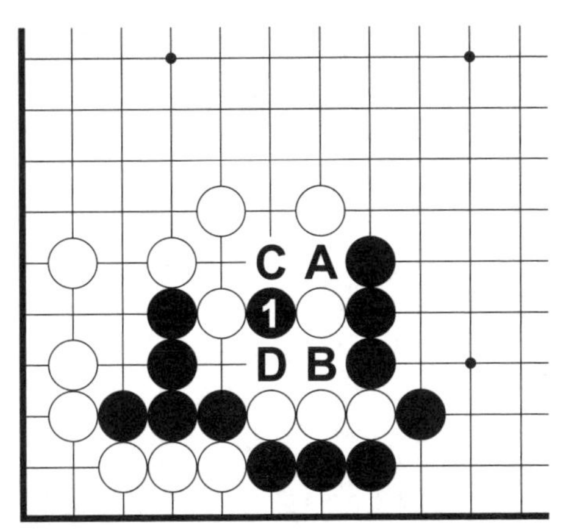

第15题正解　黑1挖，白棋已经无法继续，若白A，则黑B关门吃；若白C，则黑D，黑棋A、B两处必得其一。

第二章第三节　夹

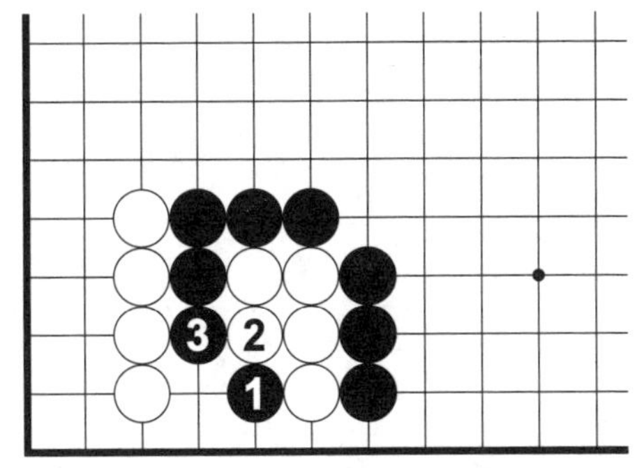

第1题正解　黑1夹，白2跑已经无用。

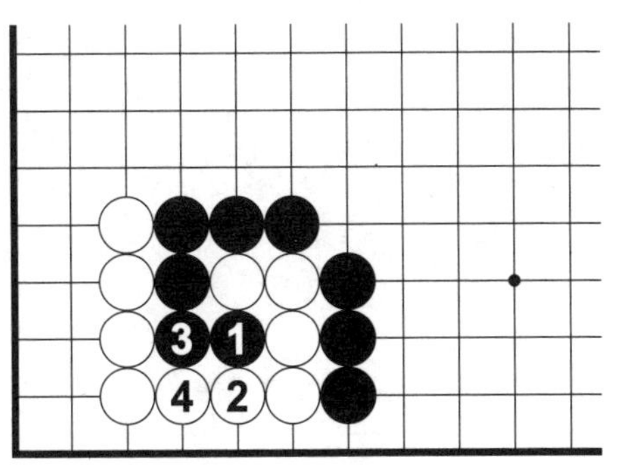

第1题错解　黑1就很简单地紧气不行，至白4白棋连回了。

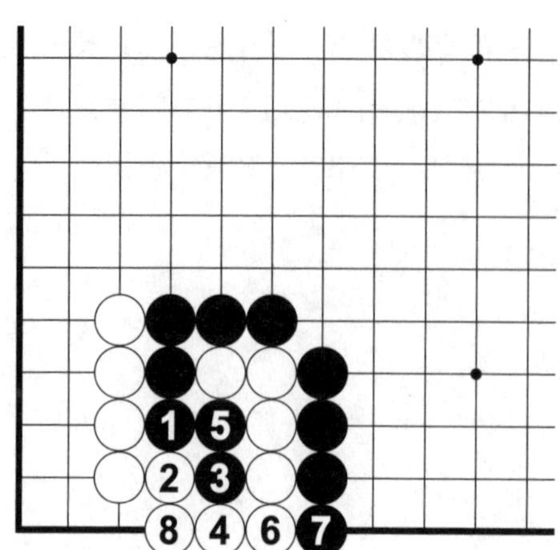

第1题错解　黑1冲后黑3再断也不行，至白8白棋还是连回了。

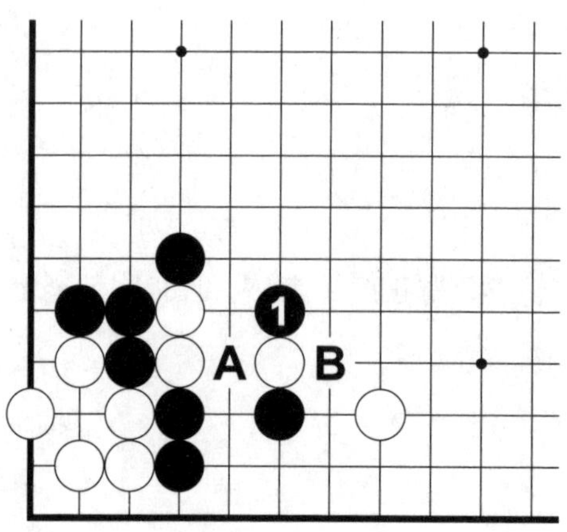

第2题正解　黑1夹，之后白A则黑B；白B则黑A。

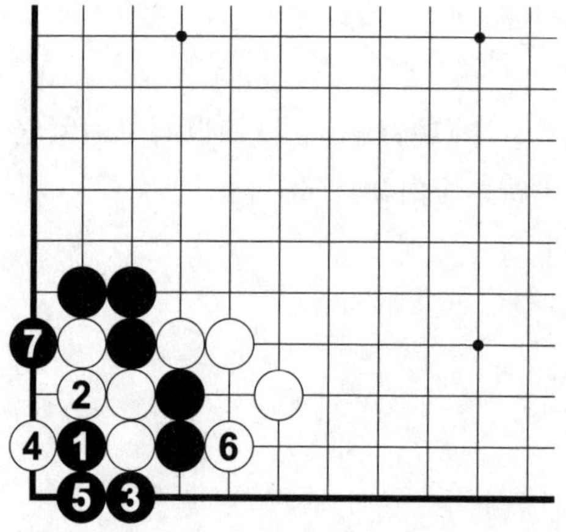

第3题正解　黑1夹，白2只能连接，黑3后对杀白棋气不够。

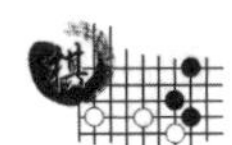

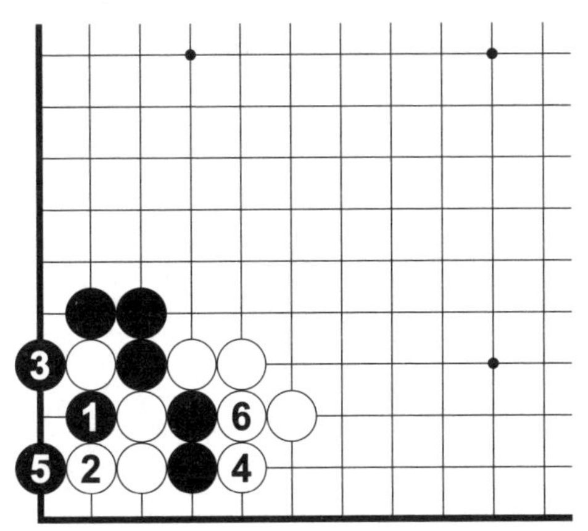

第3题错解　黑1直接断打是只顾眼前的下法，至白6对杀气已经比不过白棋。

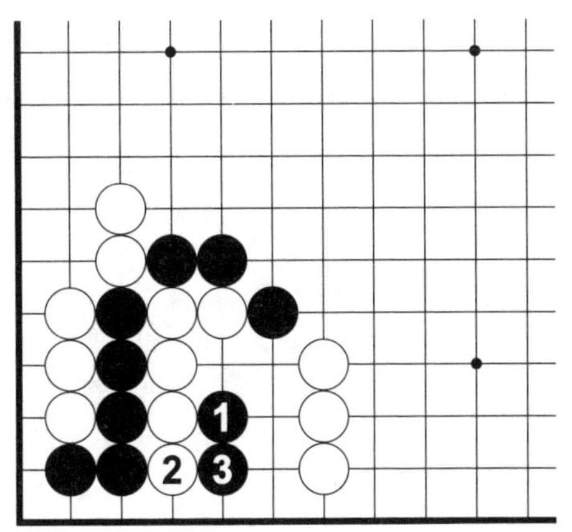

第4题正解　黑1夹，白2抵抗无用。

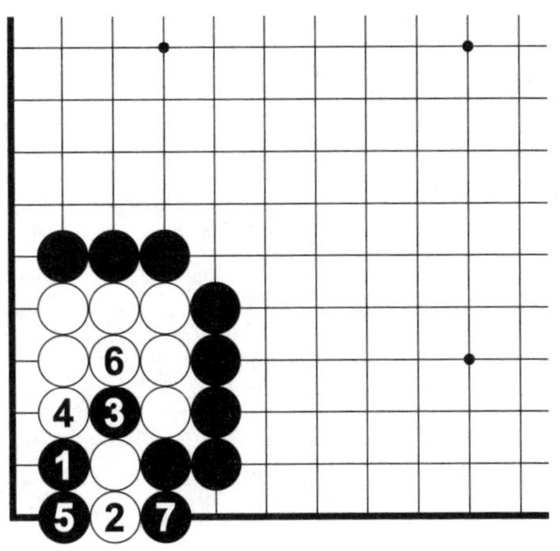

第5题正解　黑1夹，白2只能立下不让黑棋回家，黑3断重要，之后利用黑3造成的白棋气紧来破坏其眼位。

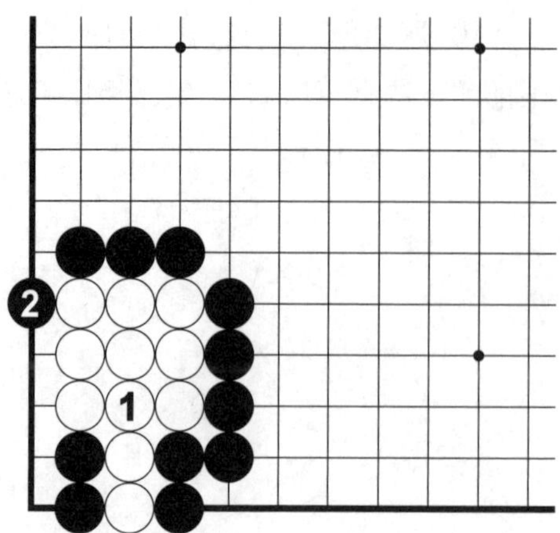

第5题正解　白1连接，黑2扳，白棋全灭，做不出两眼。

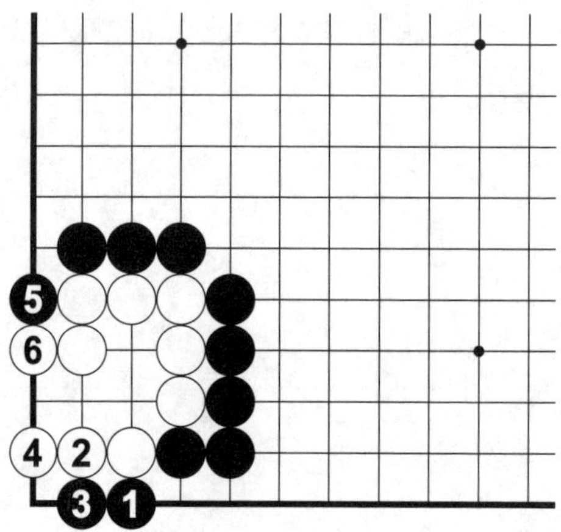

第5题错解　如果黑棋只是从外围慢慢地限制白棋眼位的话，至白6黑棋已经没有办法了。

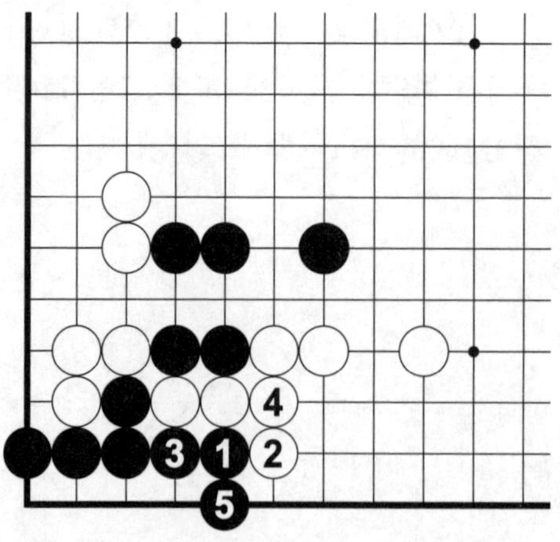

第6题正解　黑1夹，白2挡，至黑5立，角里成活。

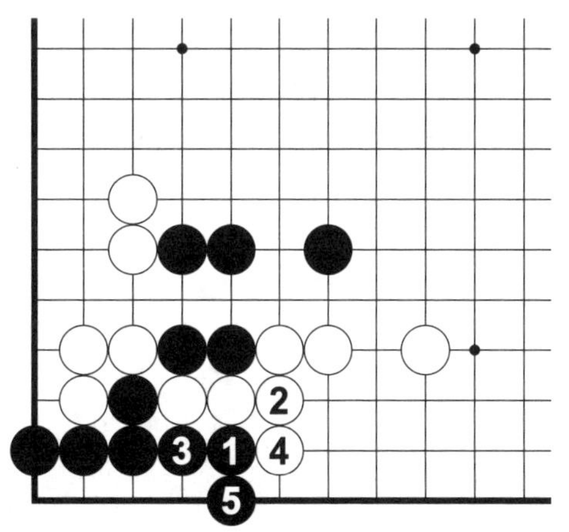

第6题正解　白2连接也是一样的结果。

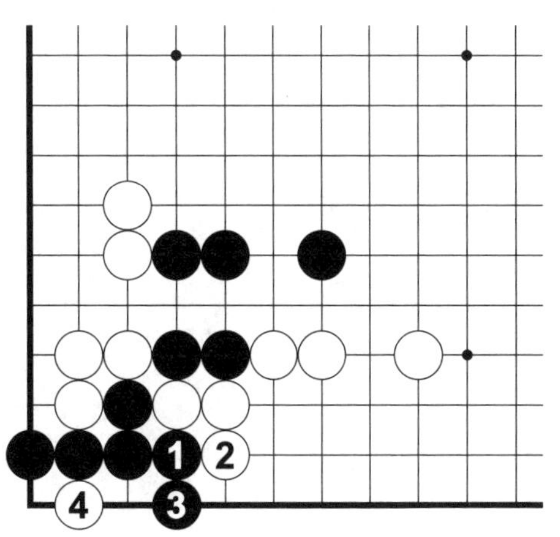

第6题错解　黑1不能就简单地爬一手，黑3立后角里只是直三，白4点，黑棋被杀。

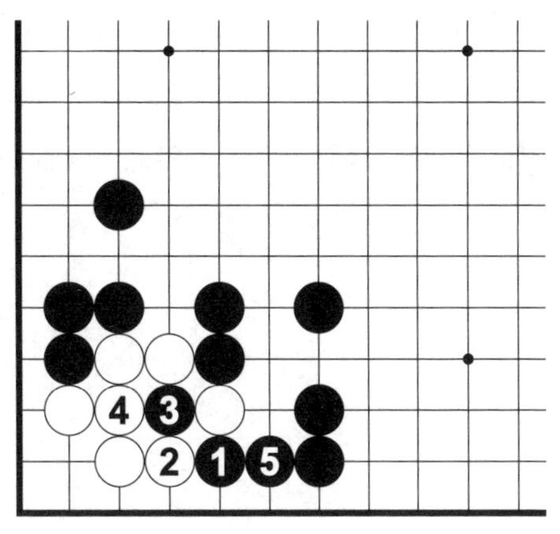

第7题正解　黑1夹是破坏白棋眼位的重要一步，白2挡，黑3扑重要，黑5把黑1连接回来，白棋角里做不出两眼。

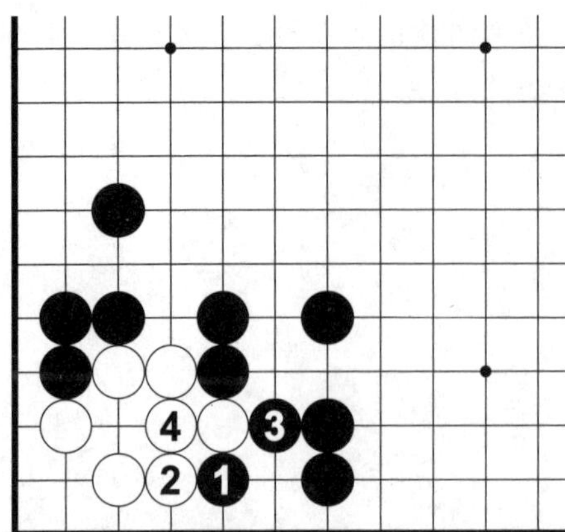

第7题错解　如果黑3不扑就在外面打吃的话，白4连接就可以做出一个眼来，再加上角里的眼，白棋活。

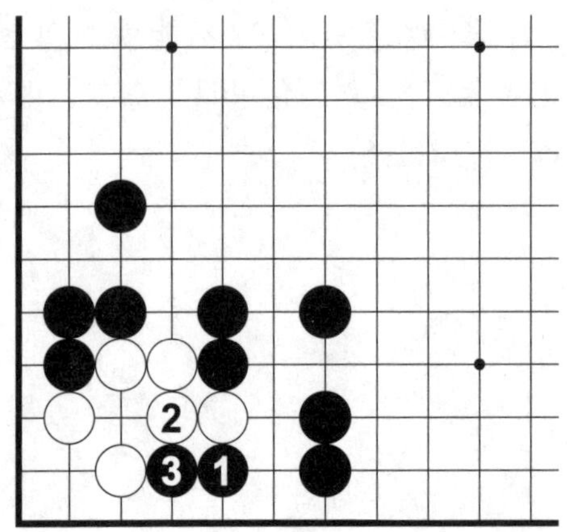

第7题正解　白2如果直接连接，黑3再挤一手就可以了。

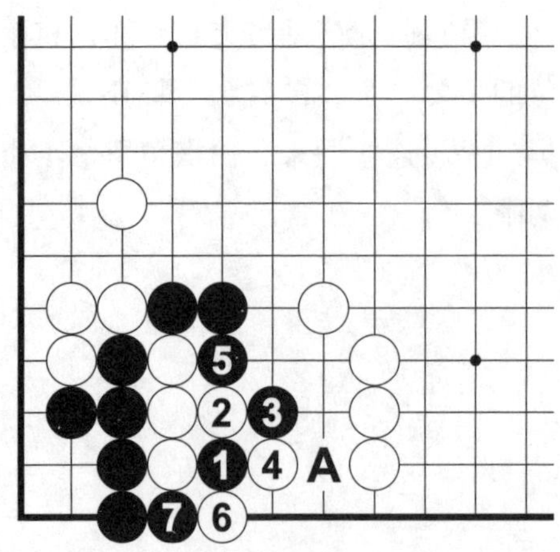

第8题正解　黑1夹，白2冲，黑3挡，白4打吃，利用黑1起到的紧气作用黑5和黑7接连打吃，之后白棋若在1位连接，黑棋就在A位打吃，全吃白棋。

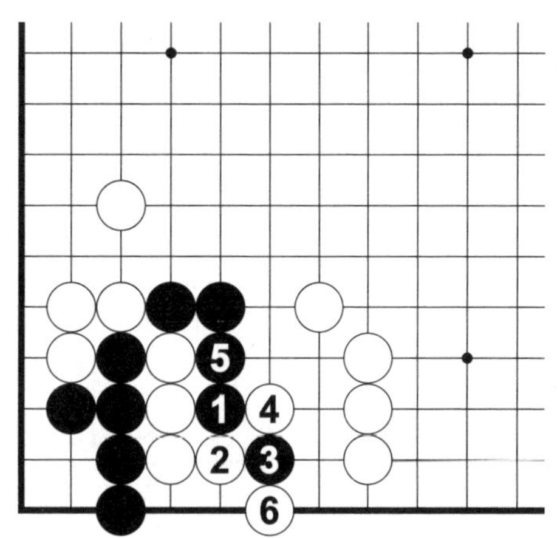

第8题错解　黑1夹在这里错误，至白6后白棋吃掉黑3一子成功跑出。

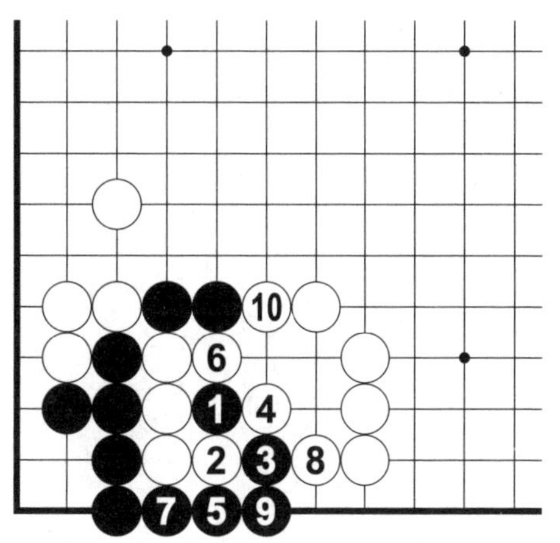

第8题错解　上解中的黑5换位置抵抗也无用。

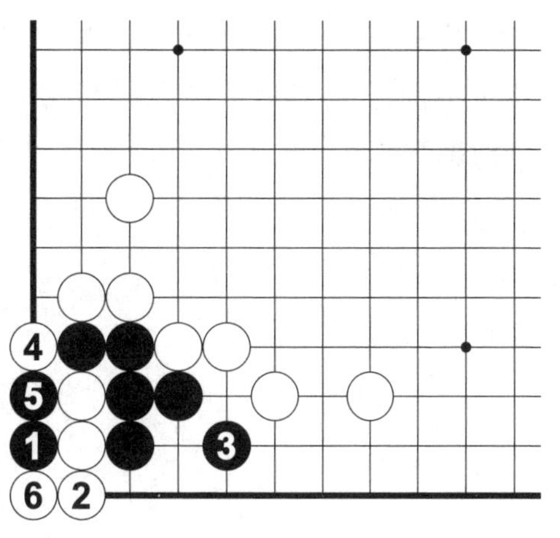

第9题正解　黑1先夹正确，白2防接不归，黑3尖做眼，白4意图连接回去，黑5断多送重要。

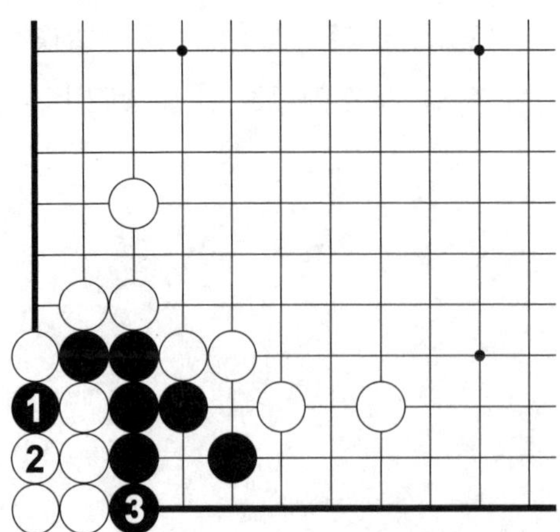

第9题正解　之后进行至黑3，形成接不归。

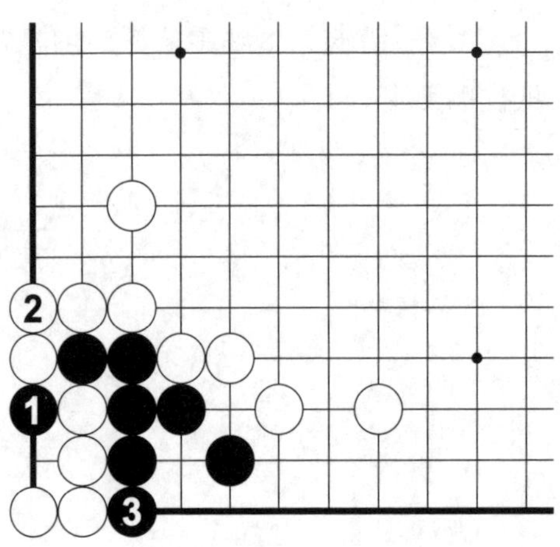

第9题正解　白2就是不提子去连接，黑棋也能利用倒扑吃掉白棋。

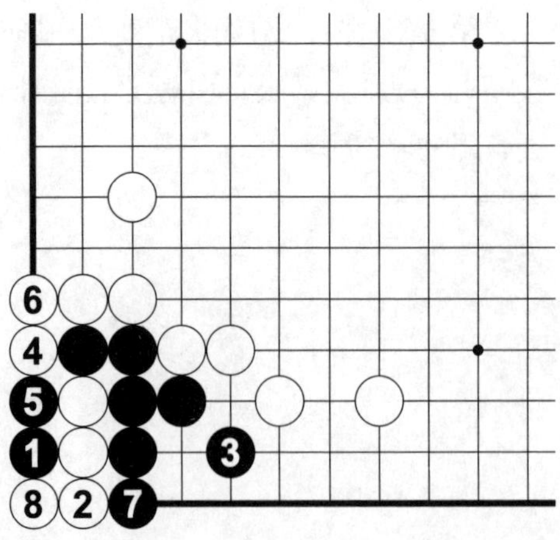

第9题正解　从白6开始白棋就连接也不行，至白8后黑棋再在黑5处倒扑白棋就可。

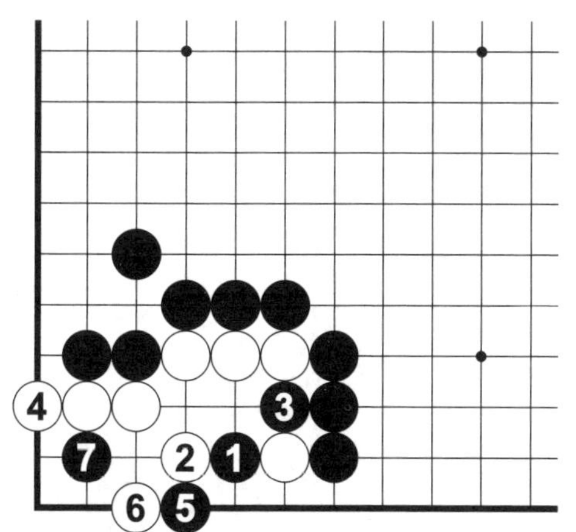

第10题正解　黑1夹，白2反夹，至黑7点，白棋被杀。

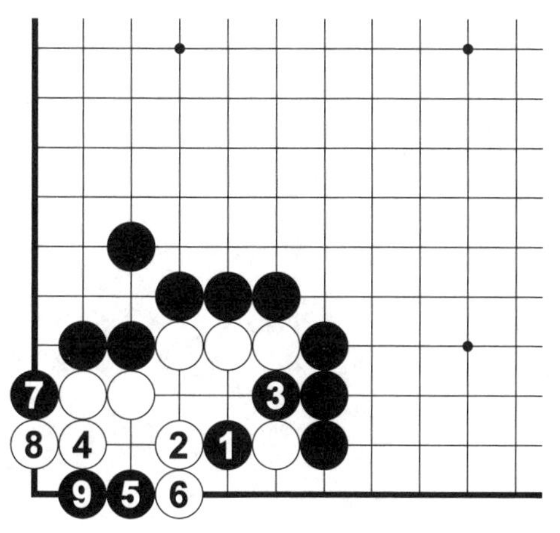

第10题正解　白4先在里边防被点刀把五，至黑9里边形成直二棋形，白棋还是不行。

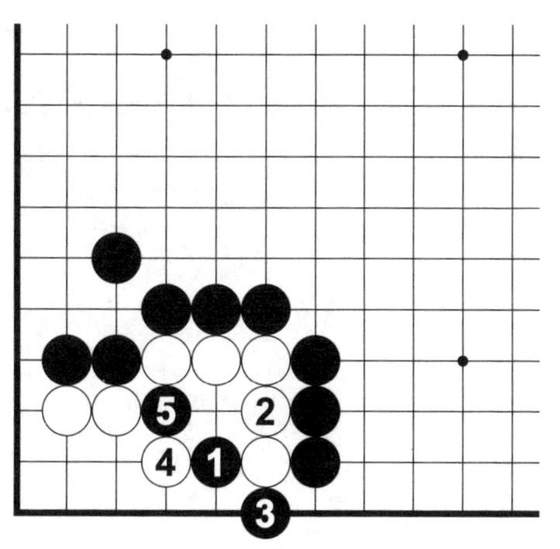

第10题正解　白2连接，黑3断，白4打吃后黑5做倒扑。

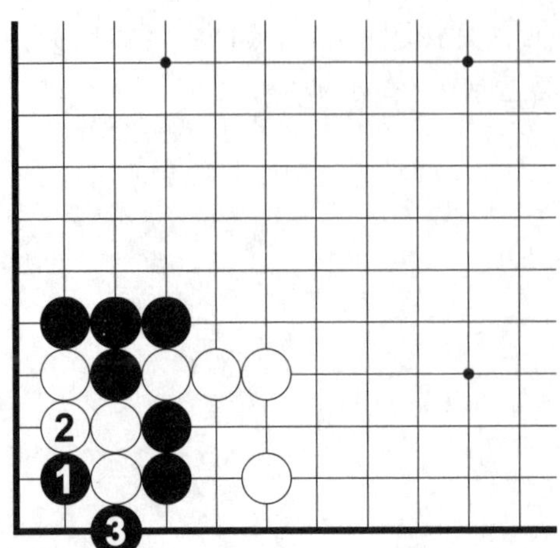

第11题正解　黑1夹，白2只能连接，黑3后对杀白棋气不够。

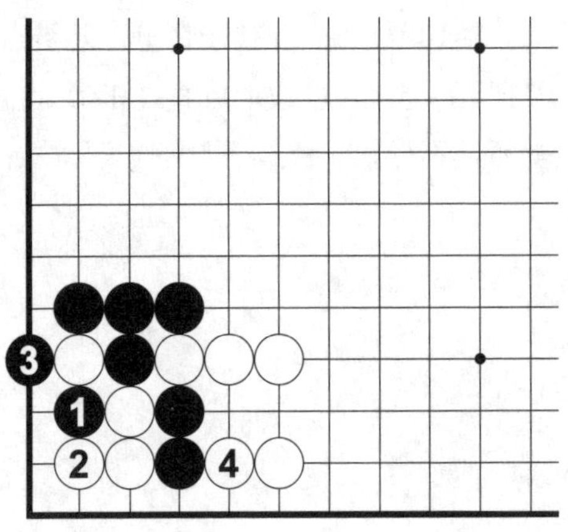

第11题错解　黑1直接断打是只顾眼前的下法，至白4对杀气已经比不过白棋。

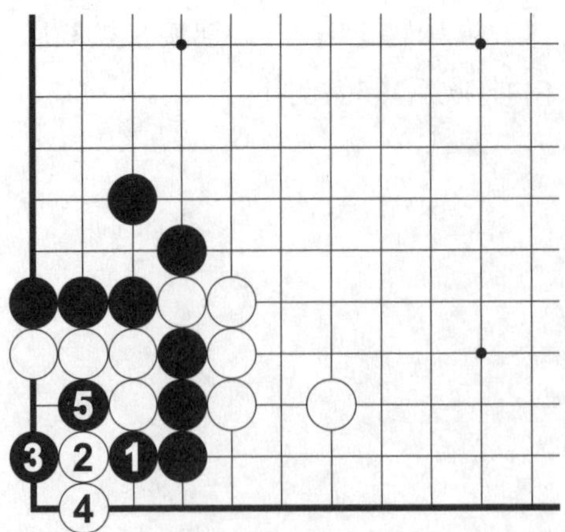

第12题正解　黑1先往里拐一下正确，白2挡，黑3夹，白4只能立抵抗，黑5倒扑。

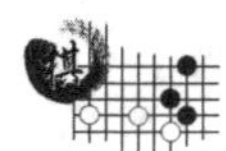

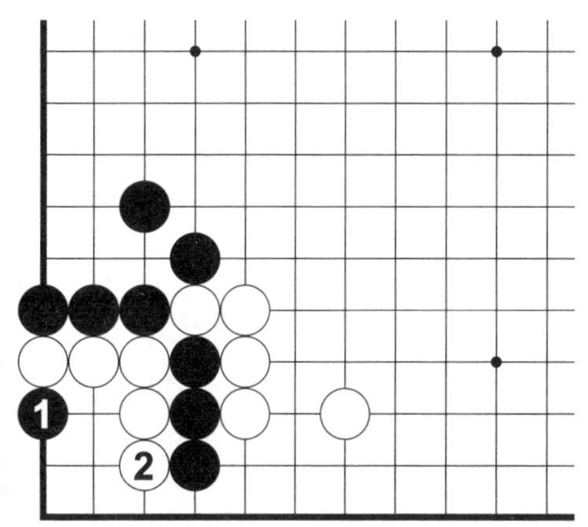

第12题错解　黑1直接去夹，白2挡，黑棋气不够。

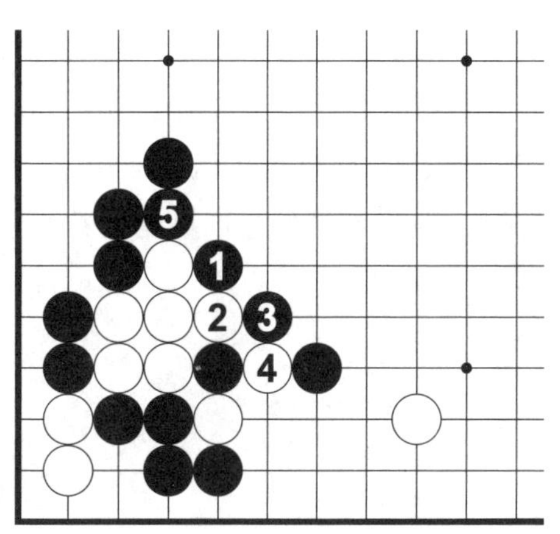

第13题正解　黑1夹，至黑5打吃，接不归。

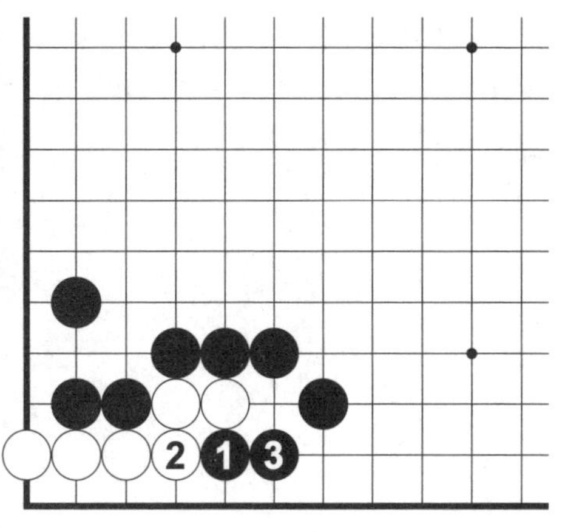

第14题正解　黑1夹，白2连接后黑3退，角里形成四死。

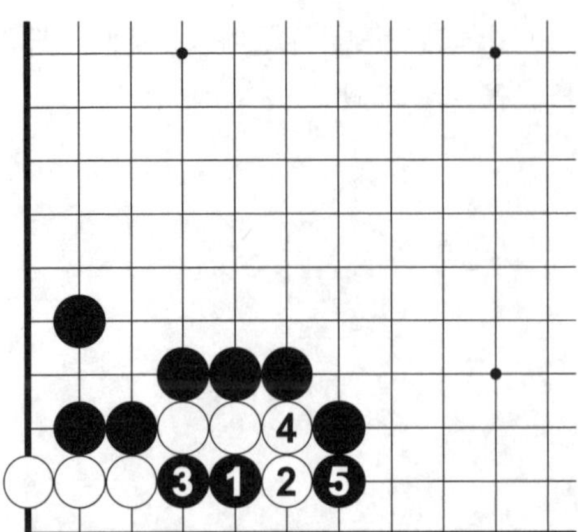

第14题正解　白2想把黑棋吃进来，至黑5白棋气不够。

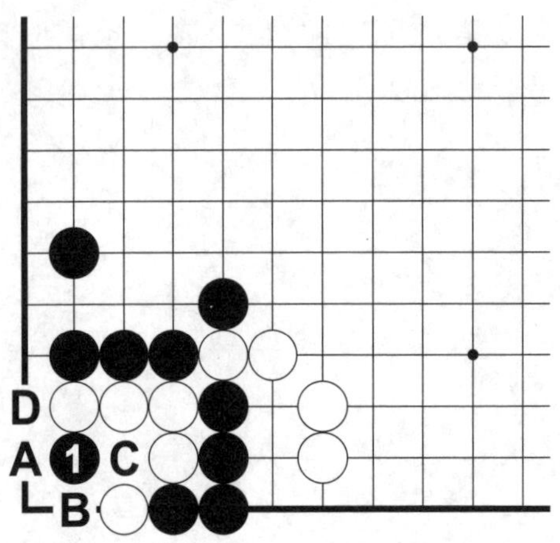

第15题正解　黑1夹，其实也可以说是点，之后白棋若A则黑B；白棋若C则黑D；白棋若D则黑A、B、C都可以，因为不管怎样白棋的气数都不够。

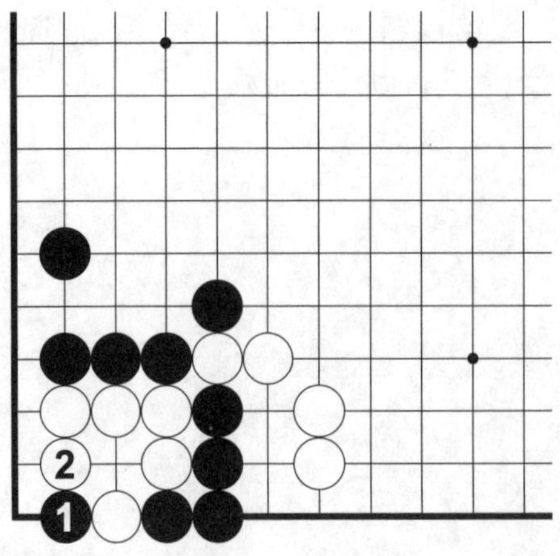

第15题错解　黑1若夹在这里，白2可以去做劫抵抗，最后结果不好判断。

第二章第四节 立

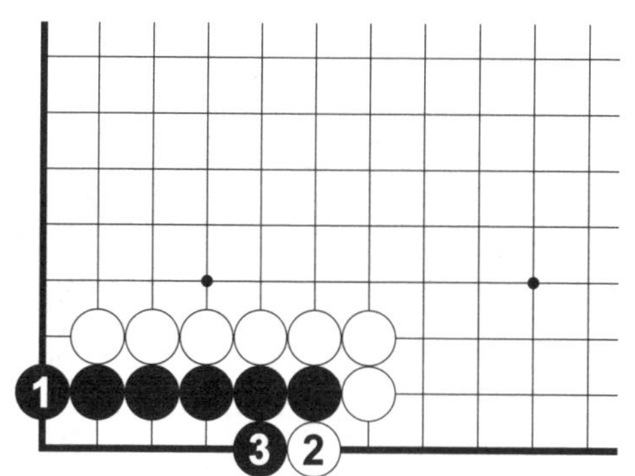

第1题正解 黑1立，白2扳，缩小眼位，黑3挡，角里成直四。

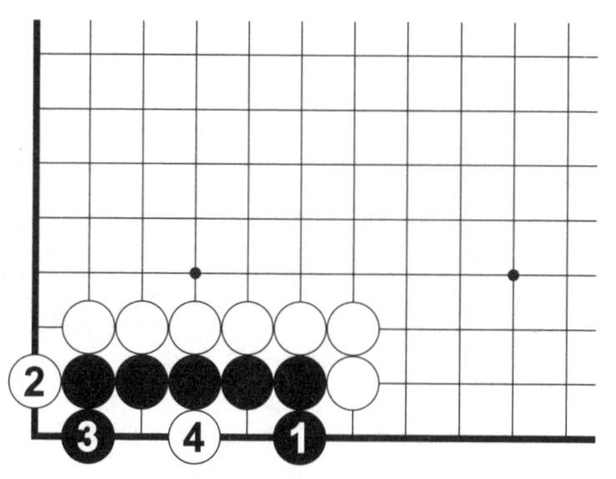

第1题错解 黑1在这里立不可，白2扳后白4点，黑棋被杀。

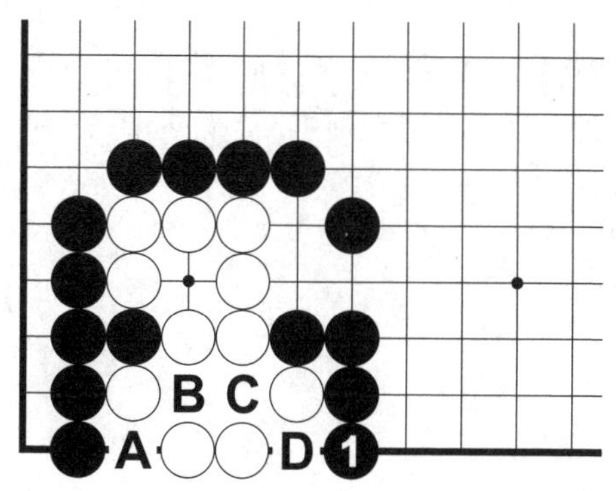

第2题正解 黑1立，之后若白A则黑C扑；若白D则黑B扑。以上两者利用的是白棋的不入气。若白B则黑D挤；若白C则黑A挤。

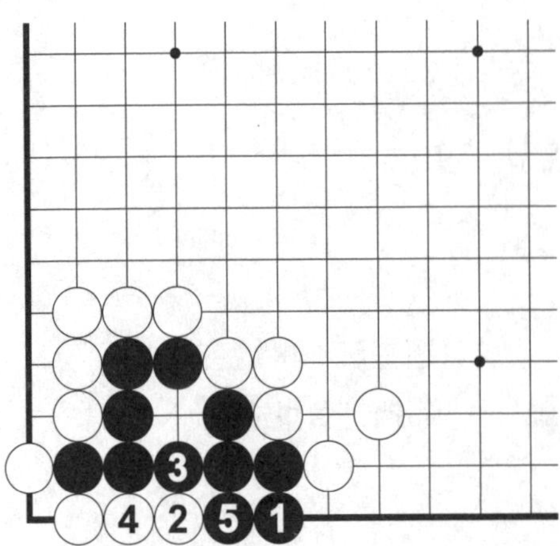

第3题正解　黑1立正确，白2点之后至黑5打吃接不归，白2的位置就是另外一个真眼。

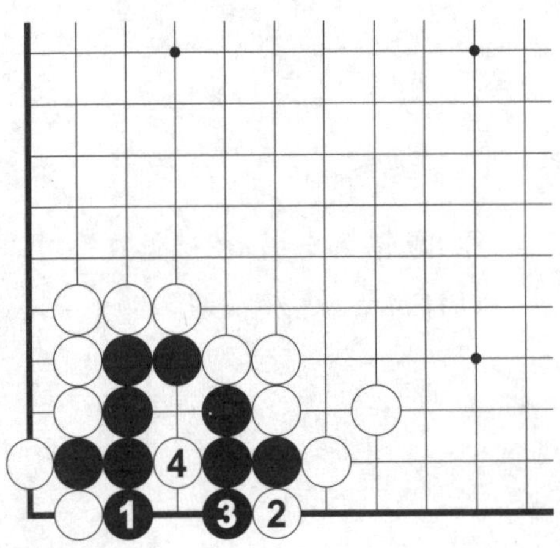

第3题错解　若黑1在此处挡，至白4点，黑棋被杀。

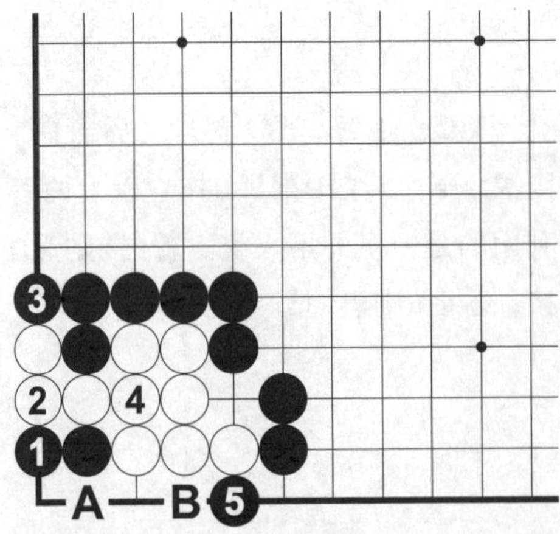

第4题正解　黑1立，白2只能连接，黑3顺势打吃，白4无奈只能连接，黑5扳后，若白A打吃，则黑B冲；若白B挡，则黑A立做棋形。

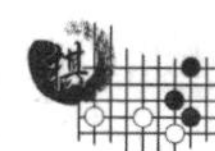

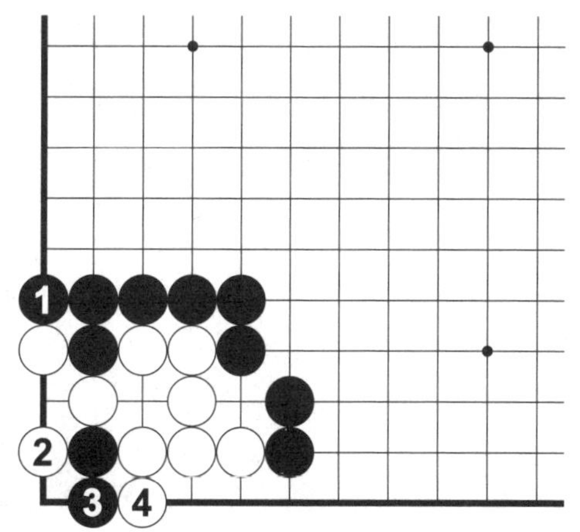

第4题错解　黑1在此打吃，白2不理睬直接打吃角里，黑棋正确，黑3立，白4只要打吃就可以了。

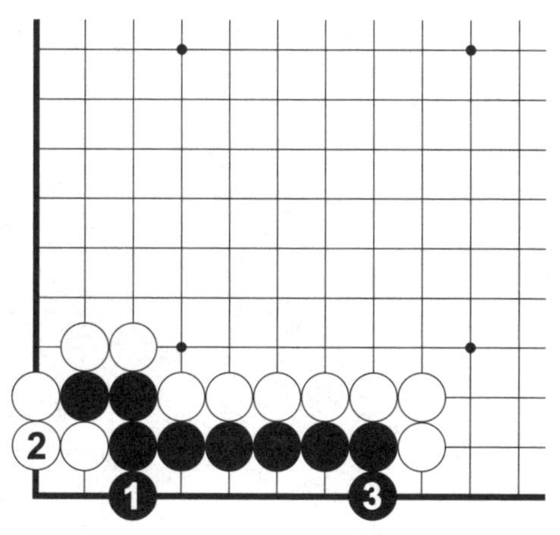

第5题正解　黑1立利用了白棋角部的破绽，白2只能连接，黑3再立成直四。

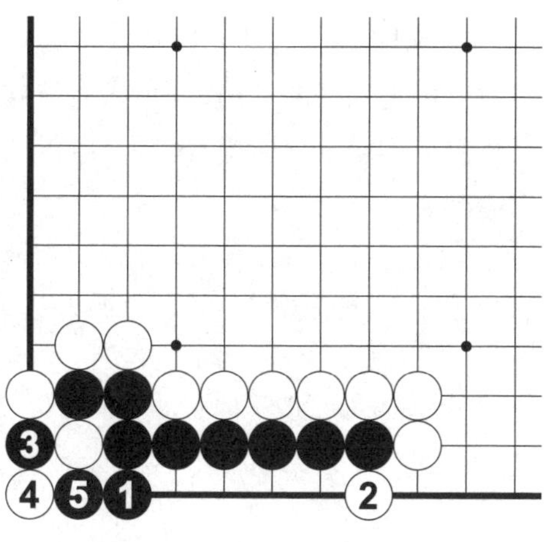

第5题正解　白2若扳，黑3扑、黑5打吃接不归一气呵成。

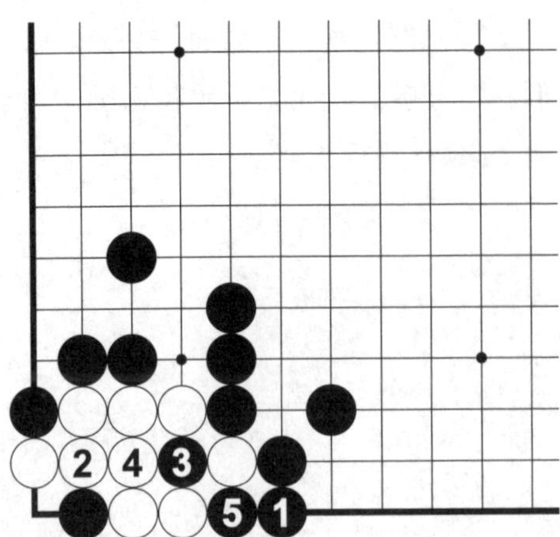

第6题正解　黑1立，白2打吃做眼，黑3扑利用白棋不入气，导致白棋只能提子，黑5再挤。

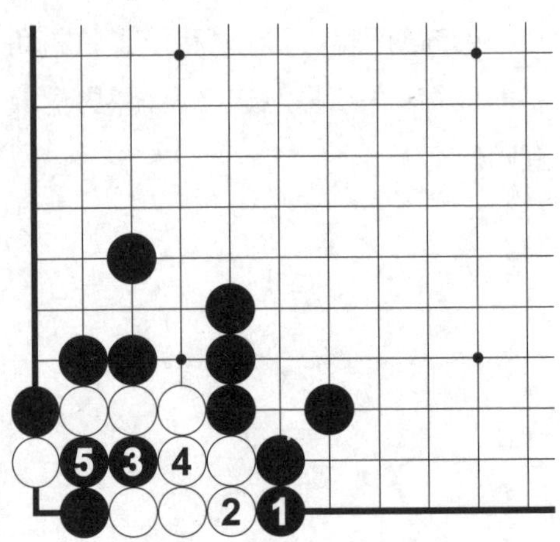

第6题正解　白2若团在这，黑3、5做棋形就可。

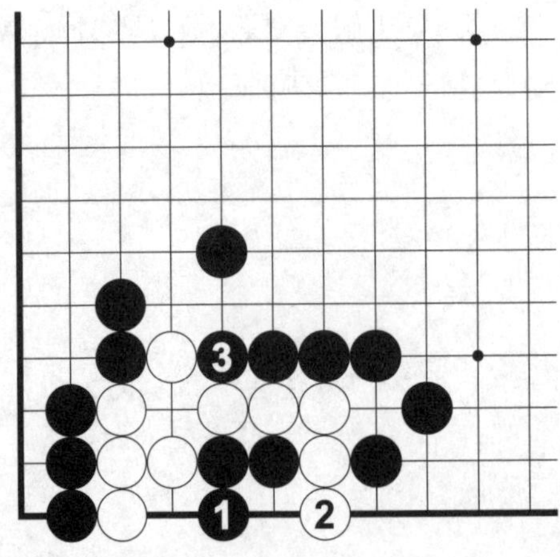

第7题正解　黑1立在此处正确，因为白棋不入气的原因，白2只能先立来防黑棋连回，之后黑3再挤，白棋内部成棋形。

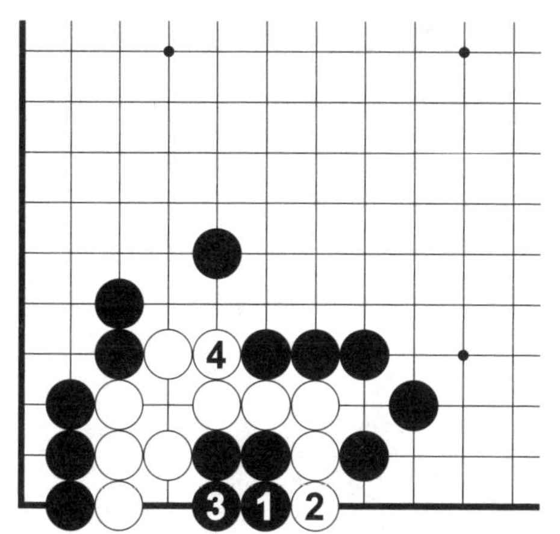

第7题错解　黑1立在此处不可，白2挡住即打吃，黑3只能再团，白4趁机将挤给补掉。

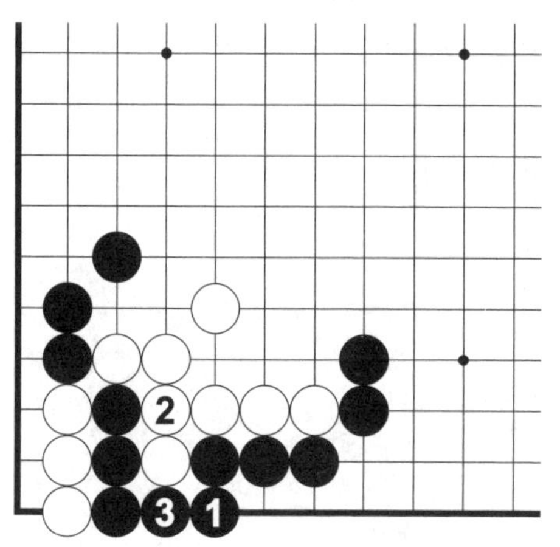

第8题正解　黑1立在此处正确，白棋一线不入气，所以白2只能连接，黑3再连接。黑棋二线为假断点，白棋角部棋子已经没有办法。

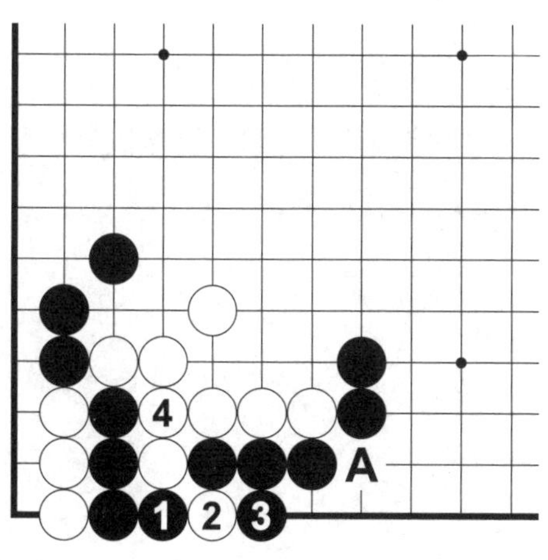

第8题错解　若黑1贪图打吃，白2先扑一下重要，黑棋不能在4位提子，因为是倒扑。黑3后，白4连接并打吃。之后若黑棋于2位连接，则白棋于A位断打全歼黑棋边上棋子；若黑棋于A位连接，则白棋于2位提子即可。

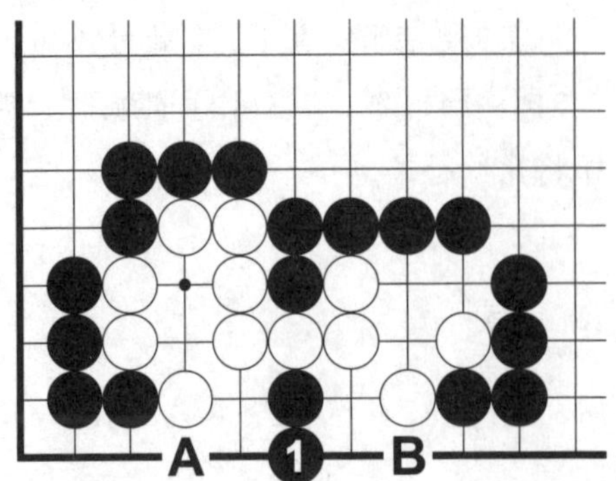

第9题正解　黑1立，左右同形走中间，左右A、B两点二者必得其一。

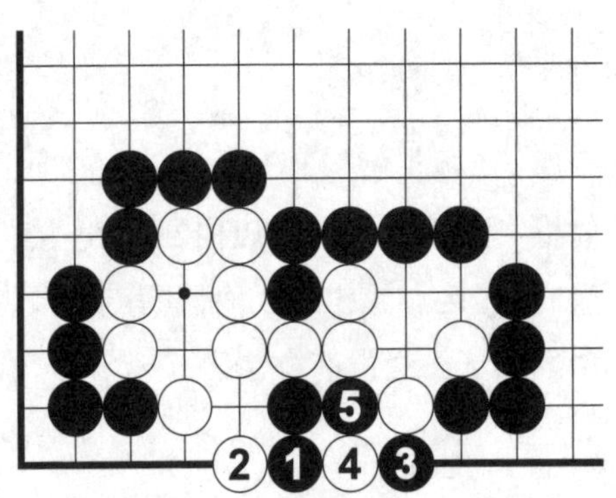

第9题正解　举一例，若白2在左边尖顶阻止黑棋这一侧连回，黑3于右侧扳双虎，白4扑意图造接不归，黑5提子是顺带打吃二线白棋的，所以白棋根本来不及打吃接不归。

第二章第四节　金鸡独立

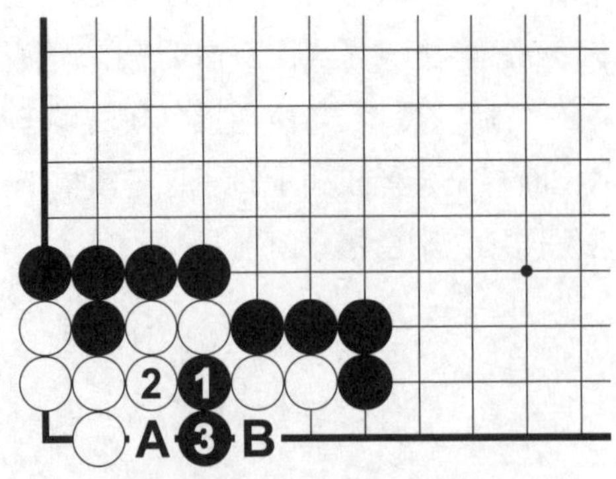

第1题正解　黑1断打至黑3立，白棋在A、B两处皆不入气。

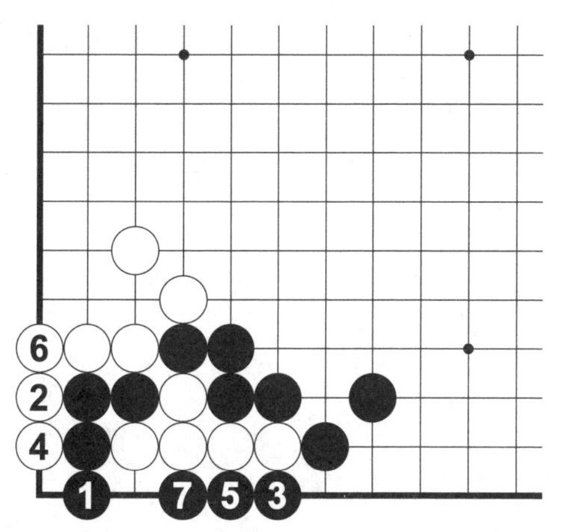

第2题正解　黑1立，利用角部的特殊性延气，之后正常紧气过程。

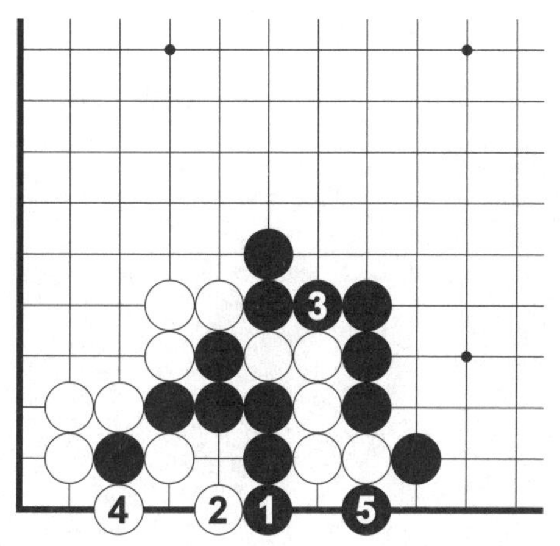

第3题正解　黑1立，白2、黑3正常紧气，因为白2处上方白棋不入气，所以白4只能提子。

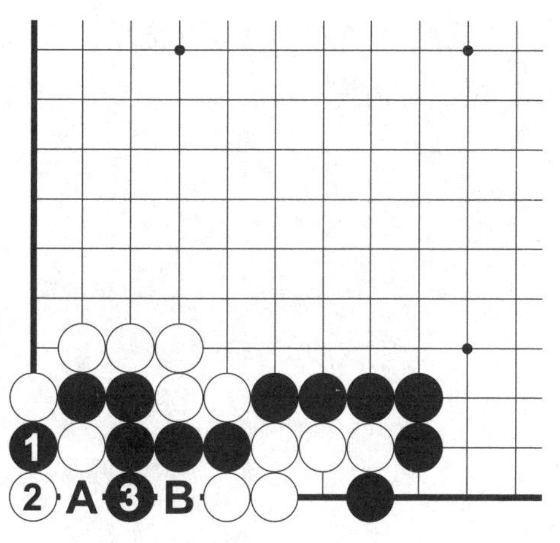

第4题正解　黑1先扑正确，至黑3，A、B两处白棋不入气。

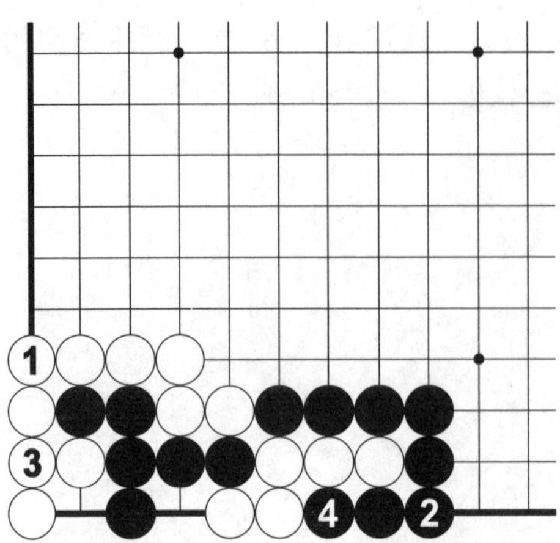

第4题正解　之后进程，黑棋快白棋一气。

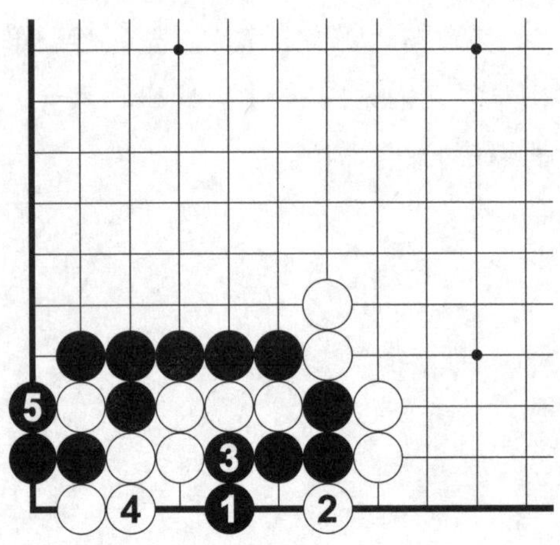

第5题正解　黑1先尖，是阻止白棋做眼抵抗的好方法，至黑5形成金鸡独立。

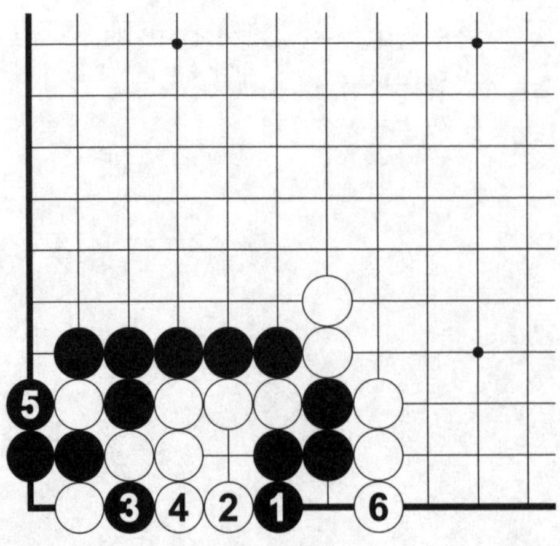

第5题错解　黑1若直接立，至白6，黑棋对杀气不够。

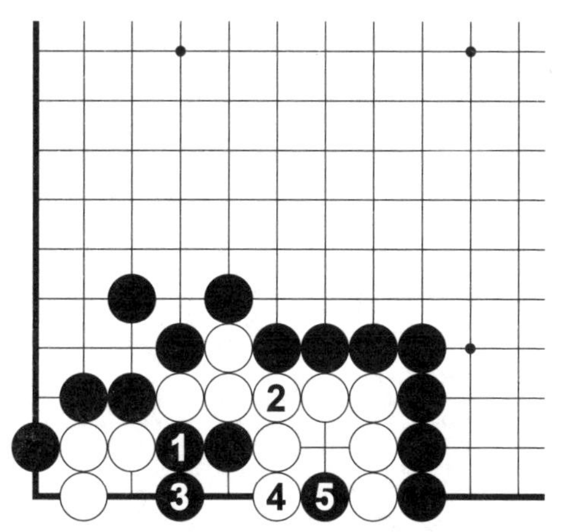

第6题正解　黑1断打至黑3立，若白4立，黑5点紧住一口气，使白棋形成不入气。

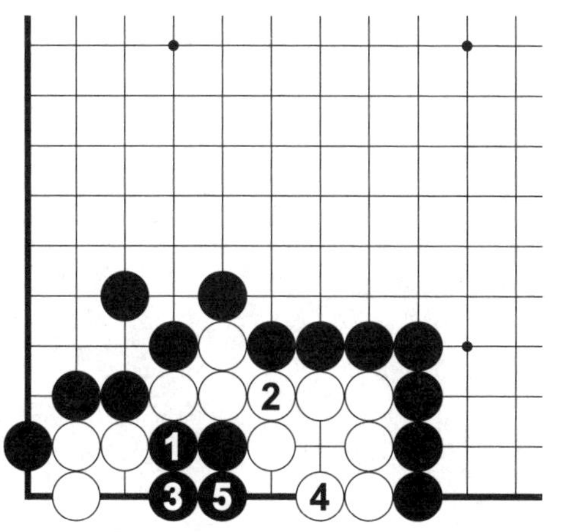

第6题正解　白4若防点，则黑5直接团。

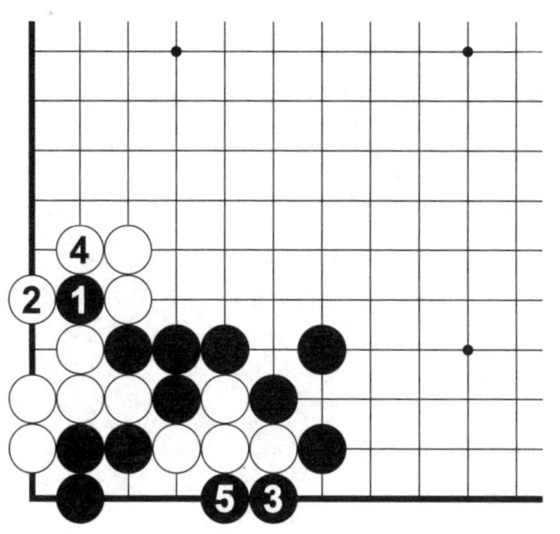

第7题正解　黑1断是利用不入气，延气的好手。

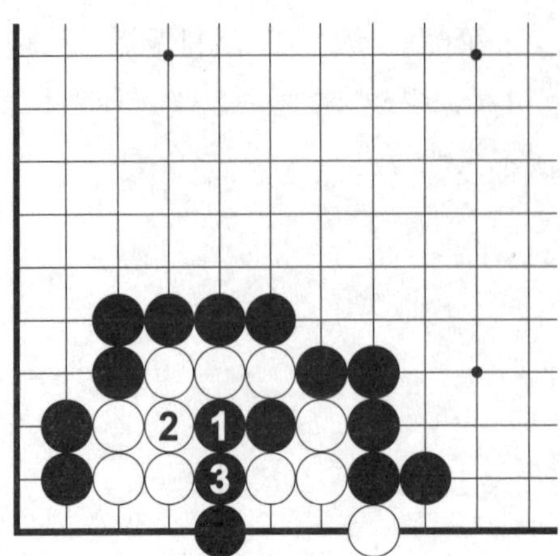

第8题正解　黑1先在此处打吃一手重要，白2、黑3后成金鸡独立。

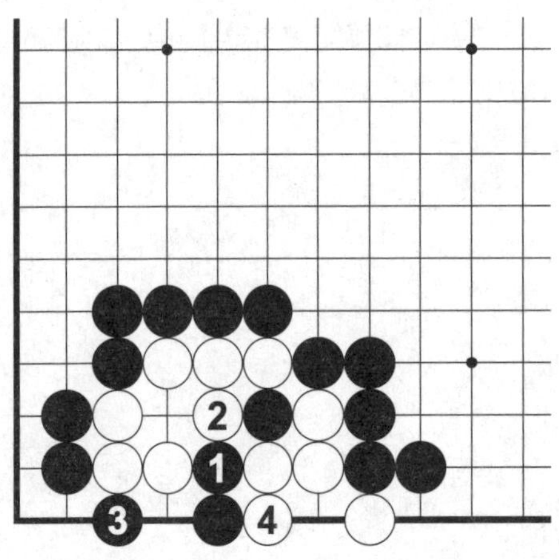

第8题错解　黑1不能在此处冲，因为黑3后，白4处可以入气打吃接不归黑棋。

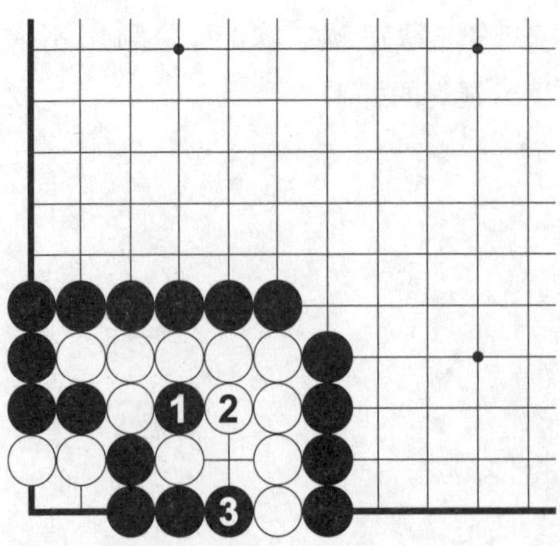

第9题正解　黑1扑紧气是好手，白2提子，黑3顶住使白棋形成不入气。

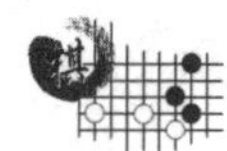

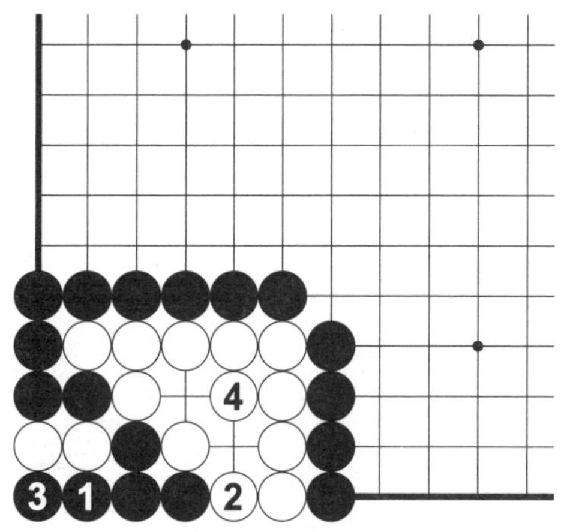

第9题错解　黑1若贪图马上吃子，至白4后，白棋弃掉角上两子做活大块。

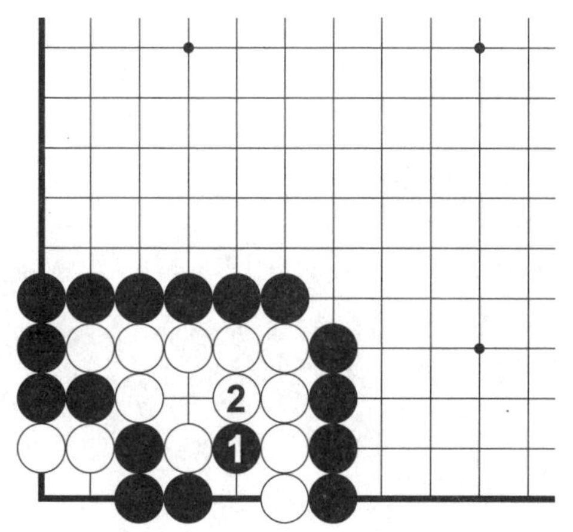

第9题错解　黑1若简单在二路打吃，白2可以做劫。

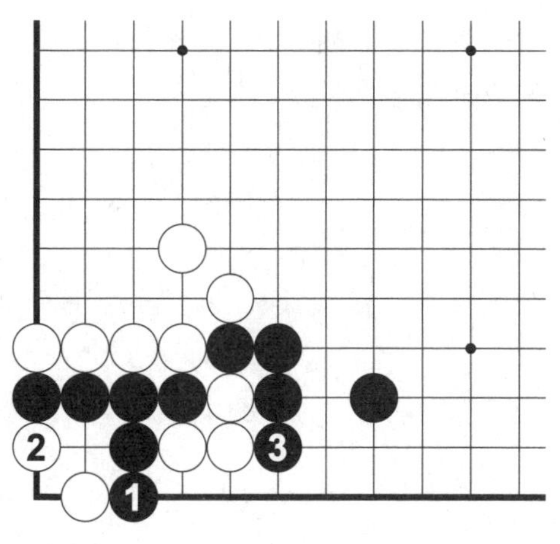

第10题正解　黑1挡，白2利用角部紧气的同时做眼，黑3后形成金鸡独立。

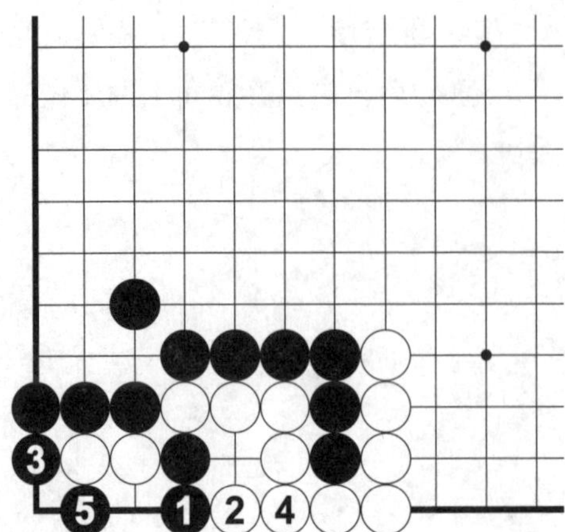

第11题正解　黑1立，至黑5正常进行。

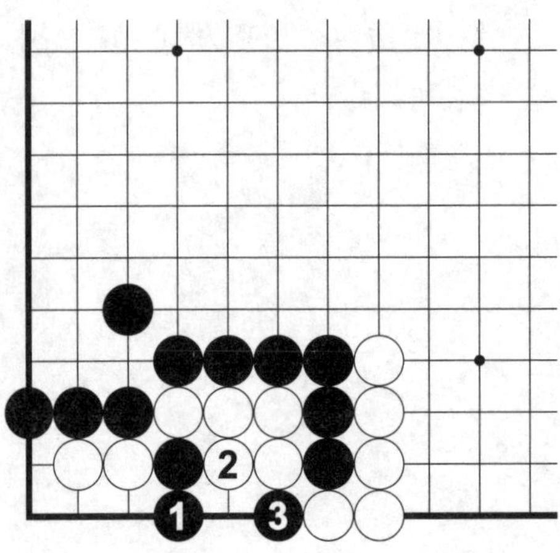

第11题正解　白2若在此处紧气，黑3可倒扑。

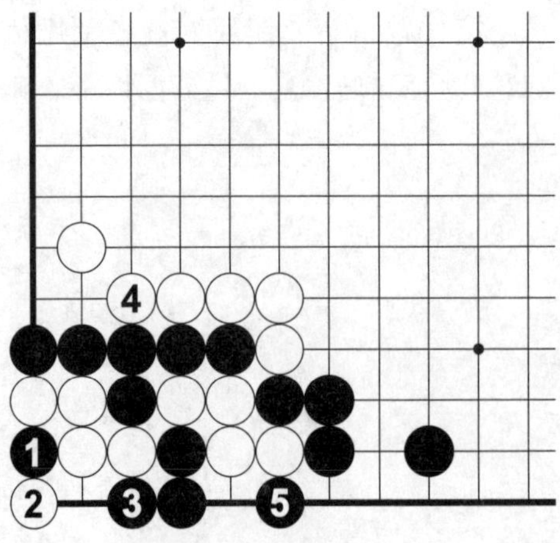

第12题正解　黑1扑重要，至黑3形成金鸡独立。

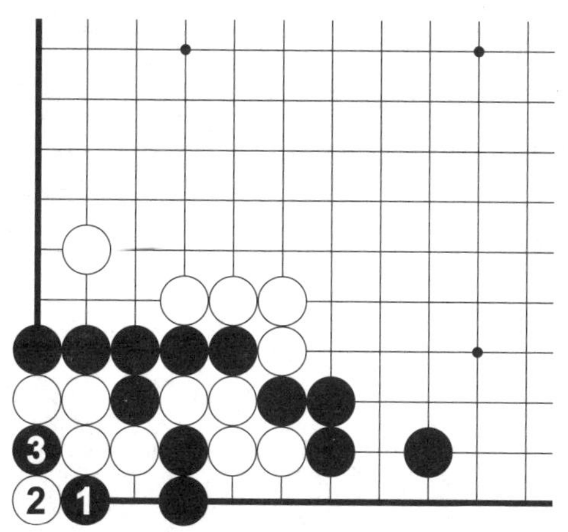

第12题错解　黑1若跳，被白2扑，局部成劫。

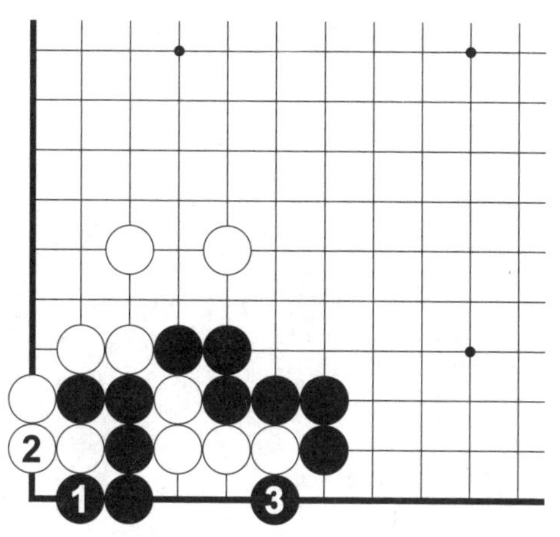

第13题正解　黑1打吃至黑3正常进行。

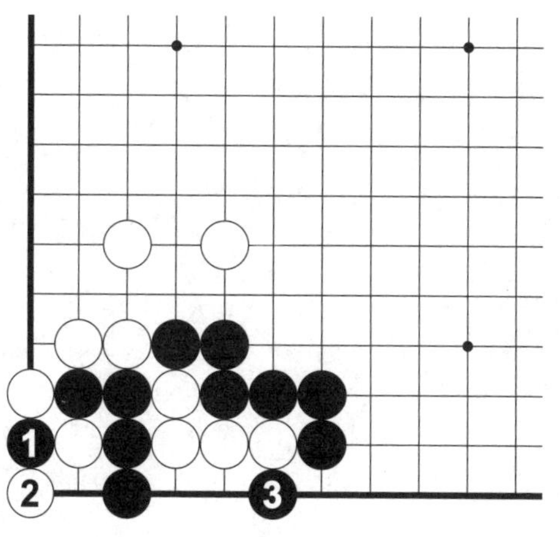

第13题正解　黑1先扑一手也可。

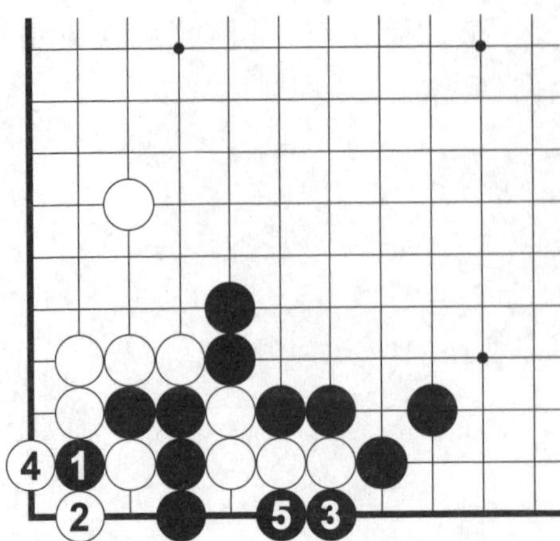

第14题正解　黑1断打开始造不入气，白2在一线打吃是诱骗黑棋犯错的好手，黑3不为所动，至黑5白棋被杀。

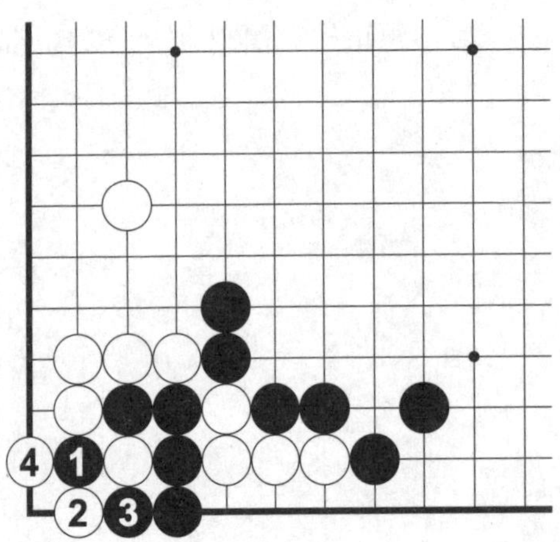

第14题错解　黑3若贪图吃子，白4后局部成劫。

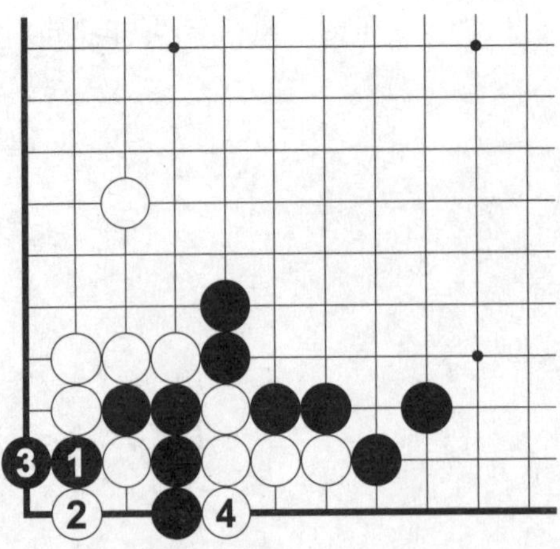

第14题错解　黑3若立，白4打吃就可，黑棋被倒扑。

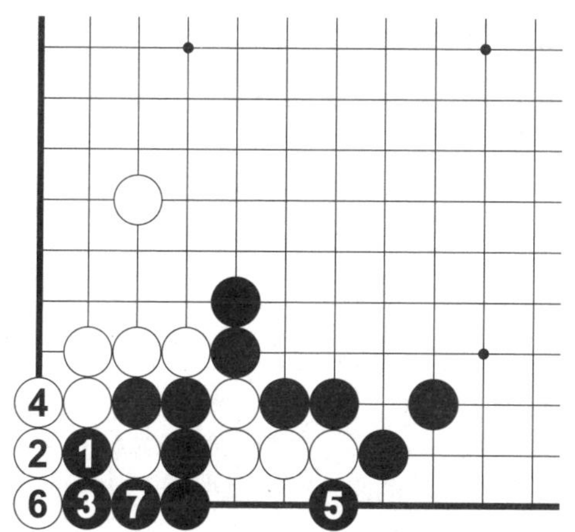

第14题正解　白2若简单反打，至黑7成简单的有眼杀无眼。

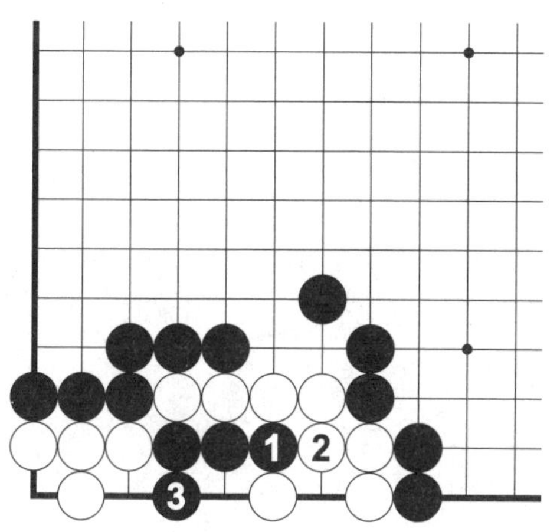

第15题正解　黑1先冲后黑3再立，次序正确。

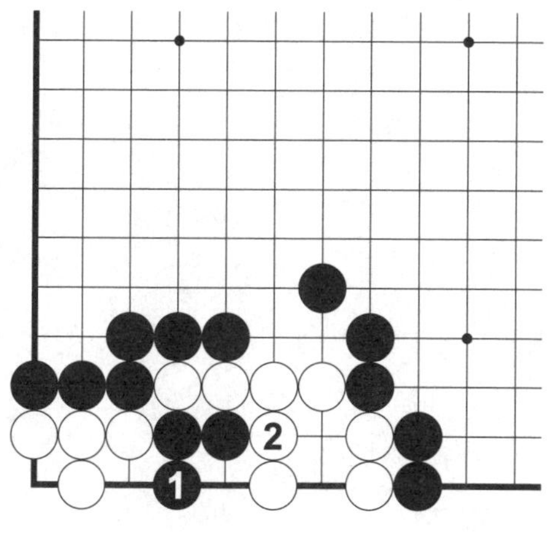

第15题错解　黑1若直接就立，白2连住就可，黑棋的气不够。

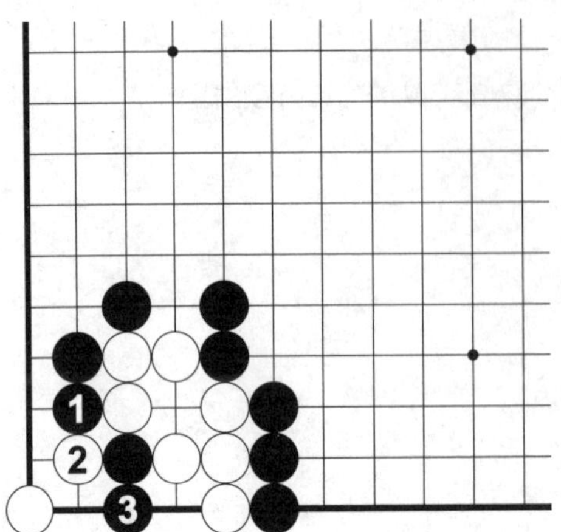

第16题正解　黑1先冲，白2只能挡，黑3立形成金鸡独立。

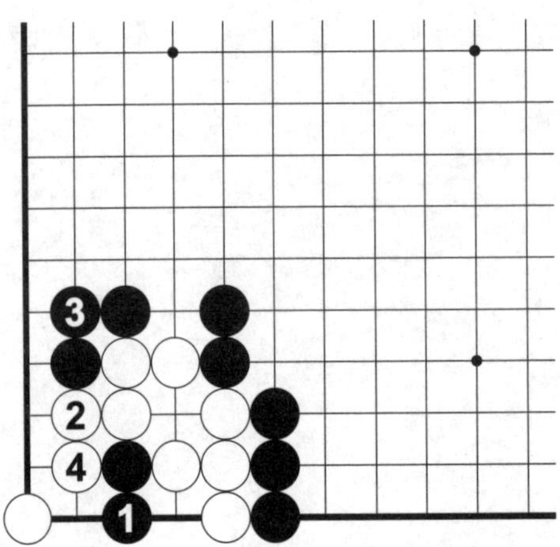

第16题错解　黑1先立不行，至白4黑棋气不够。

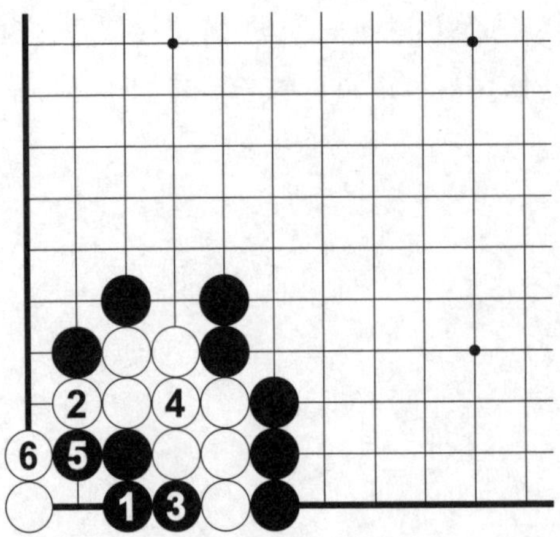

第16题错解　黑3先打吃一下也不行。

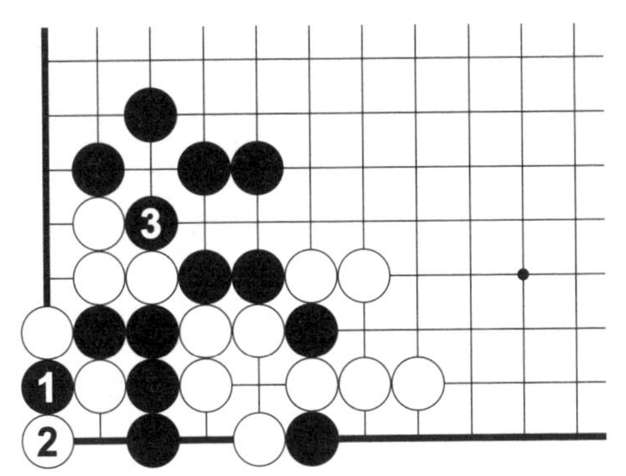

第17题正解　黑1扑是紧气延气的好手，至黑3形成金鸡独立。

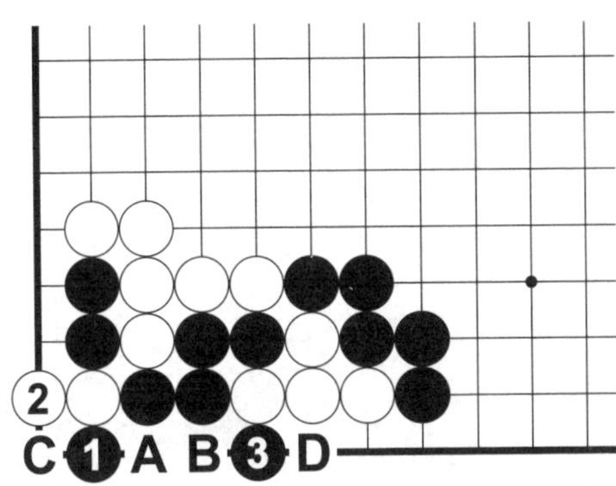

第18题正解　黑1打吃至黑3扳，已成金鸡独立，白棋C、D两处皆不入气，A、B两处虽可以扑一下，但黑棋提子后没有起到什么作用。

第二章第四节　老鼠偷油

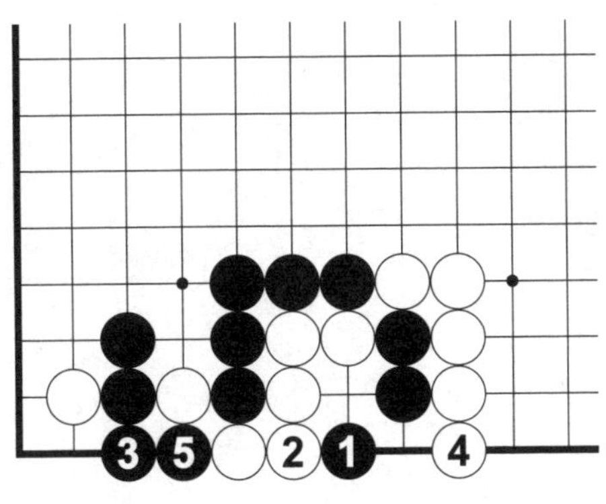

第1题正解　黑1尖，白2粘，黑3立重要，白4立为紧气做准备，黑5紧外气打吃。

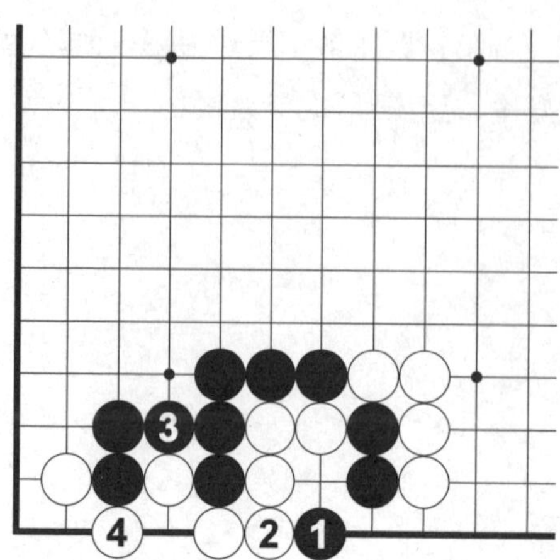

第1题错解　黑3若在上方直接打吃，白4可以做劫抵抗。

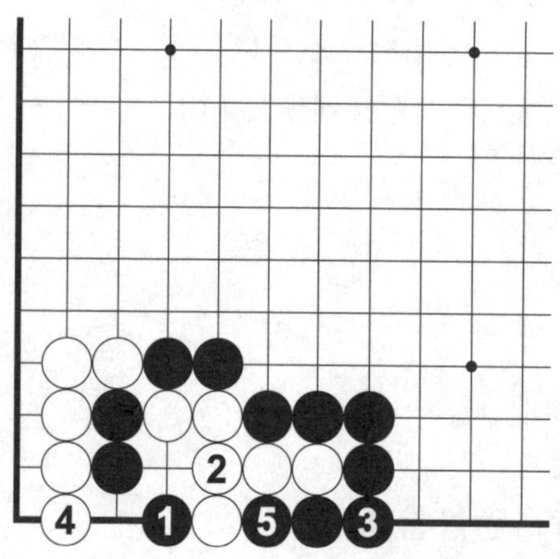

第2题正解　黑1尖，白2粘防黑棋倒扑，此后正常紧气顺序。

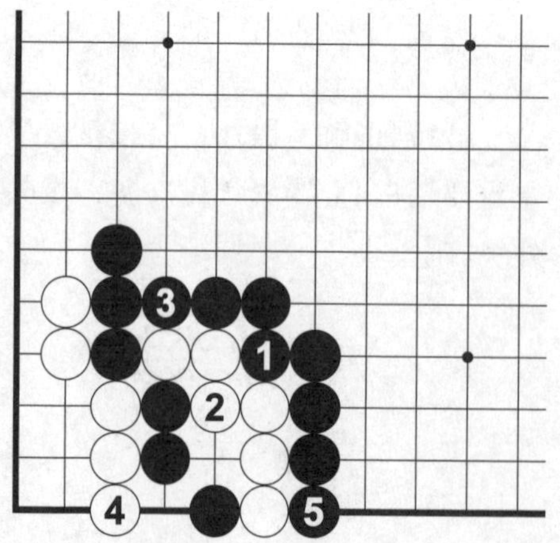

第3题正解　黑1挤正确，白2救两子，此后正常进行。

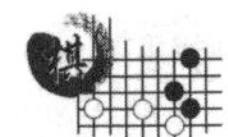

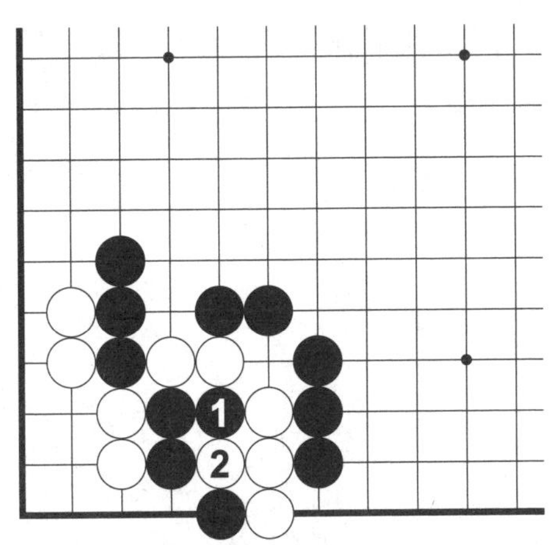

第3题错解　黑1不能在里面挤，白2可以入气打吃白棋。

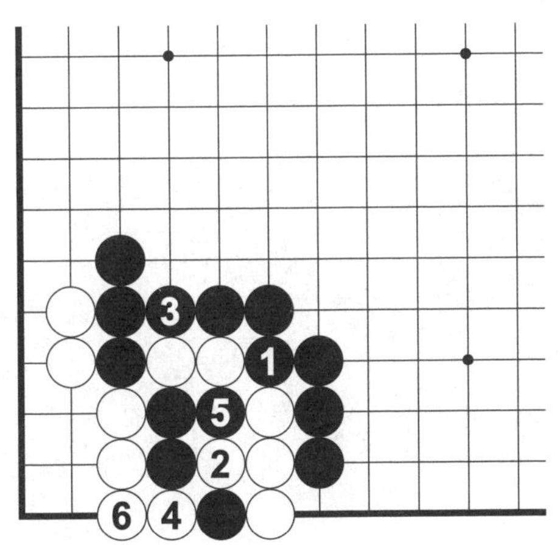

第3题正解　白2若明白救两子无用，也可以如此进行减少损失。

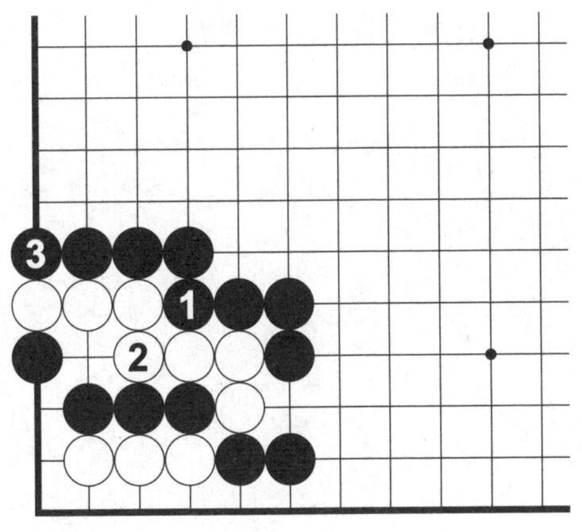

第4题正解　黑1挤，白2粘，黑3紧气形成老鼠偷油。

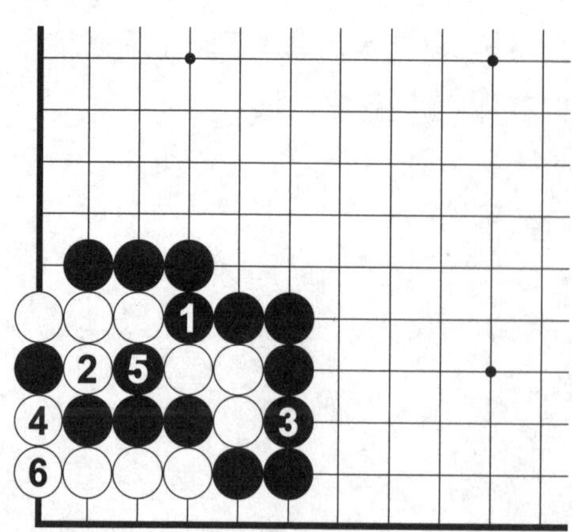

第4题正解　白2也可以如此进行减少损失。

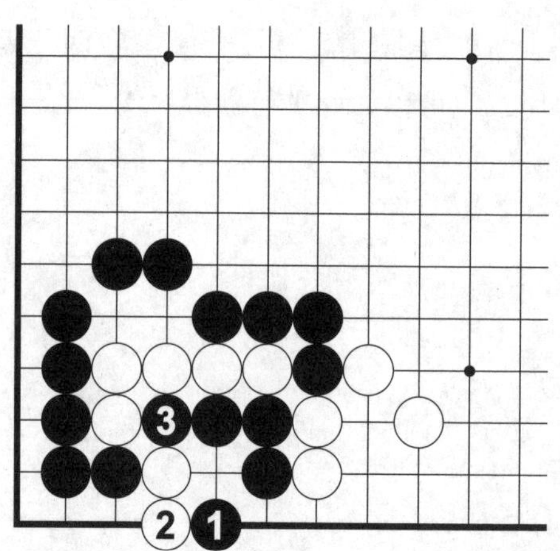

第5题正解　黑棋先尖之后再断，顺序正确。

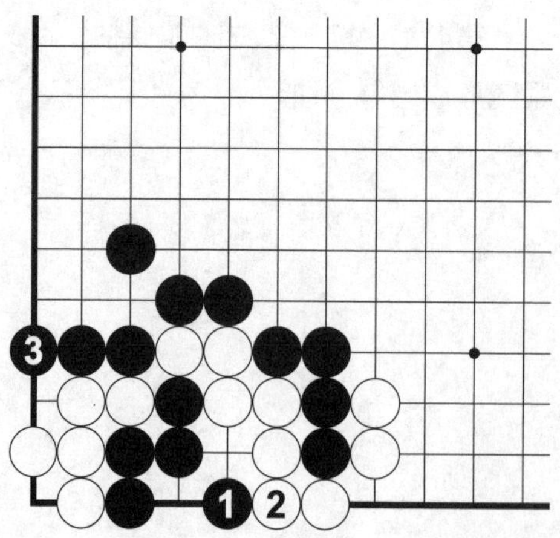

第6题正解　正常进行。

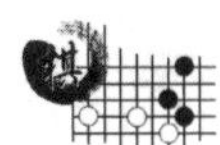

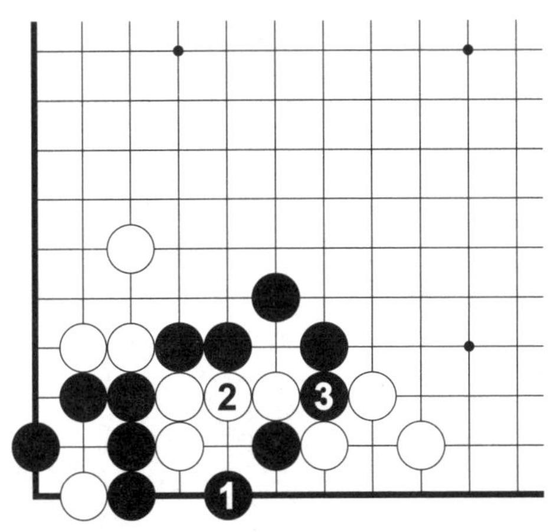

第7题正解　黑1尖，白2若补断点，黑3再断白棋无法吃掉黑棋两子。

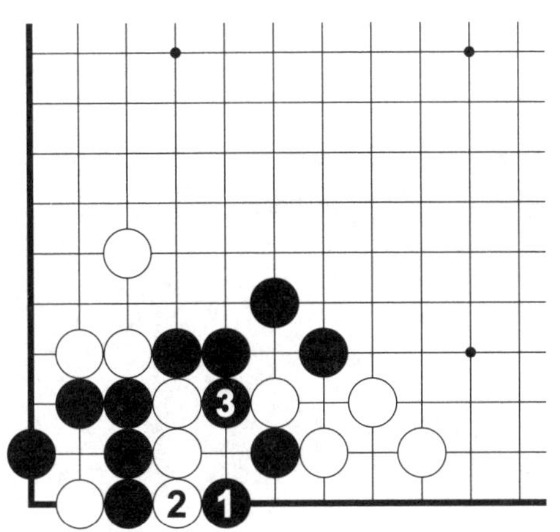

第7题正解　白2若直接一线断，黑3马上关门吃即可。

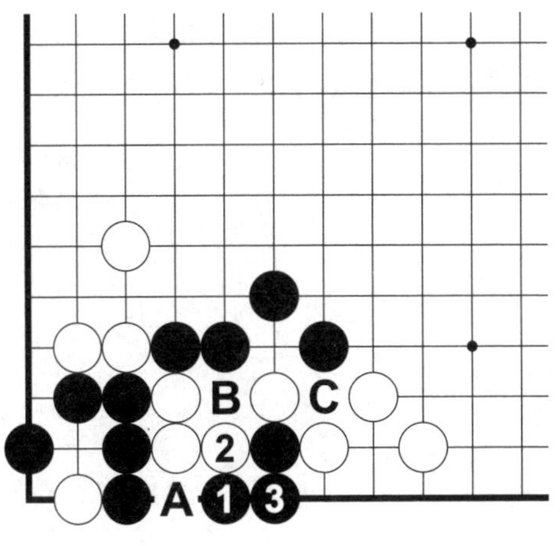

第7题正解　白2若挤，黑3粘住就行，A处白棋不入气；B、C两处黑棋也必得其一。

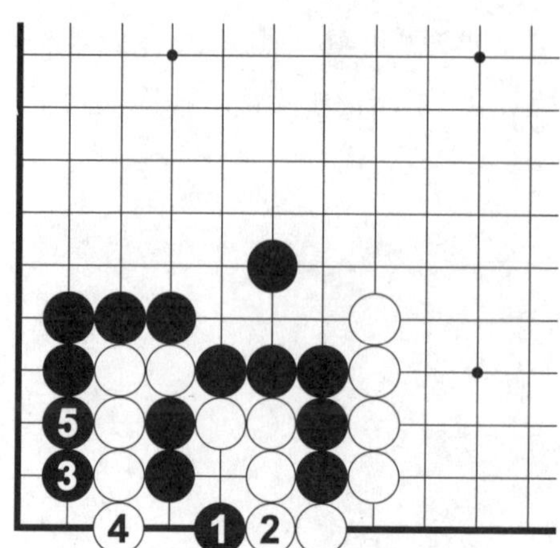

第8题正解　黑1尖，白2粘，黑3夹重要，之后正常进行。

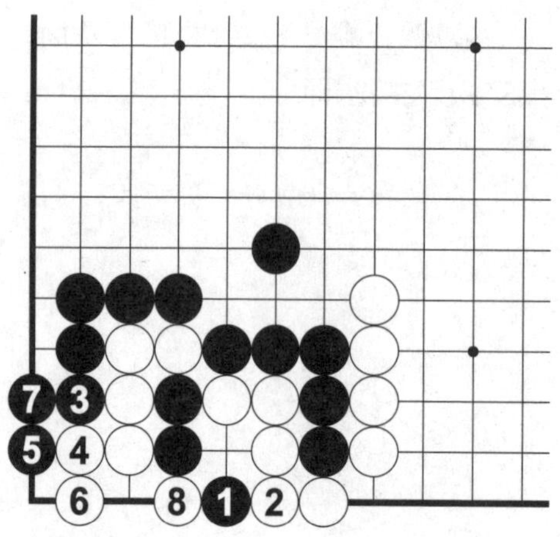

第8题错解　黑3若普通紧气，白4拐一下，黑5后白6立，利用了角里特殊的位置关系增加自身的气数，黑7紧气前准备，白8扑做劫。

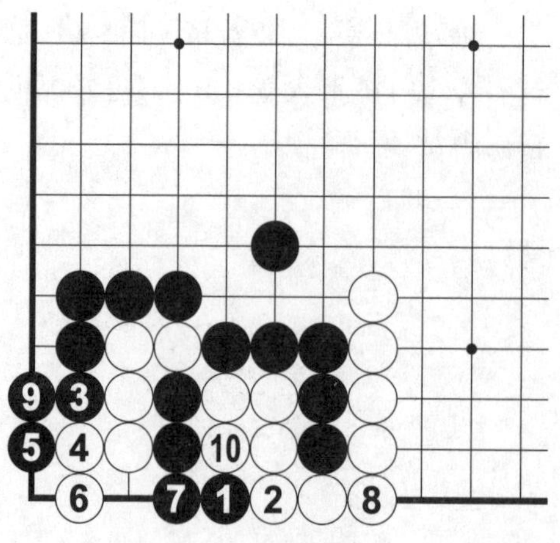

第8题错解　黑7若粘防止做劫，之后白棋正常对杀紧气即可。

第二章第五节　点

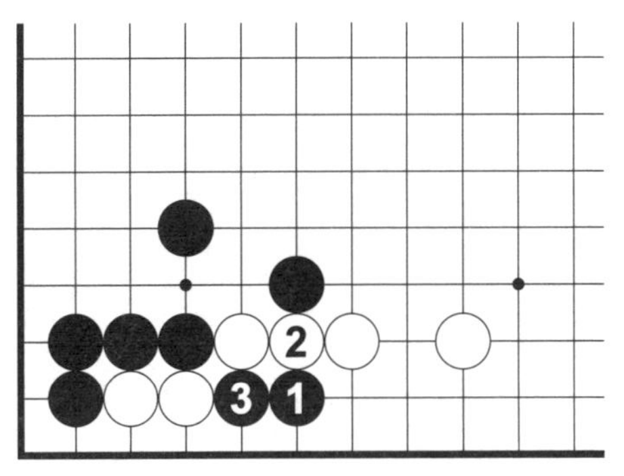

第1题正解　黑1点，白2只能粘，黑3断吃白棋两子。

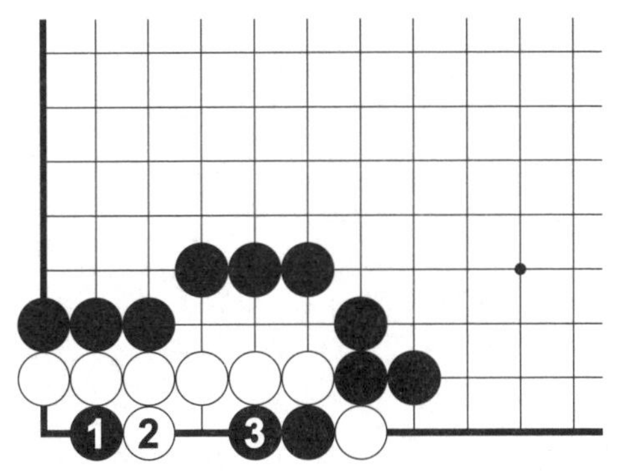

第2题正解　黑1点，白2若挡，黑3再送一子正确，倘若白棋再提两黑子，黑棋扑就可以了。

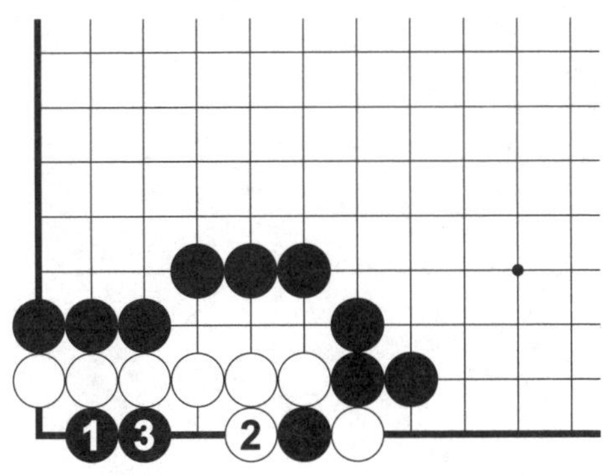

第2题正解　白2若直接去提子，黑棋在里边做直二就可以。

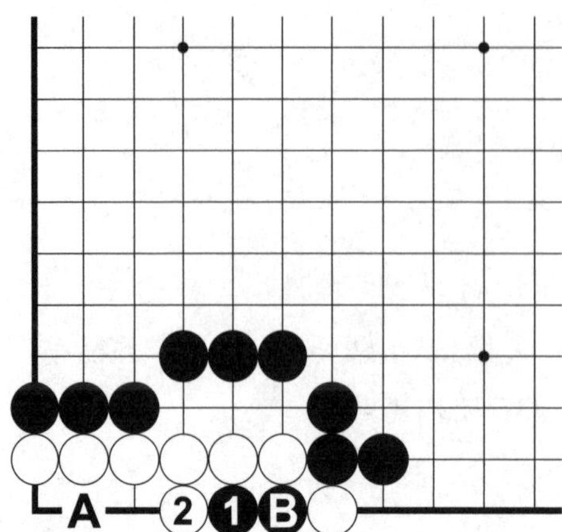

第2题错解　黑1直接多送一子不行，白2提掉之后，A、B两处必得其一，白棋成活。

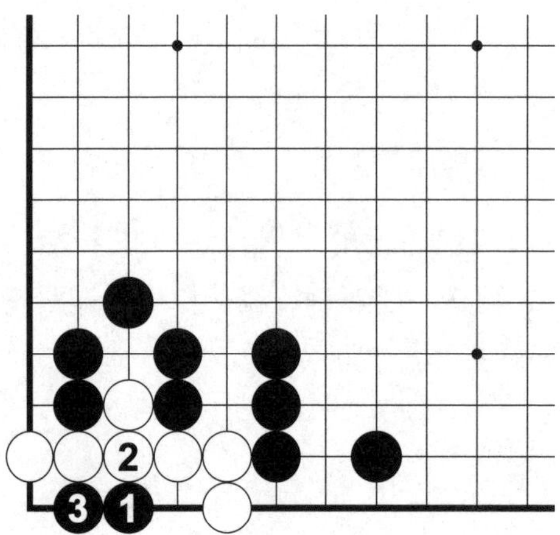

第3题正解　黑1点，白2粘，黑3做直二即可。

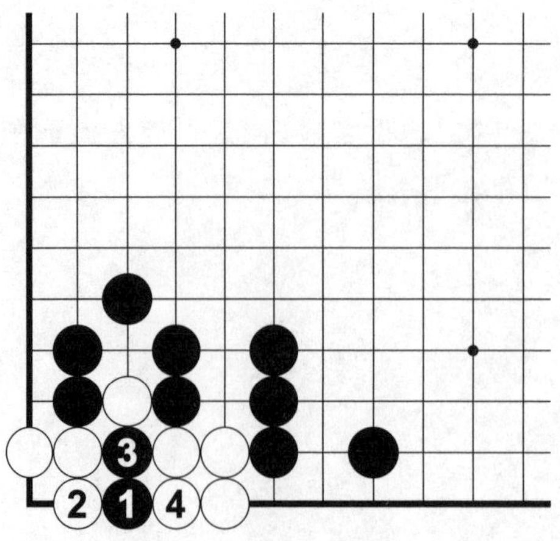

第3题正解　白2若挡在角里，黑3断正确，白4提子后，黑5再在3处扑即可。

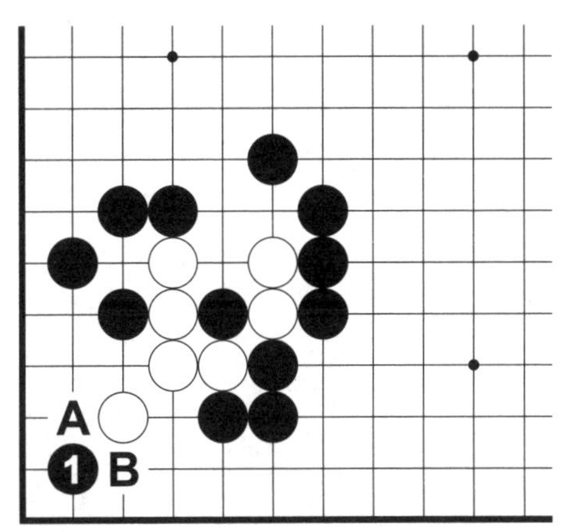

第4题正解　黑1点，左右同形走中间，黑棋A、B两处爬回必得其一。

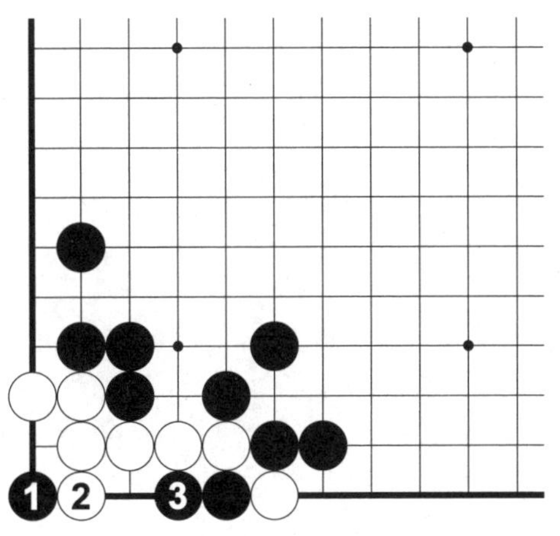

第5题正解　黑1点，白2挡，黑3多送一子。

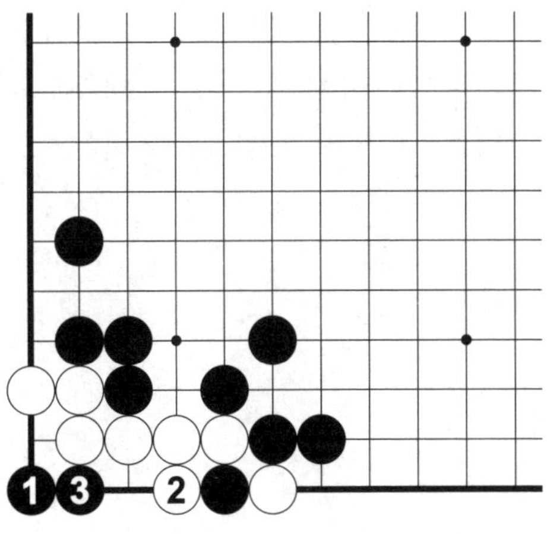

第5题正解　白2提子，黑3做直二。

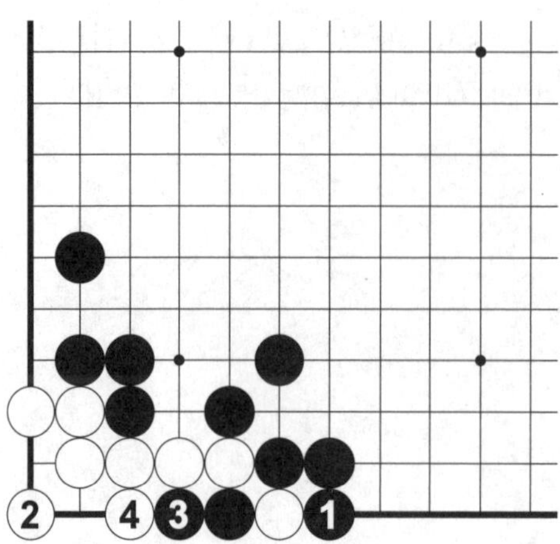

第5题错解　黑棋贪图吃子不行，白2做眼，黑3再冲已经来不及了。

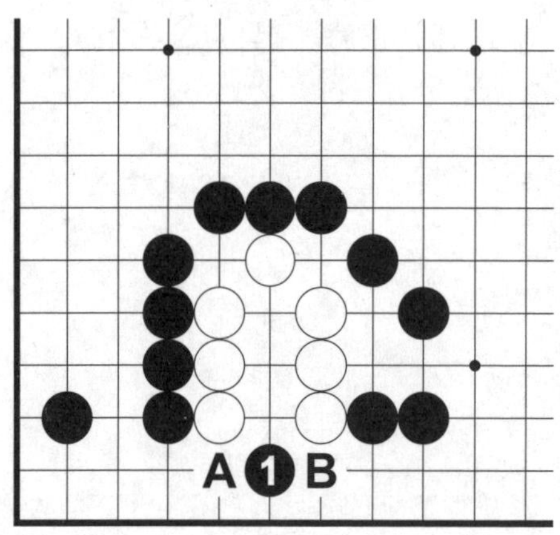

第6题正解　黑1点，左右同形走中间，A、B两处的爬必得其一。

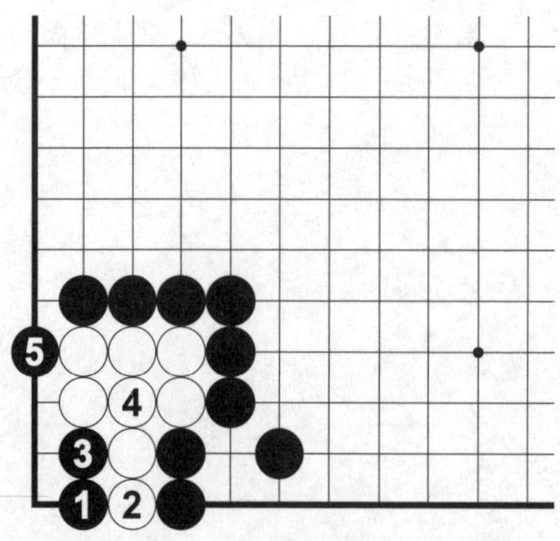

第7题正解　黑1点，白2只能断掉，黑3在里边打吃白棋，白4粘后将白棋的眼位去掉，黑5再打吃即可。

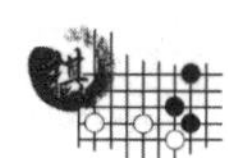

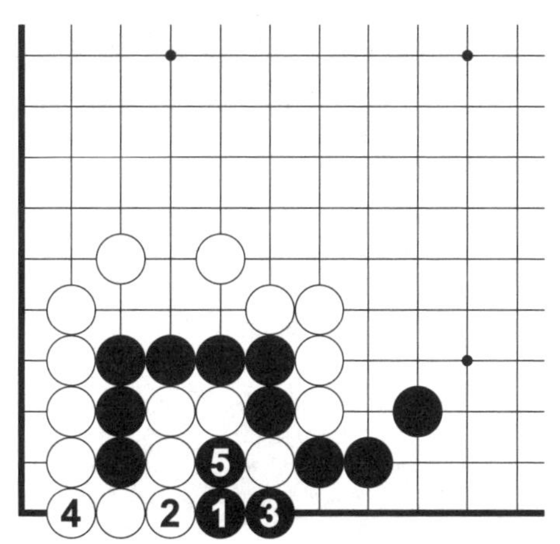

第8题正解　黑1点，白2只能先管自身断点的问题，黑3打吃接不归，白4只能救后边断点，黑5提子将上方数颗黑棋救回。

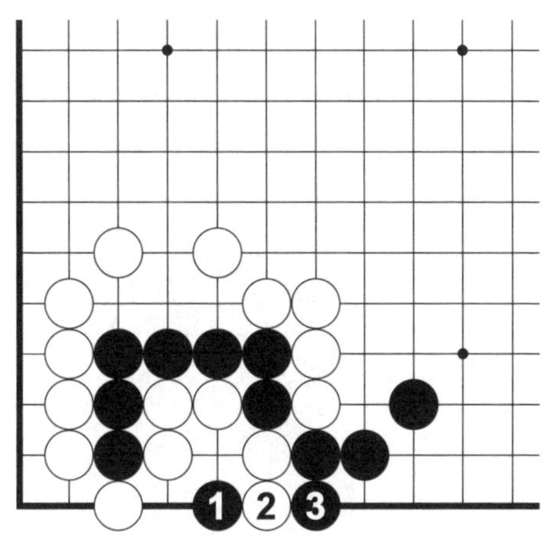

第8题正解　白2若挡住，黑3直接打吃接不归即可。

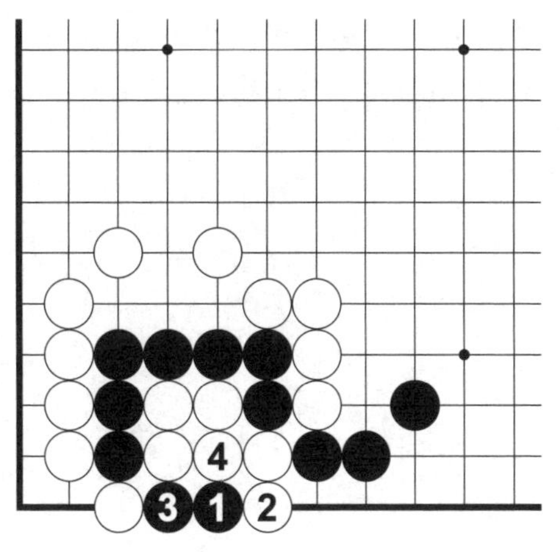

第8题正解　黑3也可以这样，白4提掉之后，黑5再在3位扑，之后不是倒扑就是接不归。

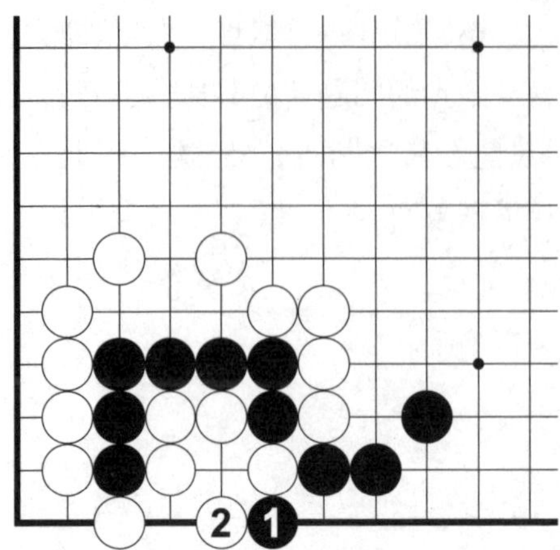

第8题错解　黑1此时不能直接打吃，这样白2可以挡住做劫，黑棋不一定成功。

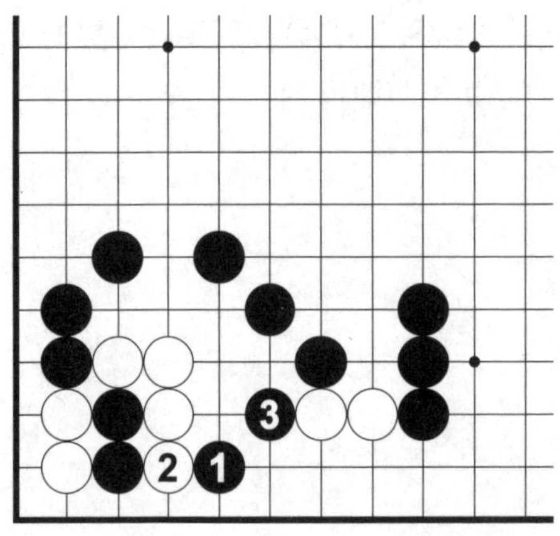

第9题正解　黑1点，白2为避免对杀全灭，只能断掉不让黑棋连接上，黑3再尖回，右边白棋两子被吃。

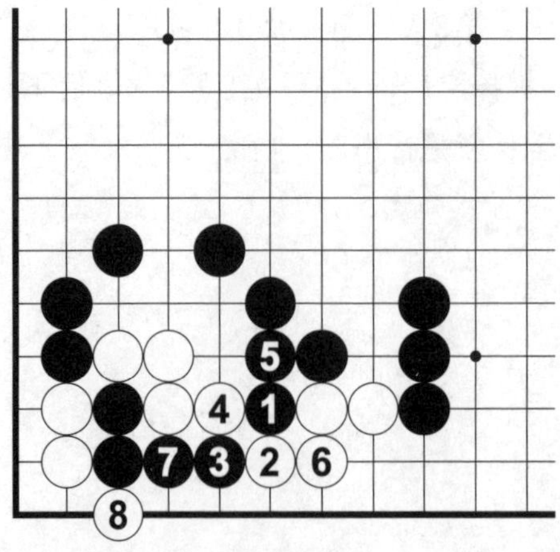

第9题错解　黑棋简单连扳不行，至白8黑棋对杀气不够被吃。

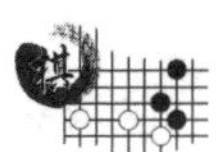

第二章第六节　飞封

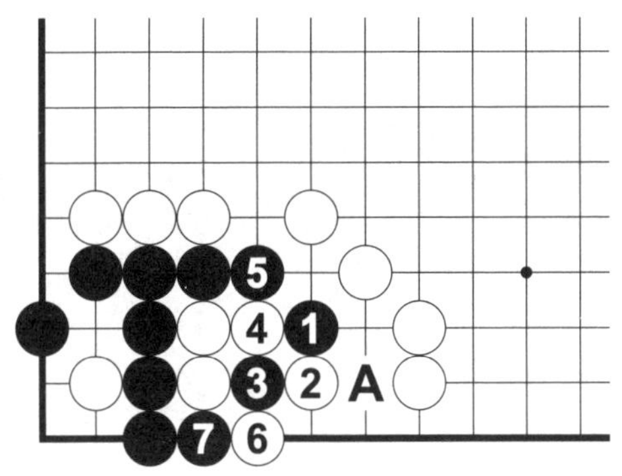

第1题正解　黑1飞封，白2托，黑3挖不让白棋变强，白4只能打吃抵抗，黑5反打，至黑7打吃后3位的提子和A位的打吃两者必得其一。

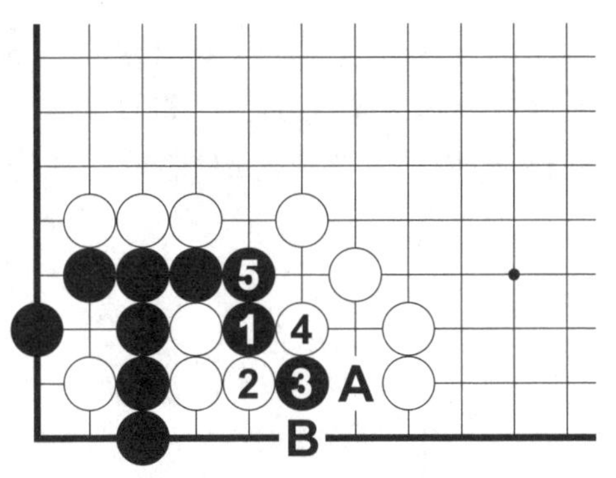

第1题错解　黑1扳，白2爬，黑3挡住后自身断点太多了，白4断打黑5粘后，白棋在A、B两处必得其一。

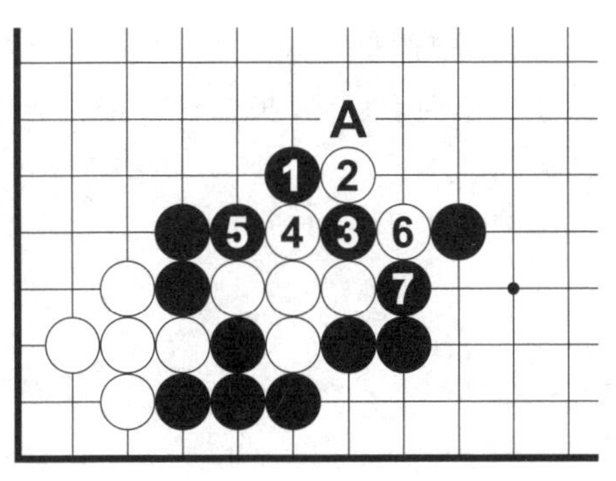

第2题正解　黑1飞封，白2靠，黑3挖，至黑7打吃，3位的提子和A位的征吃必得其一。

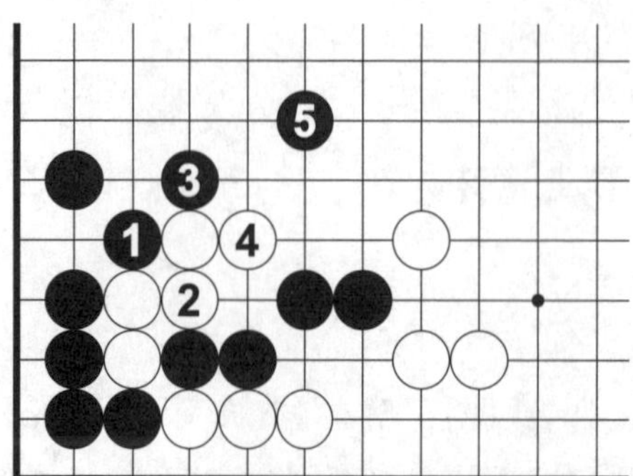

第3题正解　黑1、3利用白棋的缺陷先加强自身，黑5再飞封，白棋无论如何都跑不出去。

第二章第七节　滚打

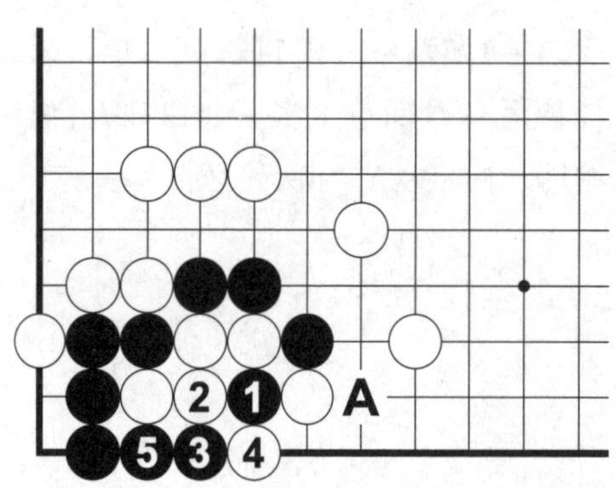

第1题正解　黑1断打，白2粘，黑3反打，白4只能提子，黑5再打吃后，白棋若1位粘，黑棋就A位打吃边线吃子。

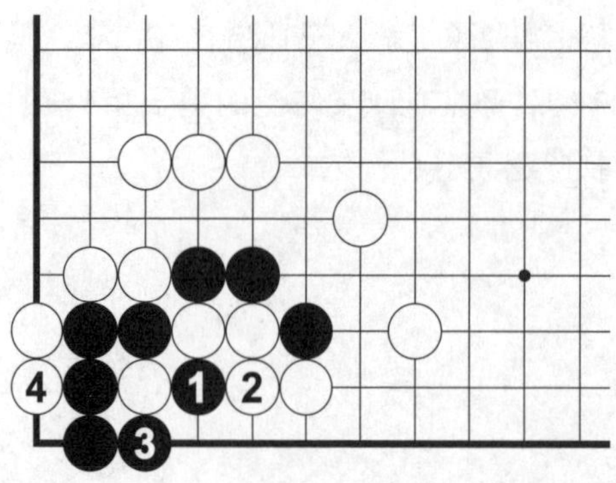

第1题错解　黑1若直接在此打吃一子，至白4虽能吃掉白棋一子，但整体不活。

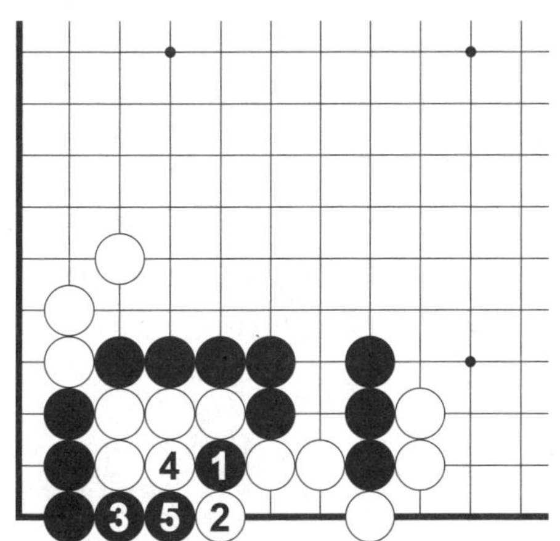

第2题正解　黑1断，白2打吃，黑3反打，白4提子，黑5继续打吃。此题中的白2若在4位打吃，黑3就下在5位即可。

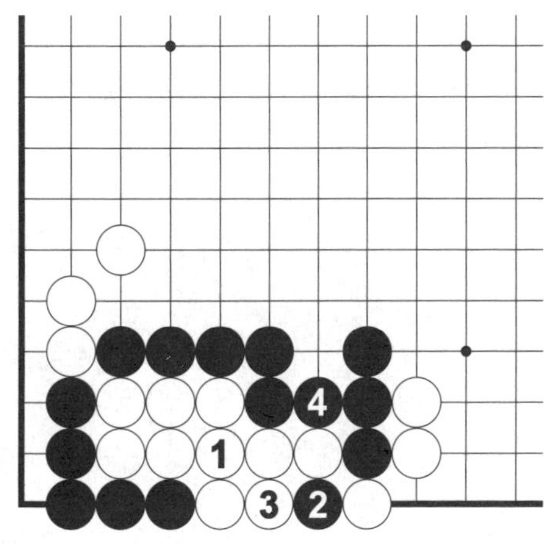

第2题正解　接上图，白1粘，黑2扑，白3提子，黑4打吃接不归。

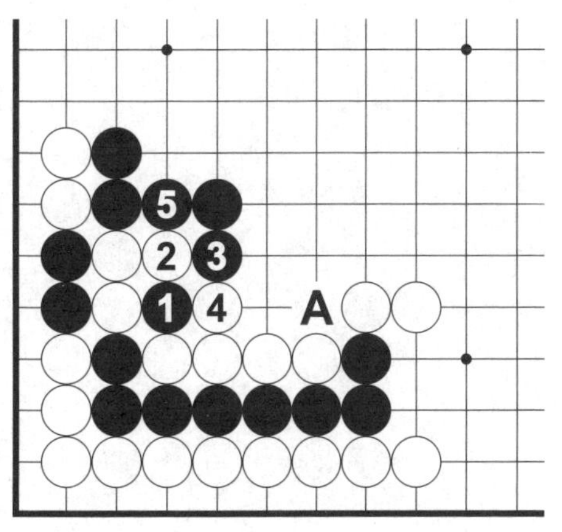

第3题正解　黑1断打，白2打吃逃跑，黑3反打，白4提子，黑5打吃后，若白棋在1位粘，黑棋就在A位关门吃即可。

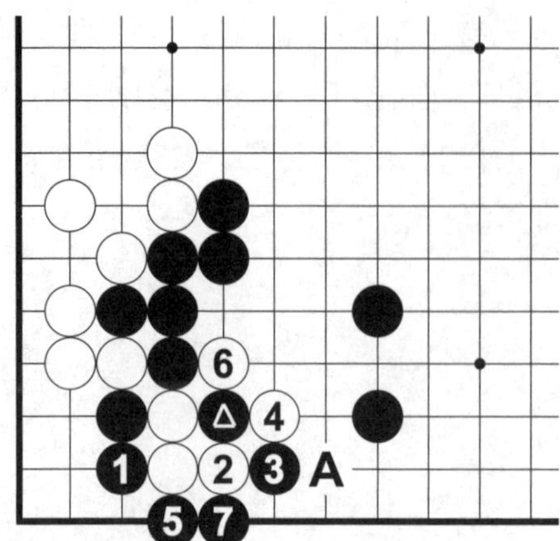

第4题正解　黑1贴住角里，白2只能在此处拐爬出，黑3挡，白4断打，黑5直接反打，白6不能在一线去断，只能提子，黑7一线打吃，白棋若在△处连接，黑棋就在A位连回，白棋还是全部在黑棋包围圈中被杀。

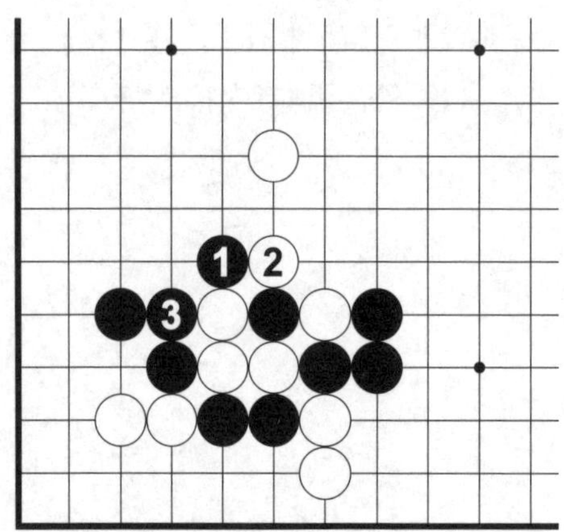

第5题正解　黑1不用管被打吃一子，直接反打白棋，白2只能提子，黑3打吃。

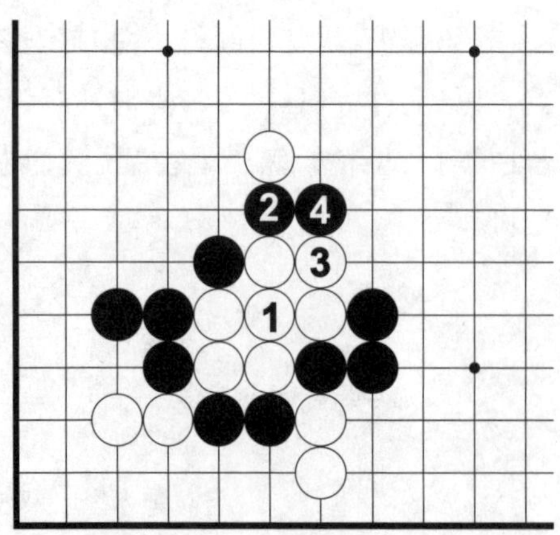

第5题正解　接上图，白1粘，黑2打吃至黑4征吃。

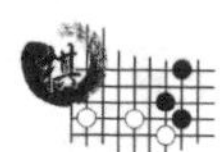

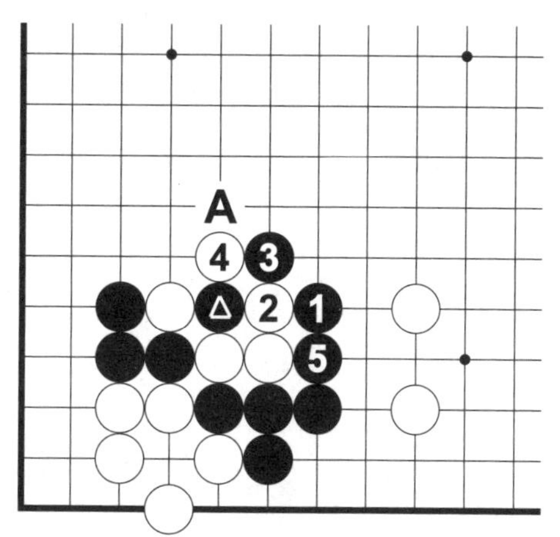

第6题正解　黑1枷，白2打吃冲出，黑3反打，白4提掉，黑5再打吃，之后白棋若在△处粘，黑棋就在A处征吃。

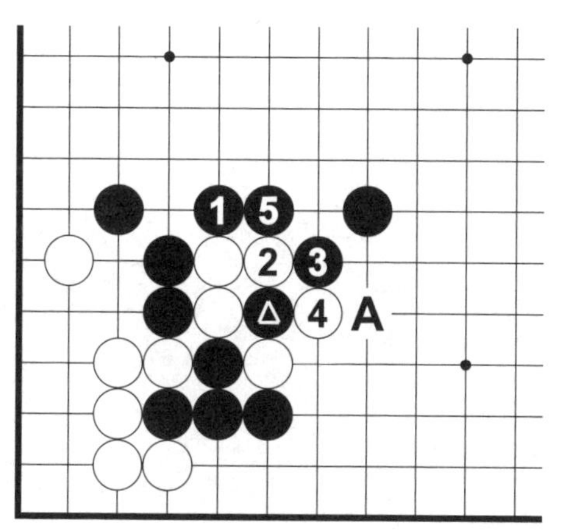

第7题正解　此题和上题道理一致，白棋在△处粘后，黑棋在A处征吃。

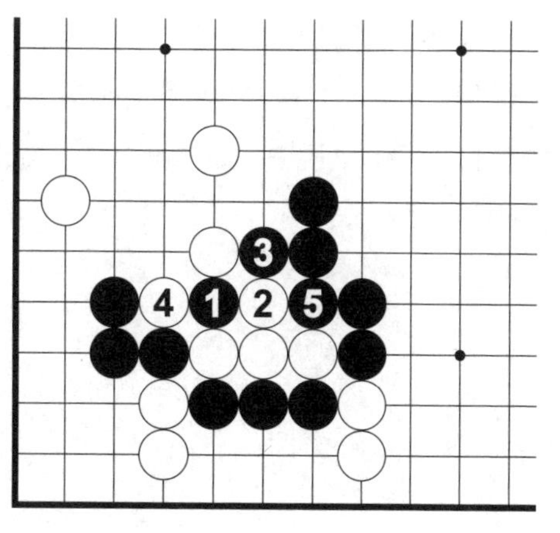

第8题正解　此题包含了两个滚打过程，目前正常进行。

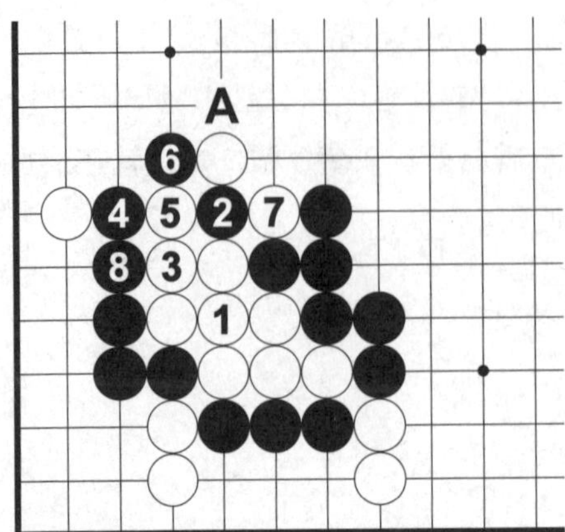

第8题正解　至黑4枷开始第二个滚打过程，黑8打吃，白棋若在2位粘，黑棋就在A处征吃即可。

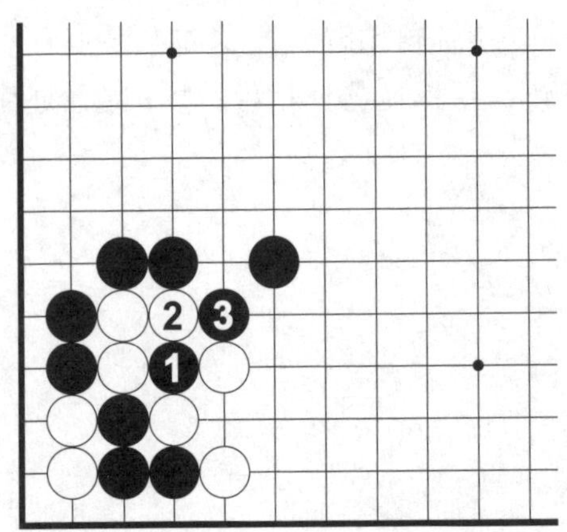

第9题正解　正常进行。

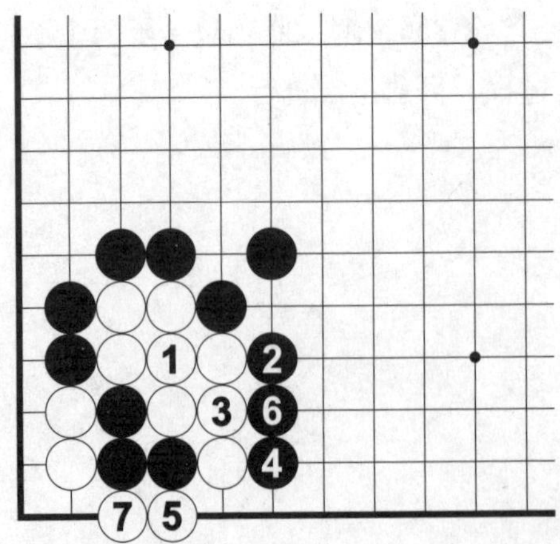

第9题正解　接上图，黑4的夹是重要的一步，至白7，黑棋通过滚打成功将白棋包围其中，获得一个巨大的外势且是先手。

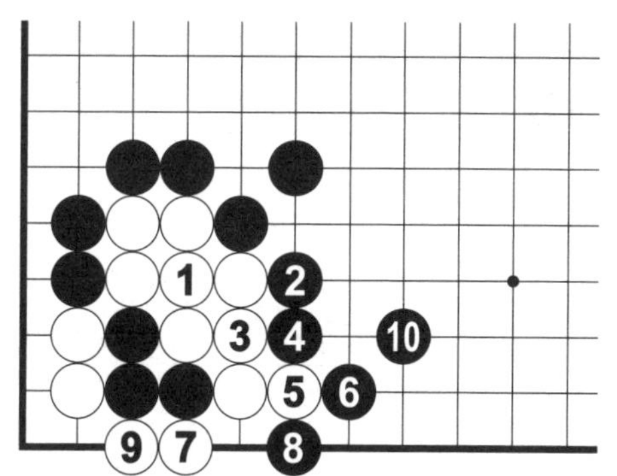

第9题错解　上题的黑棋若只是普通地紧住气，至白9虽也获得外势，但外势上有断点的缺陷，黑10需要补一下断点落了后手。

第二章第八节　倒脱靴

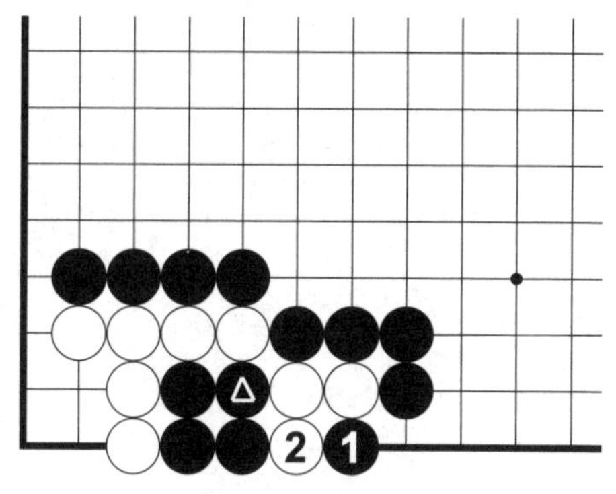

第1题正解　黑1打吃，白2只能提掉，黑棋再走▲处打吃白棋三子。

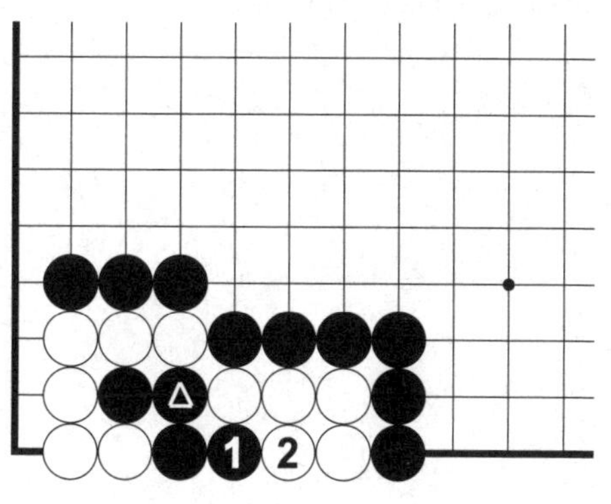

第2题正解　黑1多送一子正确，白2提子，黑棋▲处断打将白棋吃回。

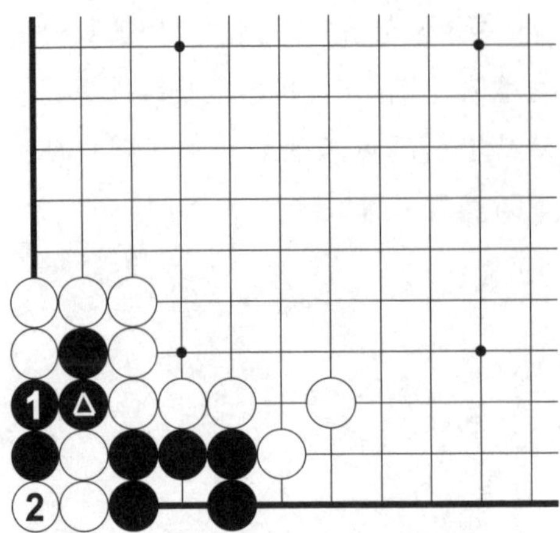

第3题正解　黑1粘，白2提子，黑棋△处断打将白棋吃回。

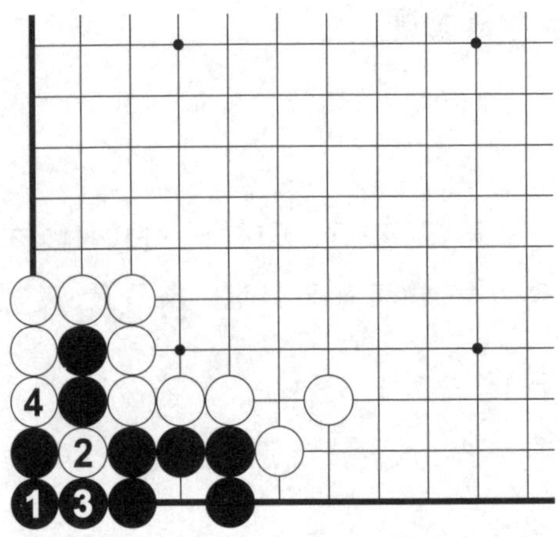

第3题错解　黑棋不能先在1处提子，白2扑打吃，因为黑棋在4位是不入气，所以黑3只能提子，白4再挤，黑棋无法做出第二个真眼。

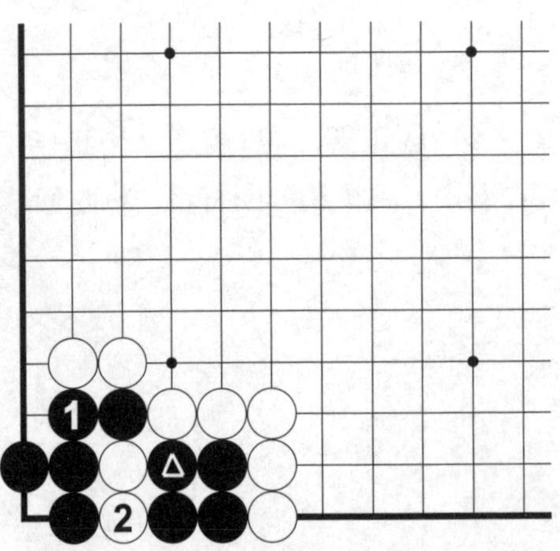

第4题正解　黑1粘，白2提子，黑棋△处断打将白棋吃回。

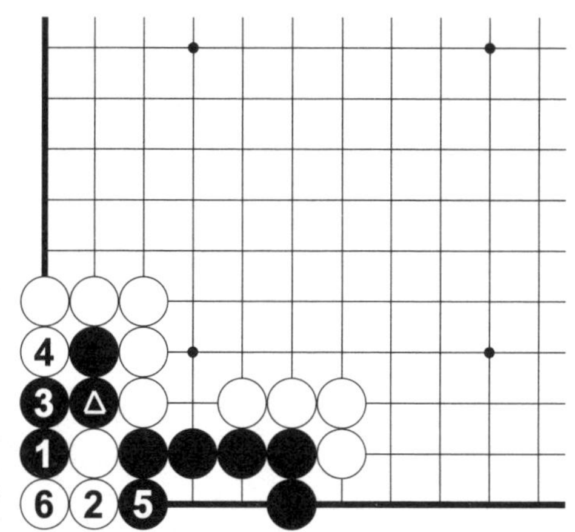

第5题正解　黑1在此方向打吃正确，千万不能在2位打吃，那样的话白棋立形成金鸡独立，黑棋没有后续手段了。白2立，黑3粘，白4打吃，黑5反打，白6提子，黑棋▲处断打将白棋吃回。

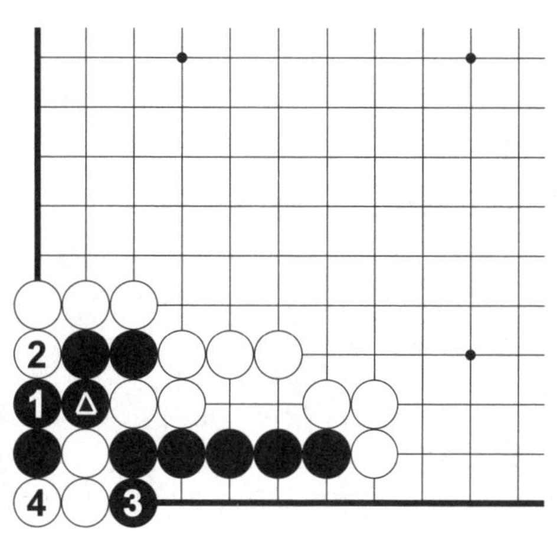

第6题正解　黑1粘，白2打吃，黑3反打，白4提子，黑棋▲处断打将白棋吃回。

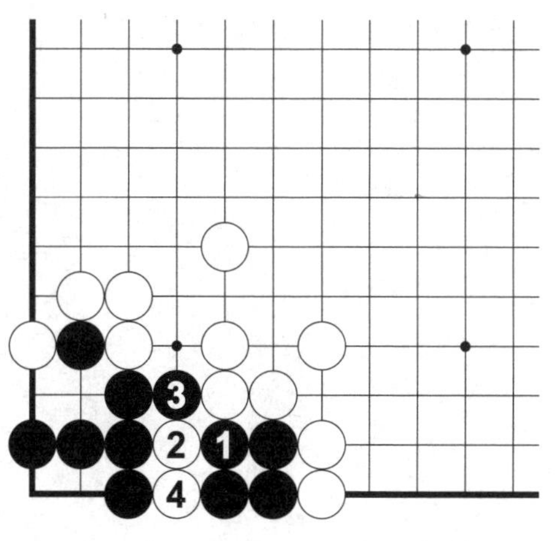

第7题正解　黑1团，白2打吃，黑3不救在上边断打，白4提子，黑棋再在1位将白棋断打吃回。

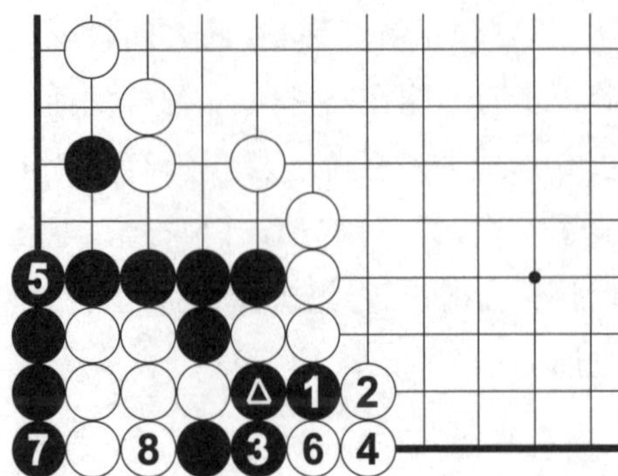

第8题正解　黑1二线爬出，白2挡，黑3粘，之后正常对杀紧气的顺序，至白8提子后，黑棋再在△处断打将白棋吃回。

第二章第九节　宽枷

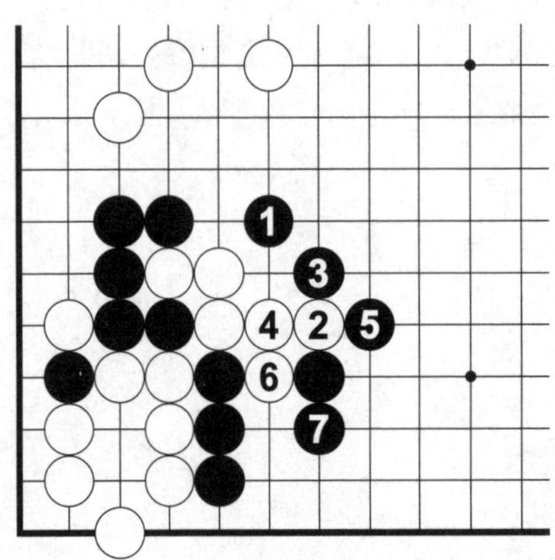

第1题正解　白2靠时黑3夹正确，至白6冲时黑7长加强自身正确，切记不能直接挡，否则断点太多。

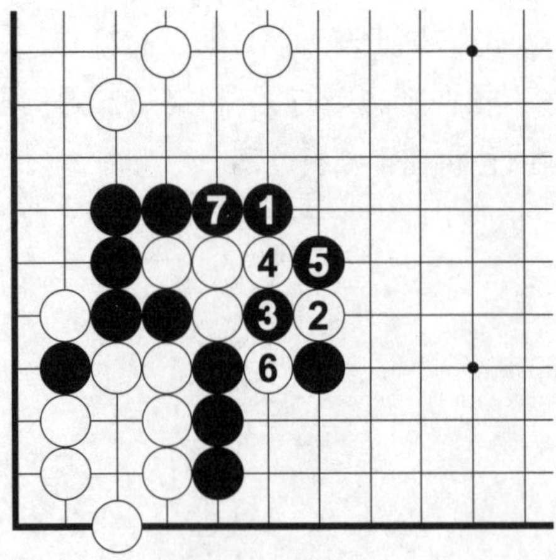

第1题错解　黑3挖不行，至黑7打吃。

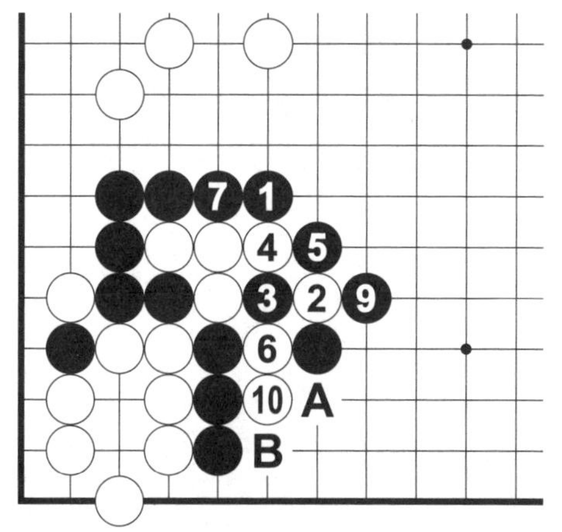

第1题错解　接上图，白8粘，黑9只能在此处打吃，白10长后，黑棋无论在A、B中哪一处打吃都会征吃带响。

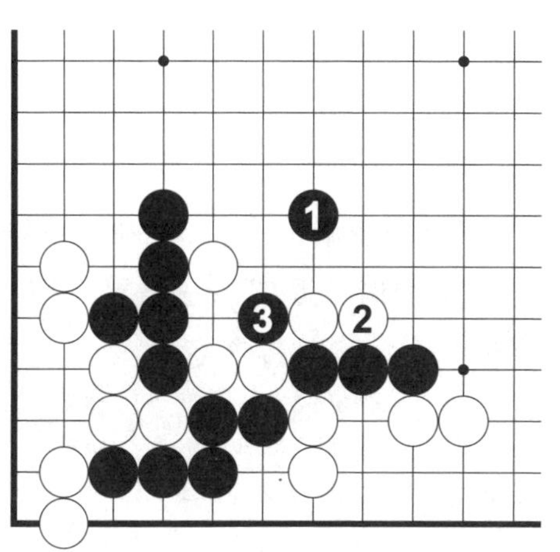

第2题正解　黑1后白2若直接向外长，黑3断打就可以了，因为此时最为重要的是影响黑棋连接的两颗白子。

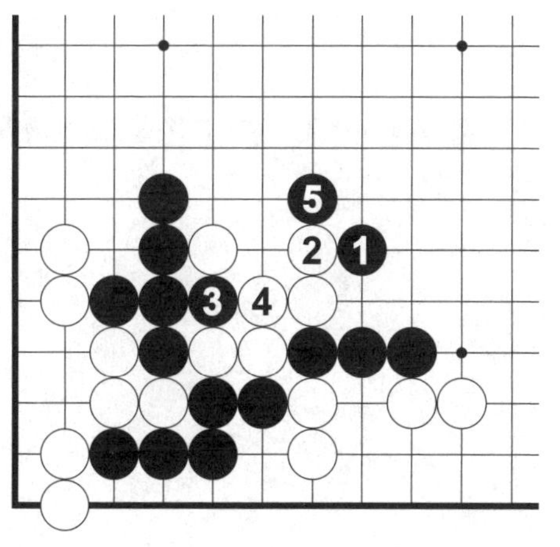

第2题正解　白2顶加强出路并使黑子变弱，黑3先打吃一下重要，至黑5扳，白棋气紧出不去。

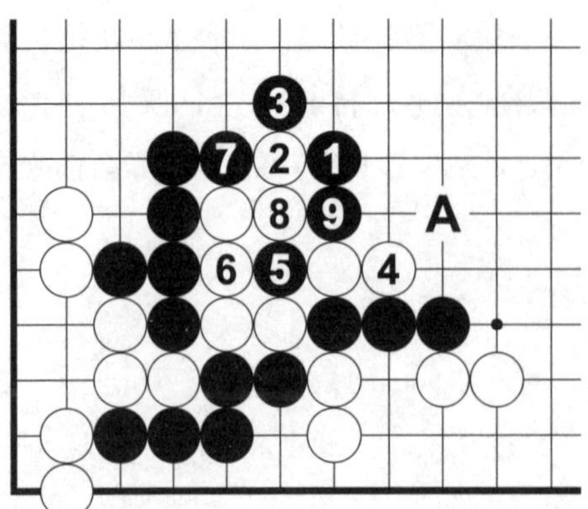

第2题正解　白2尖顶也不行，黑棋依然利用白棋气紧至黑9打吃，白棋若在5位粘，黑棋就在A位枷吃。

第二章第十节　回龙征

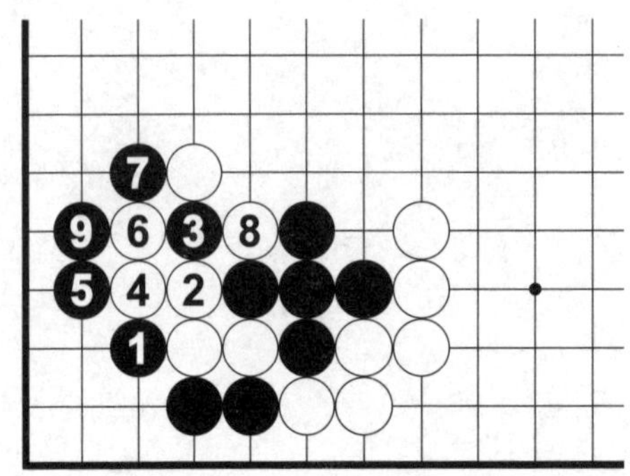

第1题正解　和正常征吃一样进行，当白6时，黑7不要去救黑3一子，直接反打，至黑9打吃。

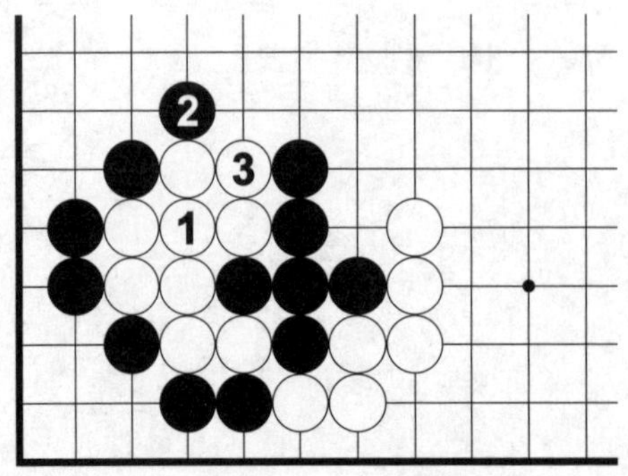

第1题正解　接上图，至黑4征吃。

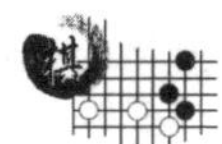

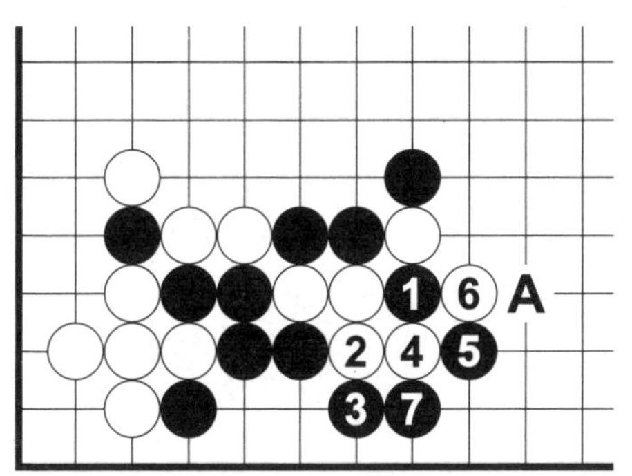

第2题正解　至黑7打吃，白棋若在1位粘，黑棋就在A处征吃。

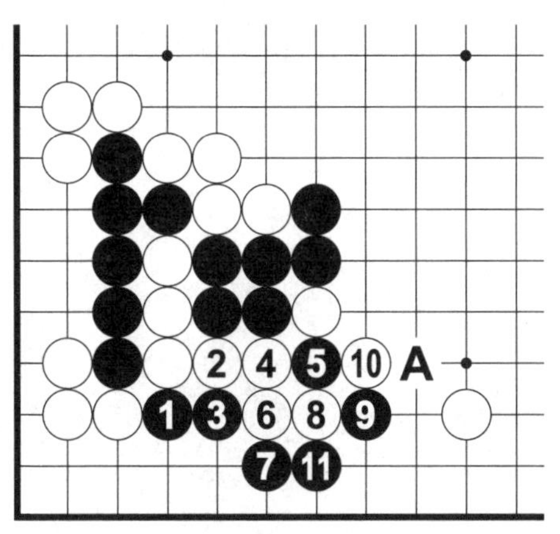

第3题正解　至黑11打吃，白棋若在5位粘，黑棋就在A处征吃。

第二章第十节　宽征

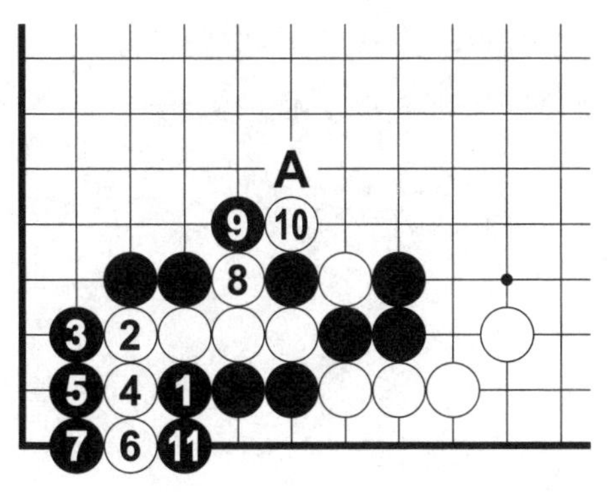

第1题正解　正常进行，至黑11，白棋若粘，黑棋就在A处征吃。

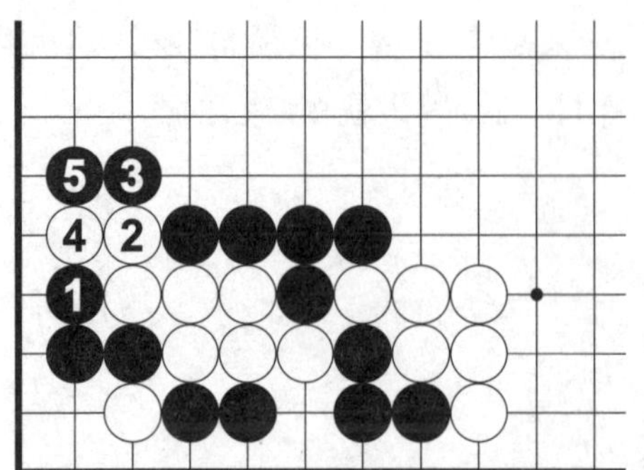

第2题正解　正常进行。

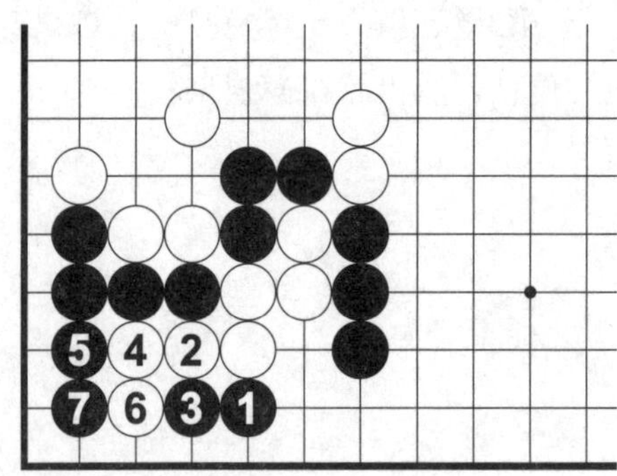

第3题正解　正常进行。

第二章第十一节　连接

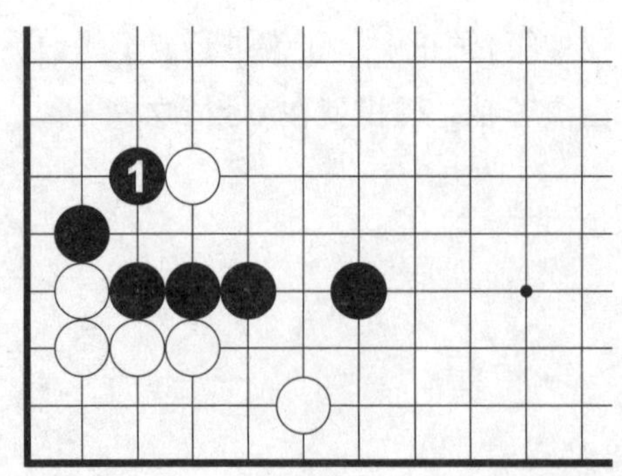

第1题正解　黑1虎防了断点，同时避免形成坏形且使白棋变弱。

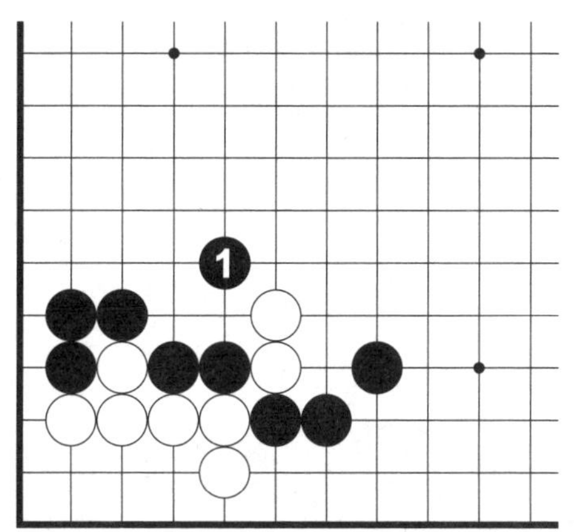

第2题正解　黑1跳，补断点并避免形成坏形。

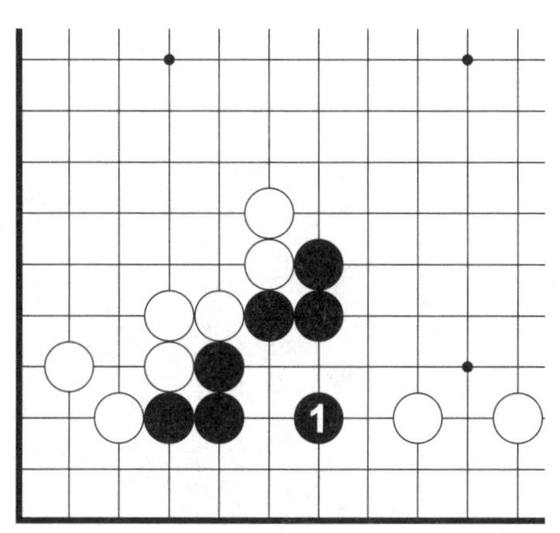

第3题正解　防止被白棋点后形成坏形。

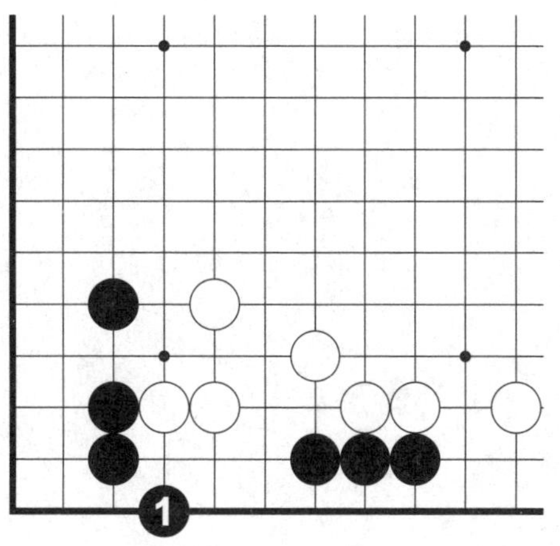

第4题正解　黑1尖渡。

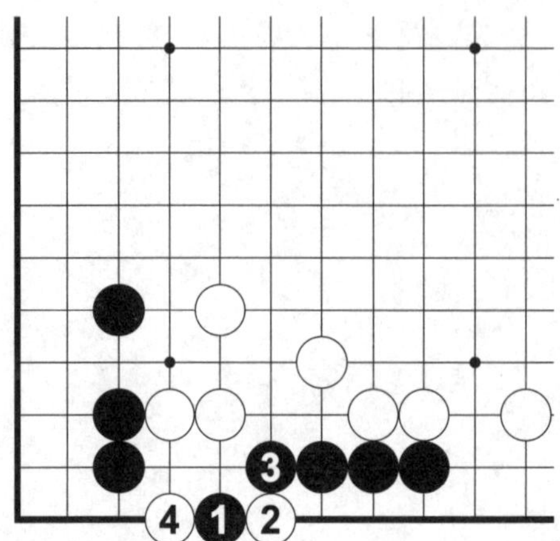

第4题错解　黑1若下在中间，白2、4连贯手段，黑棋不行。

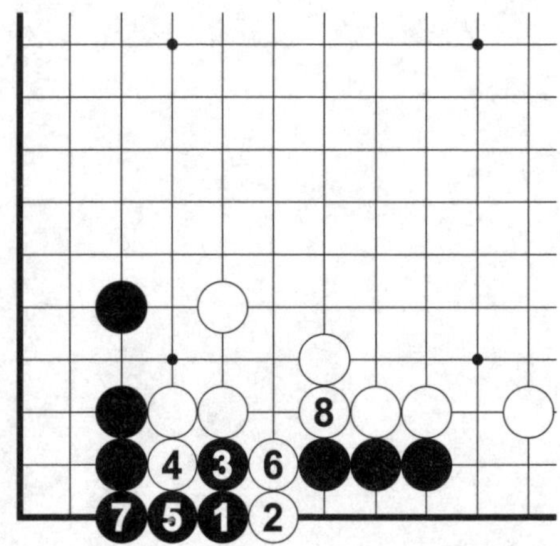

第4题错解　黑3换方式抵抗也不行。

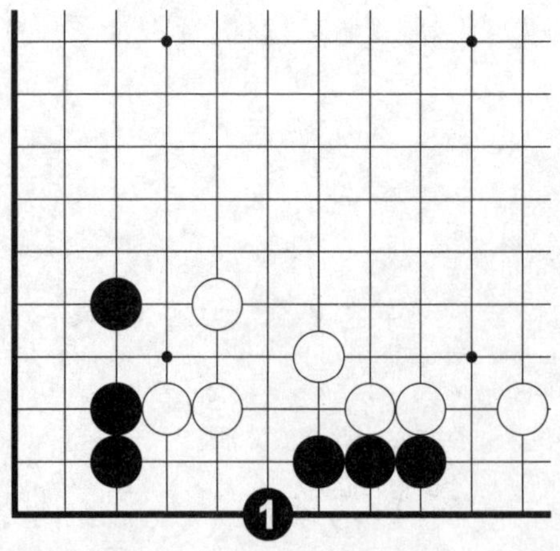

第4题正解　黑1在这一侧尖渡也可。

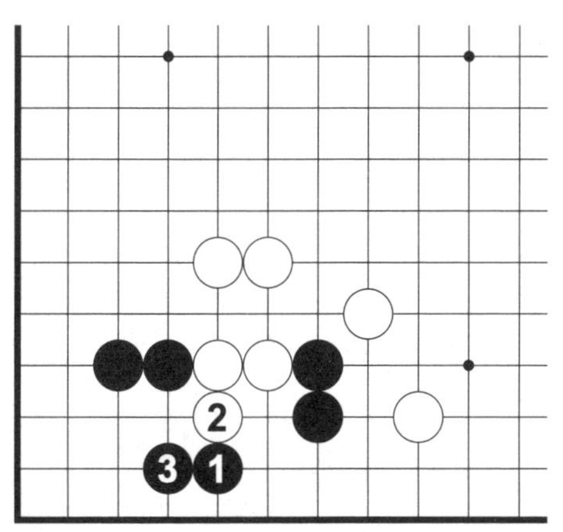

第5题正解　黑1飞渡，白2顶时，黑3退一个正确。

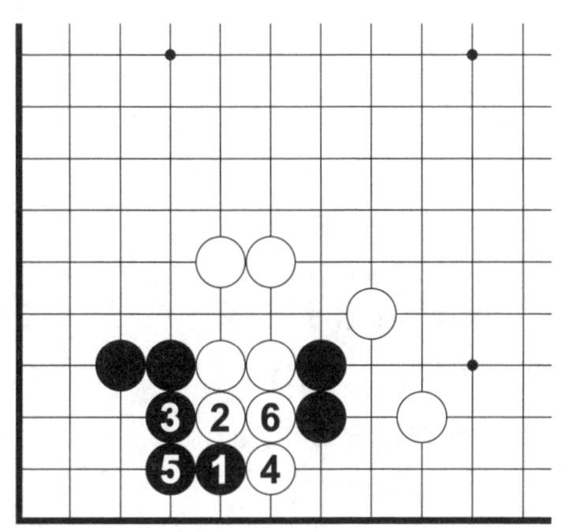

第5题错解　白2时，黑3若直接挡住，至白6黑棋不行。

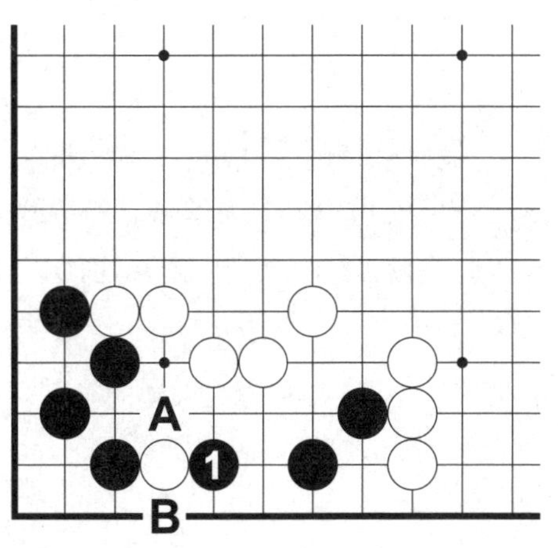

第6题正解　黑1夹渡，之后黑棋在A、B两处二者必得其一。

第二章第十二节　切断

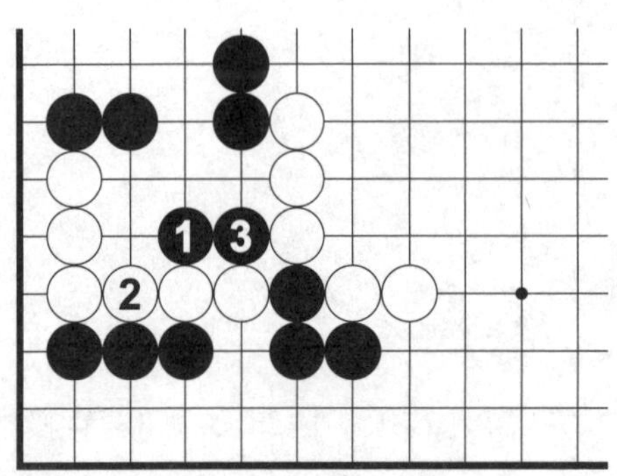

第1题正解　黑1靠，白2粘，黑3断。

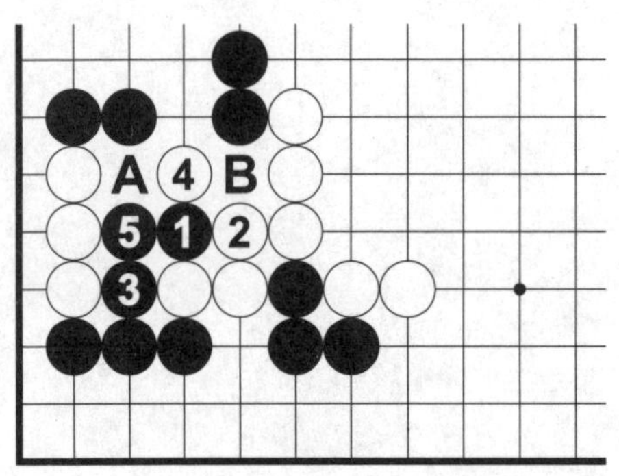

第1题正解　黑1靠，白2若粘在此处，黑3断，白4打吃，黑5粘后黑棋在A、B两处二者必得其一。

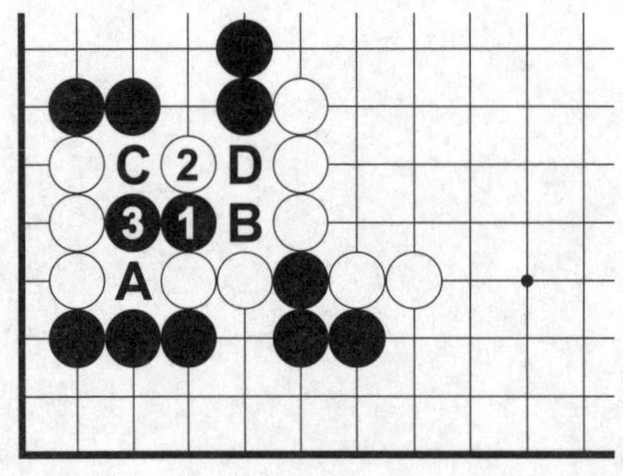

第1题正解　黑1靠，白2若夹，黑3顶一个就可以，之后白A，黑就B；白B，黑就A；白C，黑就D；白D，黑就C。

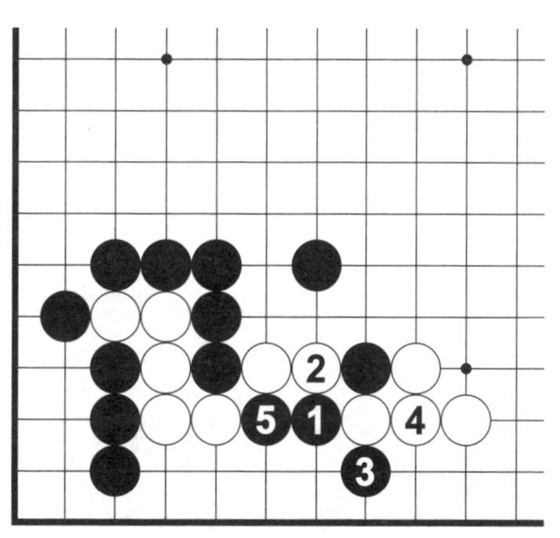

第2题正解　黑1扳，白2断，黑3二线打吃一个重要，白4粘后，黑5再断，角里五颗白棋气数不够。

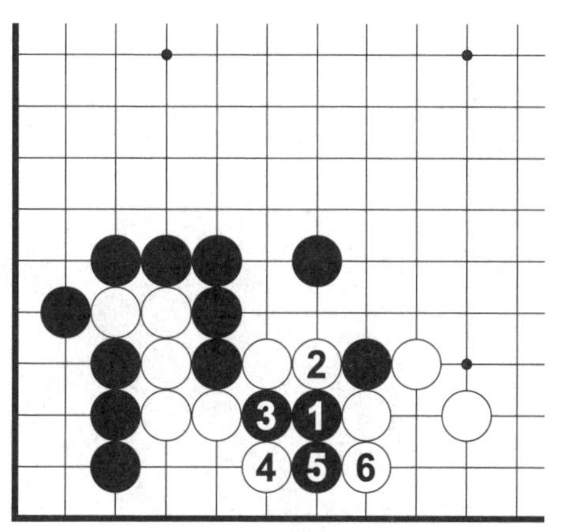

第2题错解　黑3不打吃一下而直接断的话，至白6黑棋被吃。

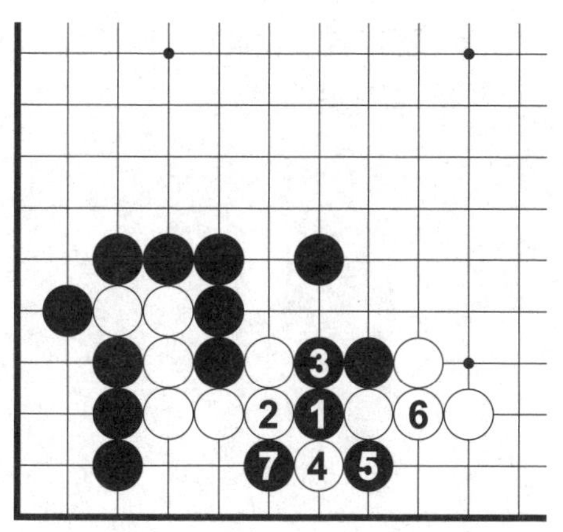

第2题正解　白2粘抵抗也不行。

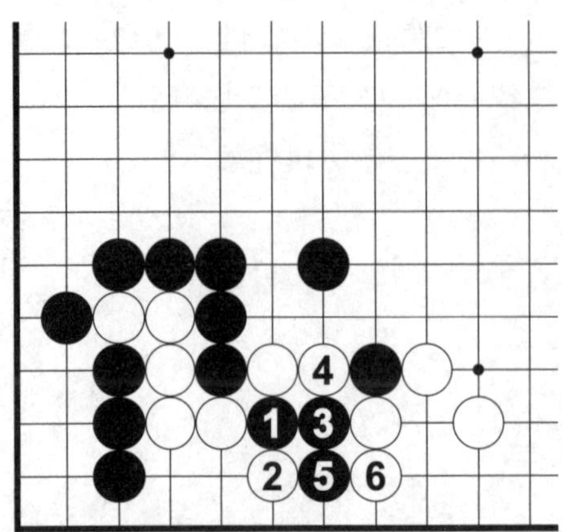

第2题错解　黑1直接去断的话，被吃。

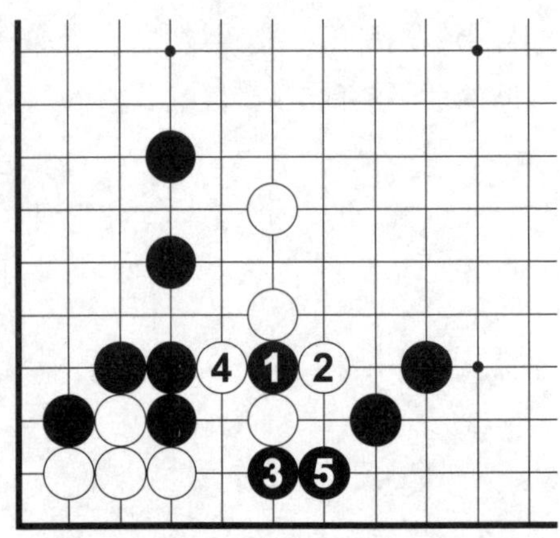

第3题正解　黑1挖，白2打吃，黑3夹断正确，白4提，黑5退，角里白棋被断。

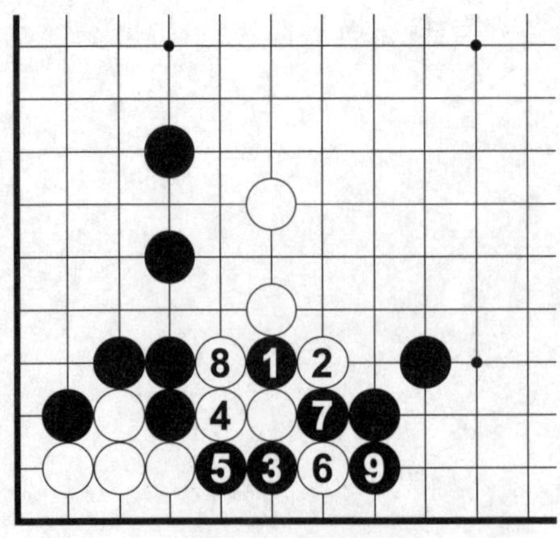

第3题正解　白4换一种抵抗方式也不行，至黑9还是被断。

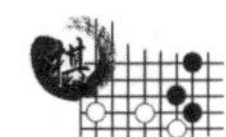

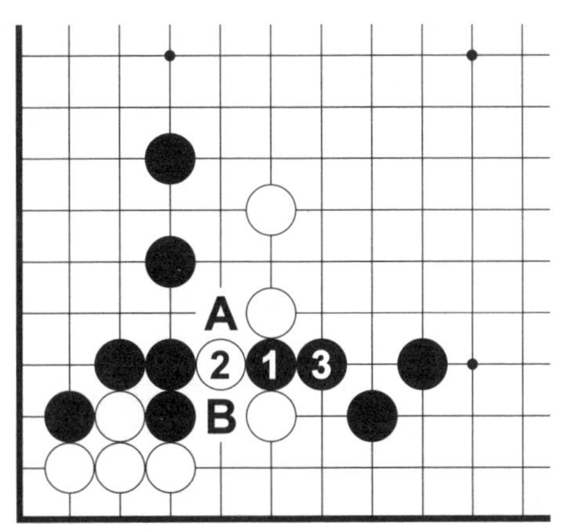

第3题正解　白2换另一侧打吃，黑3长，之后A、B两处黑棋二者必得其一。

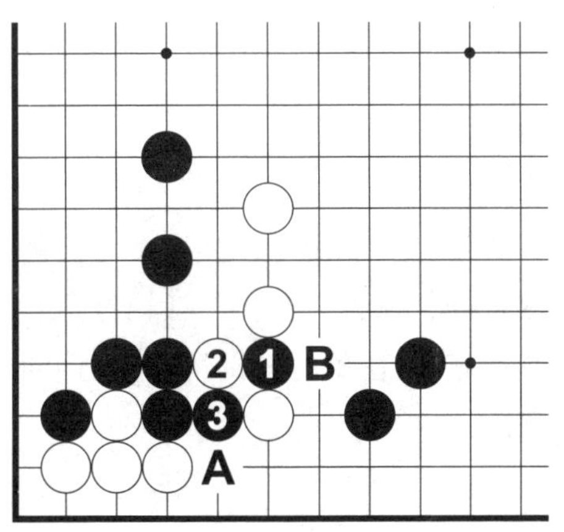

第3题正解　黑3在此处打吃也可，之后也是A、B两处黑棋二者必得其一。

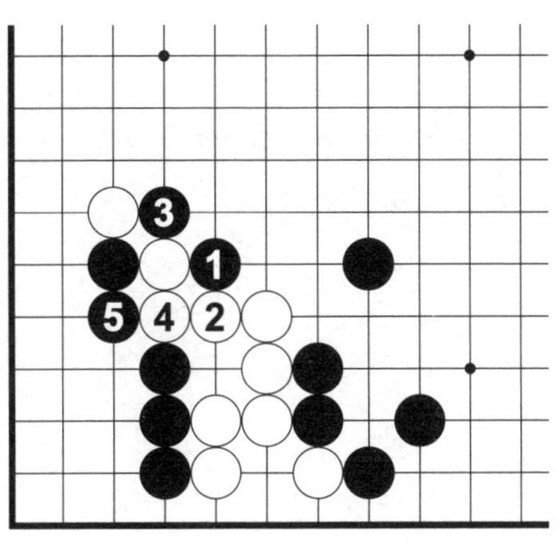

第4题正解　黑1夹，白2挡，黑3在外侧打吃断开白棋与外侧的联系，白4粘，黑5挡保证角里的完整。

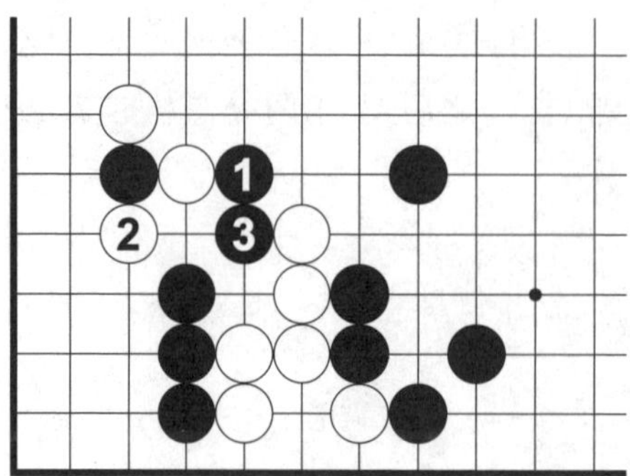

第4题正解　白2先去吃黑棋也不行，黑3连回来就行。

第二章第十三节　弃子

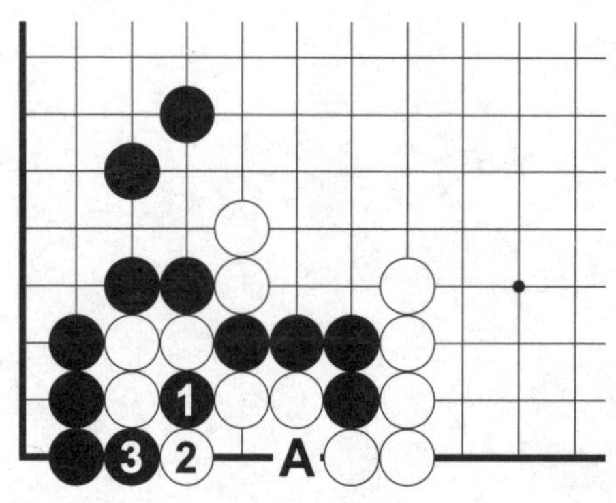

第1题正解　黑1扑去减少白棋的气正确，白2只能提子，黑3打吃后，白棋若在1位粘，黑棋就在A处倒扑即可。

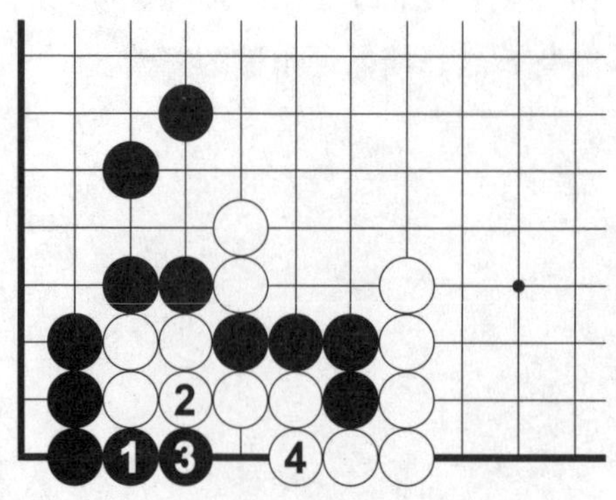

第1题错解　黑1在一线简单打吃不行，白棋无危险。

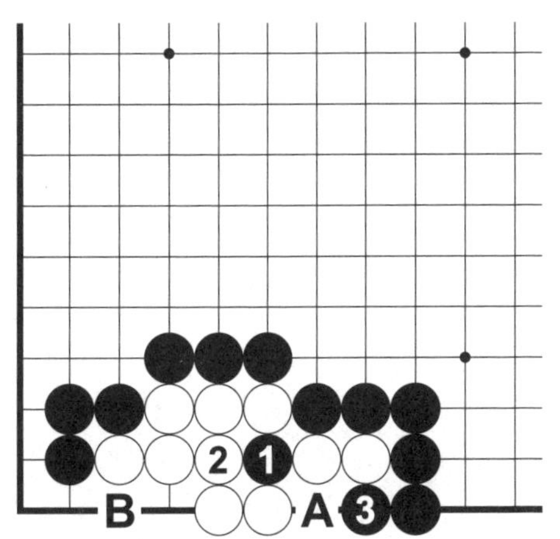

第2题正解　黑1扑重点，白2若提子，黑3冲进去，之后黑棋A处的挤和B处的扳二者必得其一。

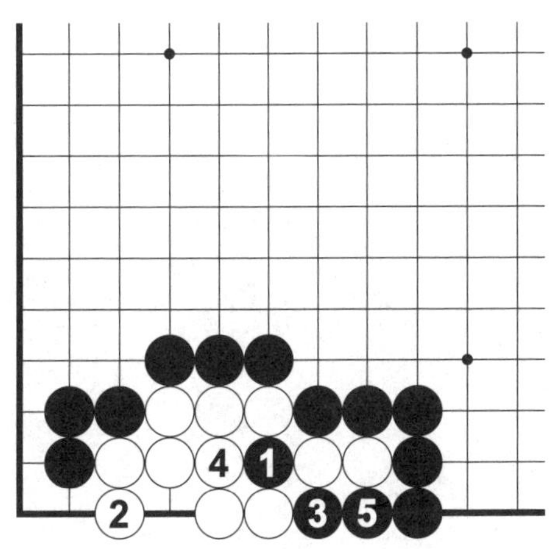

第2题正解　白2若先在一线立做眼，黑3再扑，因为在5位白棋不入气，只能在白4提子，黑5连回黑3一子，白棋无两个真眼。

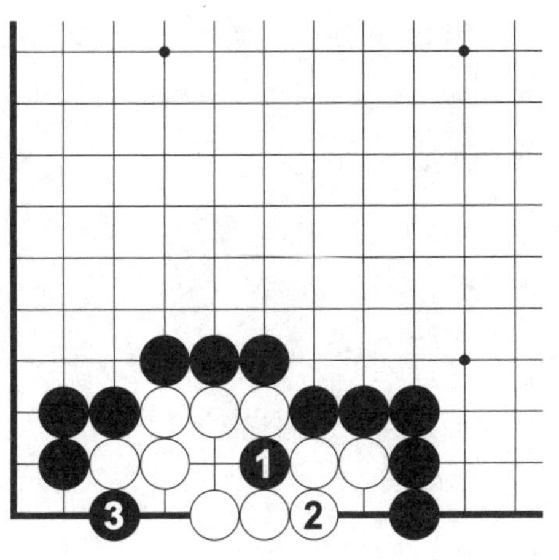

第2题正解　白2先防扑，黑3直接一线扳就可以。

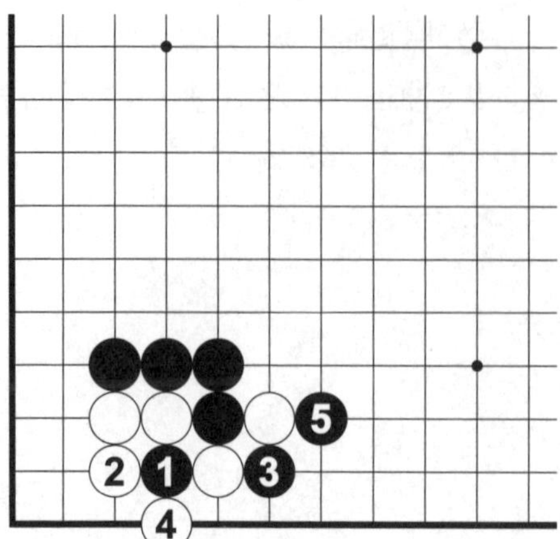

第3题正解　此题分两种情况，即白棋更看重角还是更看重边，所以此题答案分两类。假设白棋会要角，黑1至黑5，黑棋通过弃子获得了外势。

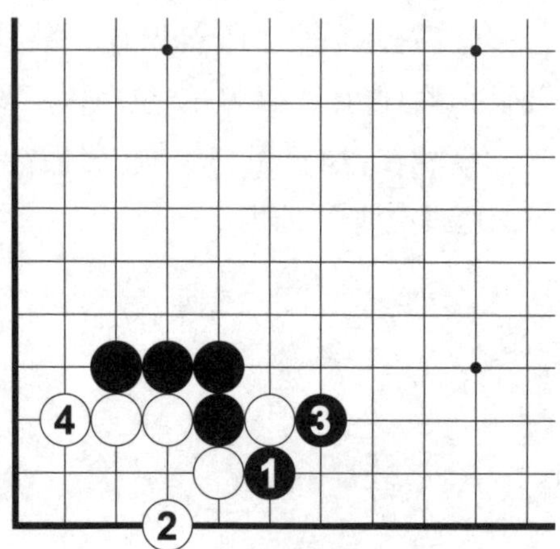

第3题正解　白棋若看重角的话，黑棋也可以不通过弃子直接获得外势。

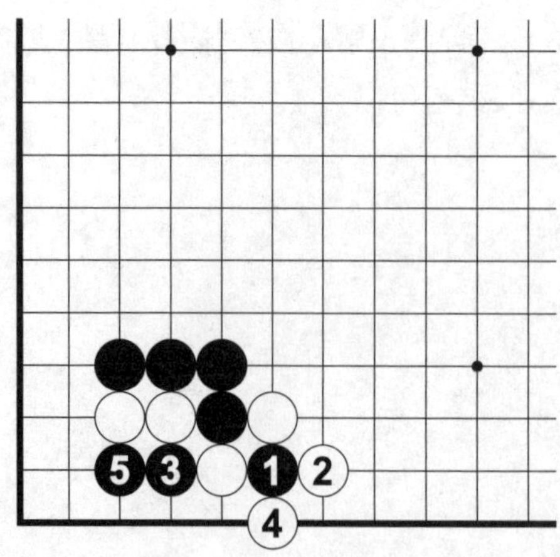

第3题正解　此两解是白棋看中边的发展。黑1至黑5，黑棋通过弃子获得了实地。

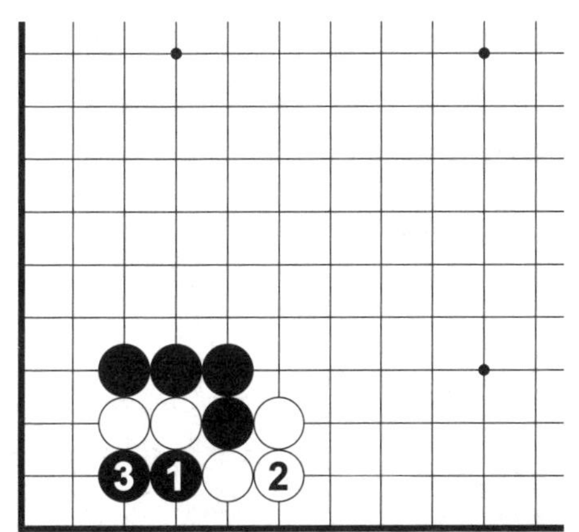

第3题正解　白棋若看重边的话，黑棋一样也可以不通过弃子直接获得实地。

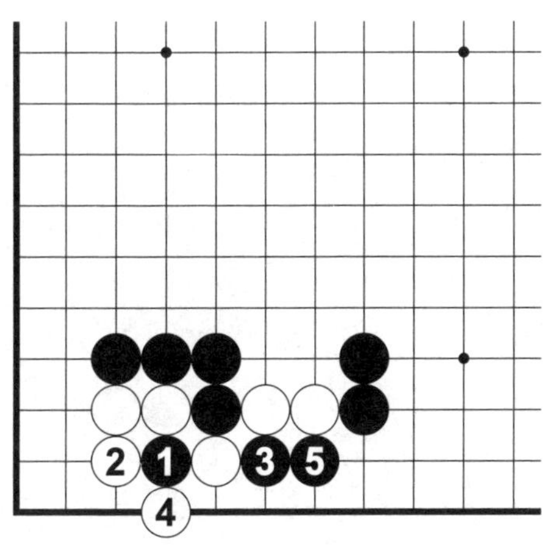

第4题正解　白棋必然会保护角上实地，黑1至黑5，通过弃子将外侧白棋两子吃掉。

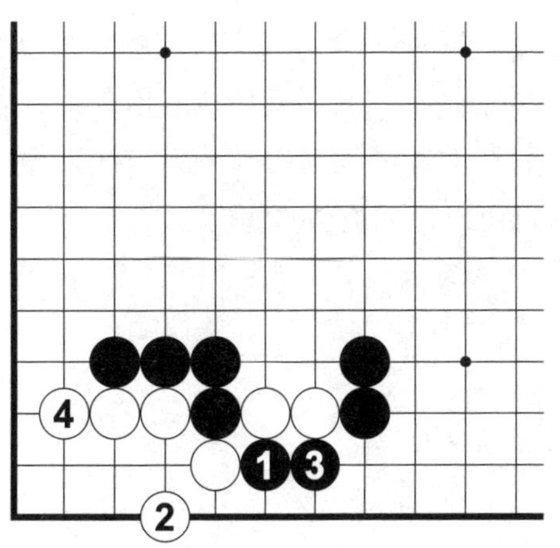

第4题正解　因为白棋一定要角上实地，所以黑棋也可以不通过弃子直接吃掉外侧白棋两子。

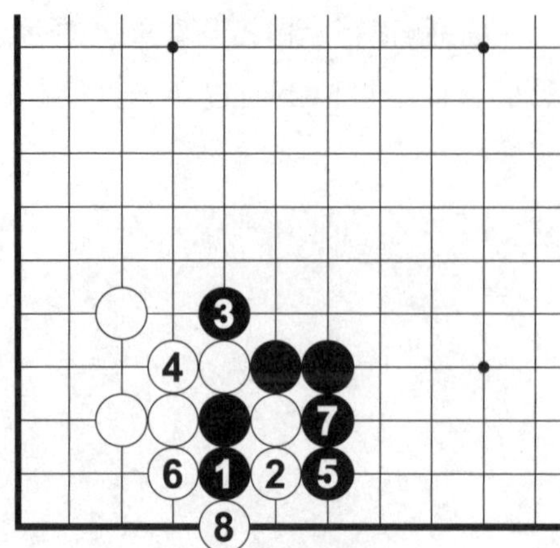

第5题正解　黑1多送一子是重点，黑1立，白2只能在外侧挡住，至黑7后黑棋的3、5、7三子利用先手的权利在外侧构建出了可观的外势。

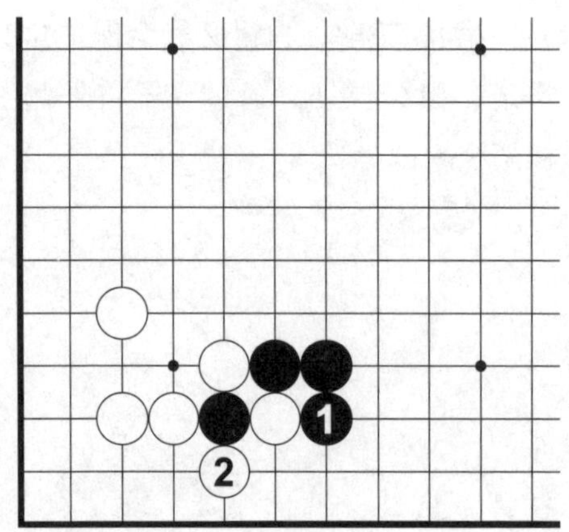

第5题错解　黑1若不多弃子，直接就反打，黑棋的利用机会就少了，外势不如上解。

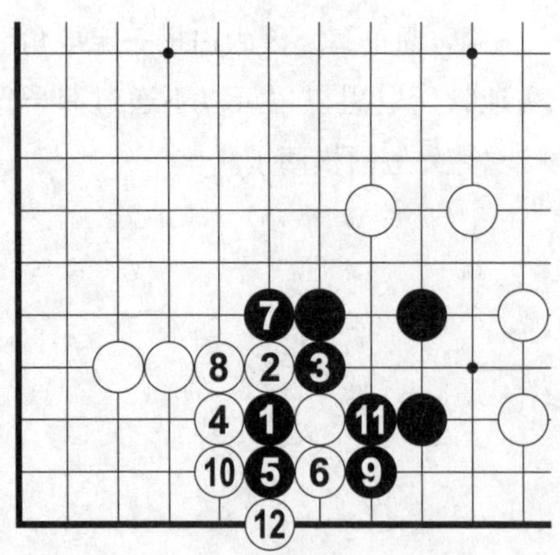

第6题正解　与上题的解法类似，至黑11后，黑棋成功地造出眼位，以后在上方继续逃出和下方二线处做眼都可以，无被杀的危险。

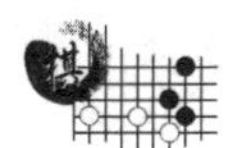

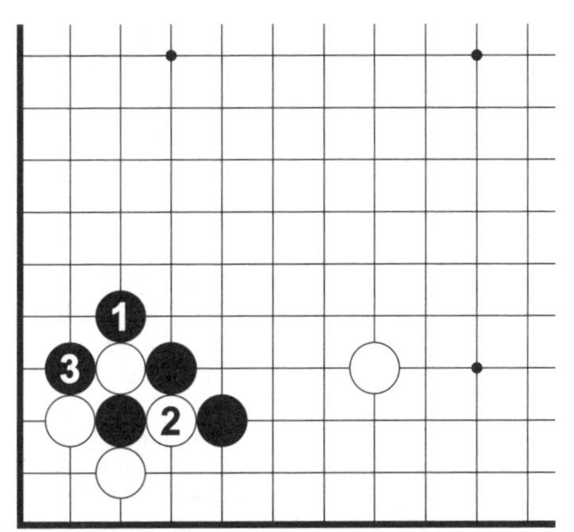

第7题正解　黑1反打正确，白2提子，黑3再打吃。

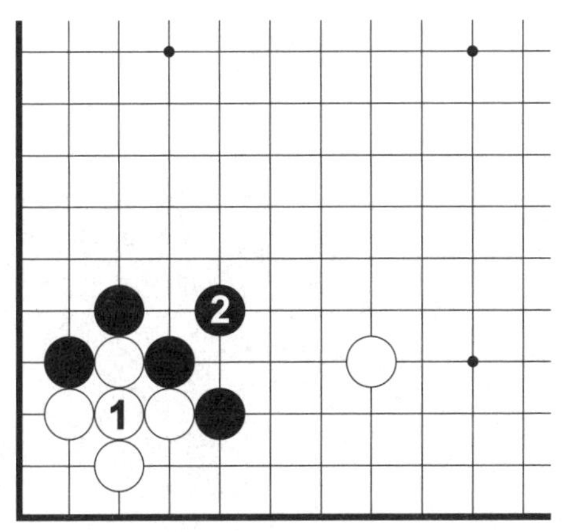

第7题正解　接上解，白1粘，黑2双虎补棋，黑棋成功逃出白棋的夹击，并使白棋角中棋形凝重。

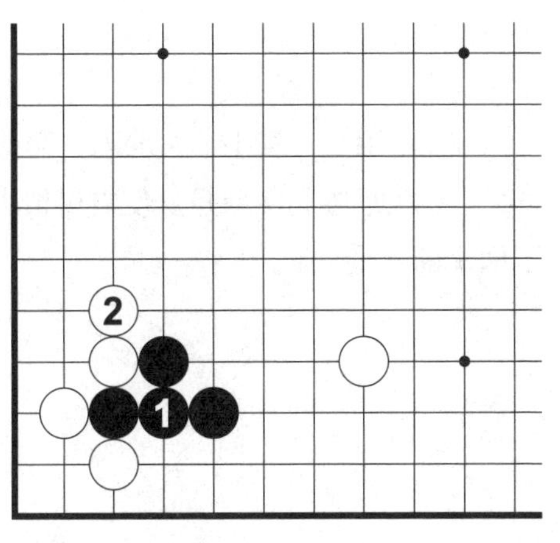

第7题错解　黑棋若不舍得一子选择直接粘的话，白2长后，黑棋形状不好且还在白棋整体的夹击之中。

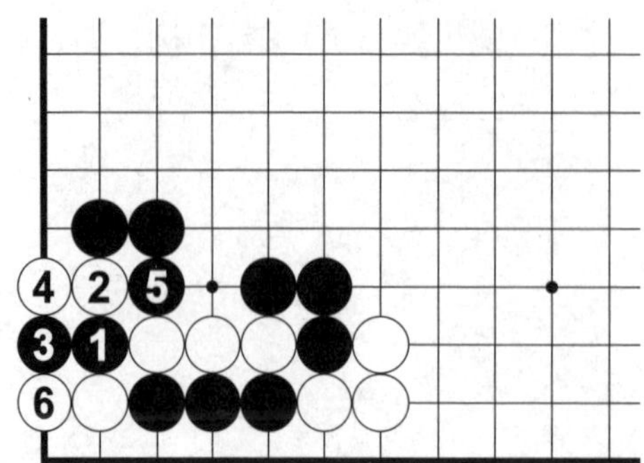

第8题正解　大头鬼。黑1断和黑3立多送很重要，至白6提子正常。

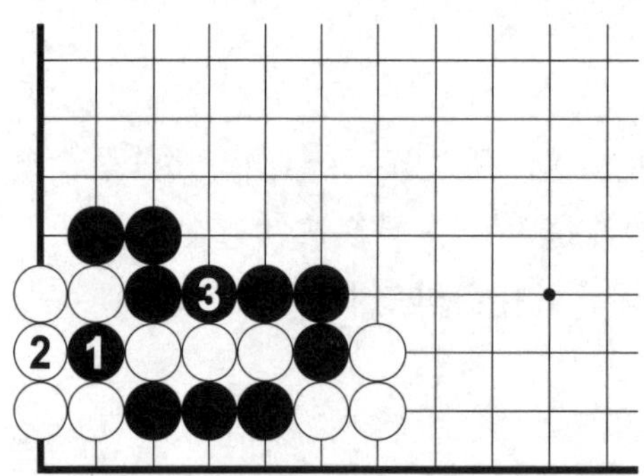

第8题正解　接上解，黑1扑减少白棋气关键，黑3打吃后，白棋粘住，黑棋正常对杀紧气即可。

第二章第十五节　好形与愚形

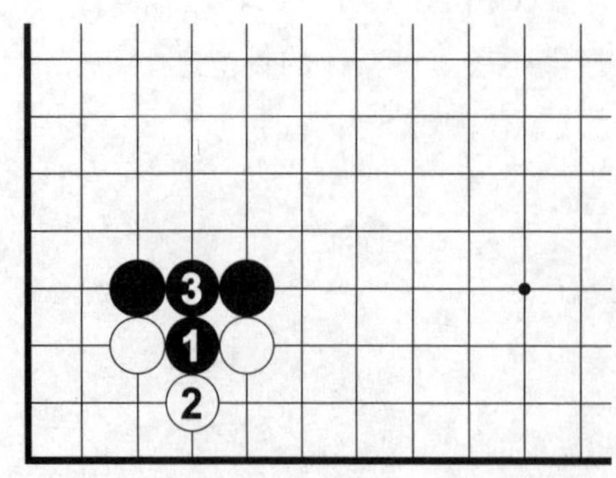

第1题正解　黑1挖入正确，至黑3粘，黑棋加强了自身并且使白棋留下了两个断点的问题。

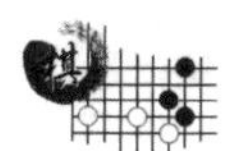

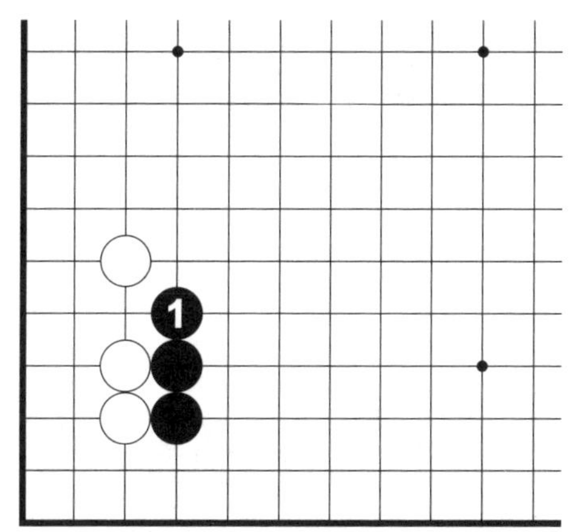

第2题正解　黑1长是双方的要点，此位置黑棋占住避免了自身会被白棋进攻，且暴露了白棋断点的问题。

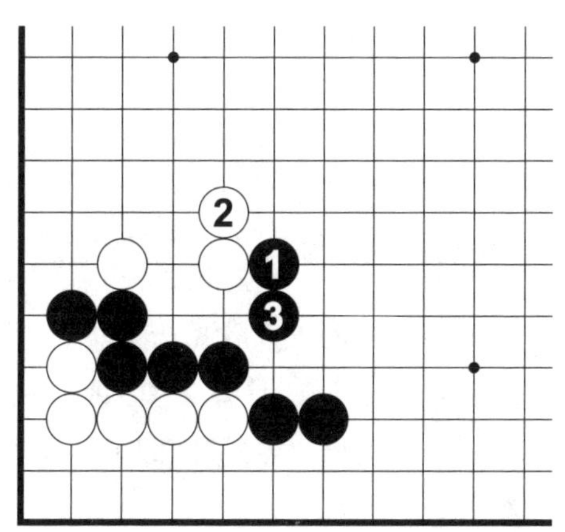

第3题正解　黑1靠，白2只能长加强自身，黑3退回，此两步走完后黑棋成功加强了自身并扩大了逃出的出路。

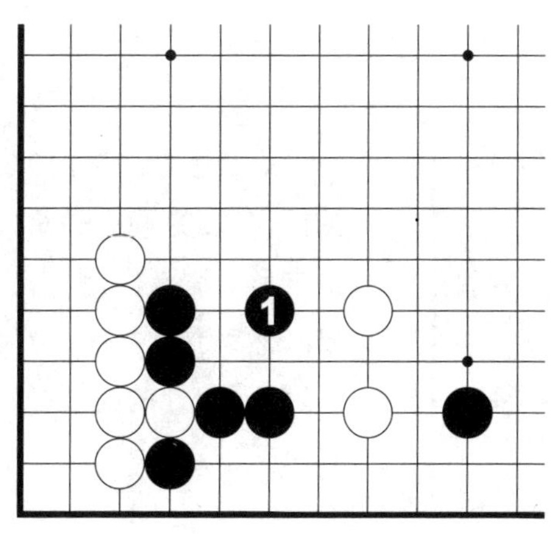

第4题正解　黑1补方，防止白棋点方破坏黑棋棋形。

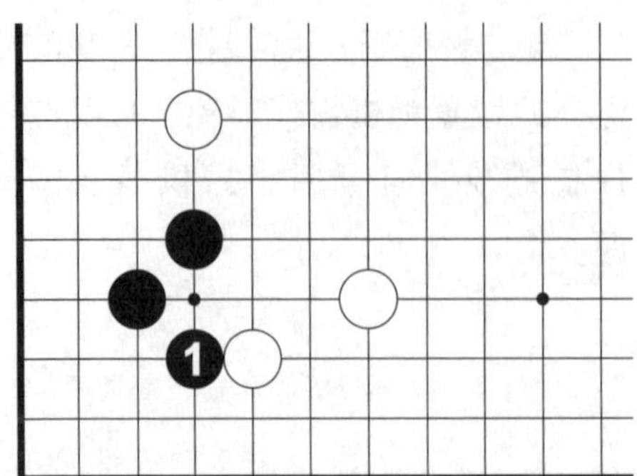

第5题正解　黑1尖顶，建立起眼位的同时对白棋施加压力。

第二章第十六节　打入选点

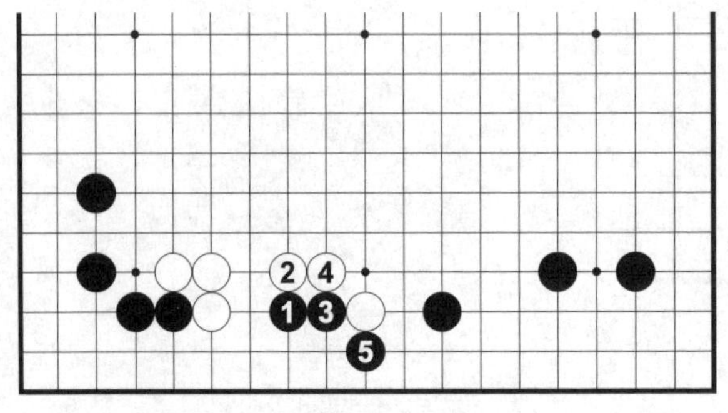

第1题正解　黑1夹进去或者点进去，白2若靠住上边，黑3顶，白4挡，黑5扳回即可。

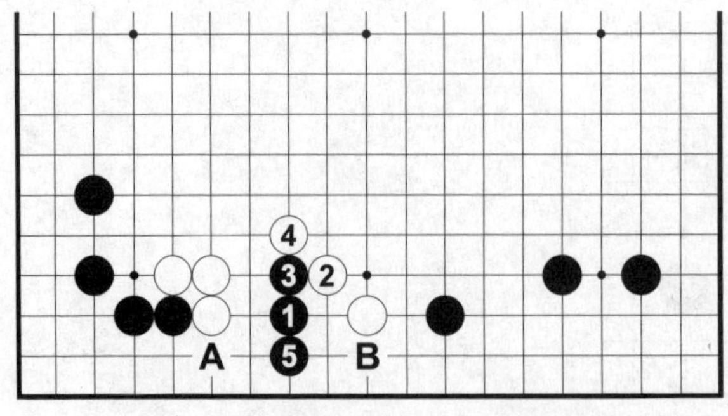

第1题正解　白2尖抵抗，黑3先冲一手给白棋棋形上制造问题，白4挡必然，黑5立后，A处的扳渡和B处的托渡必得其一。

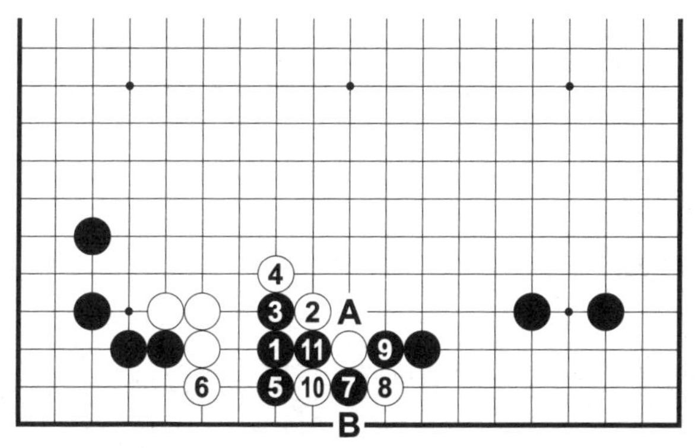

第1题正解　左边的扳渡比较简单，这里讲解一下右边的托渡是怎样连回的。至白6阻渡，黑7托，白8扳挡，黑9断和白10打吃是必然，黑11处的挤双打是重点。此后白棋若A处粘，黑棋则将白10一子提掉即可；白棋若B处提子，黑棋A处双打即可。

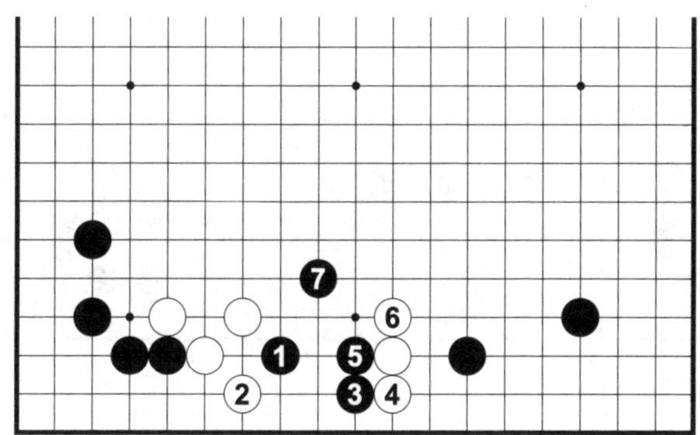

第2题正解　黑1点，白2尖阻渡，黑3二线小飞意图连回，白4挡，黑5贴，白6必须长加强自身，黑7小飞逃出。

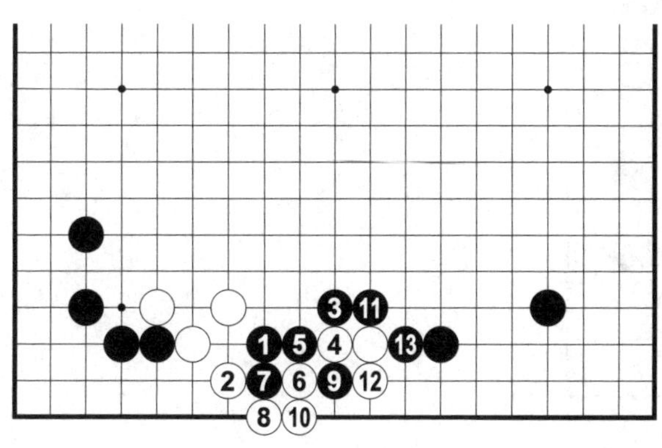

第2题正解　黑3向上方小飞也可，至黑13，黑棋通过弃子从上方连回。

第二章　第十七节　浅消、侵消、侵分

第1题正解　黑1肩冲，白2若挡，黑3跳即可。

第1题正解　黑1肩冲，白2贴，黑3跳即可。

第2题正解　浅消无忧角黑1镇正确，至黑5黑棋成功分断白棋范围。

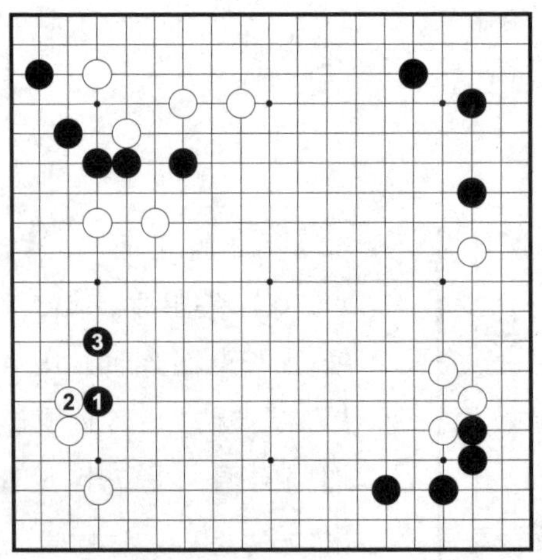

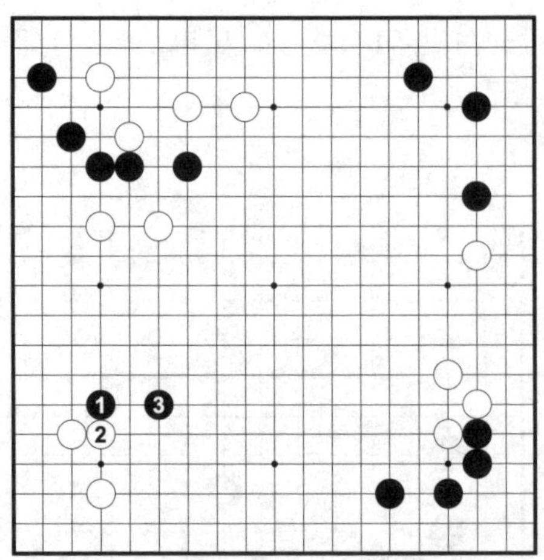

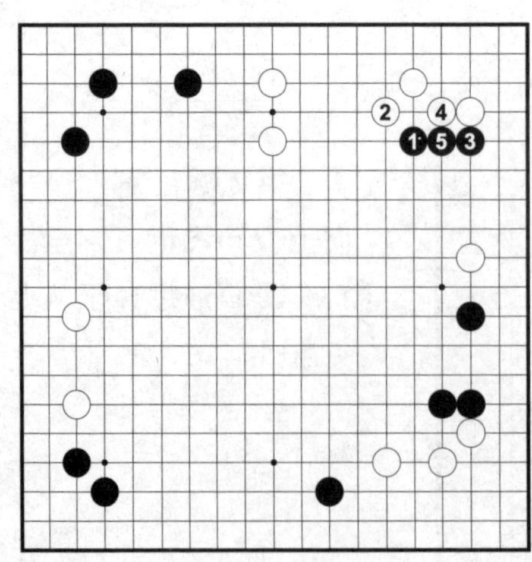

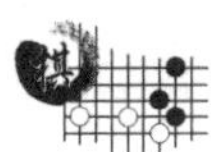

第三章第三节　如何正确收官

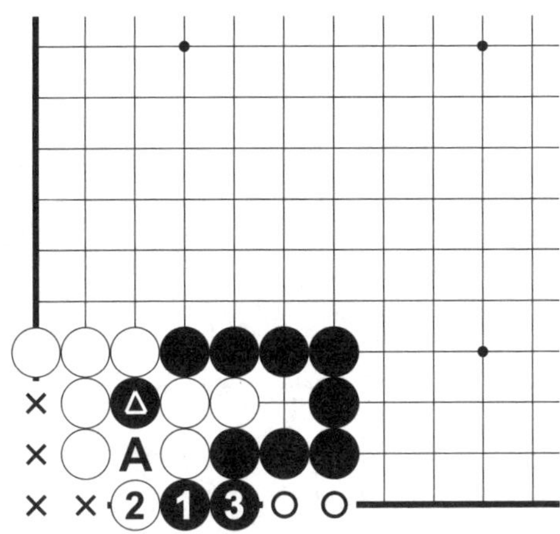

第1题正解　先模拟黑棋先行，黑1至黑3正常进行，黑棋后手。然后查出双方地盘大小，白棋在A处早晚要补一步不能算，所以白棋的地盘是◭死子和×处，共6目；黑棋地盘并不是封闭的，我们这里截取一块，即○处，共2目。

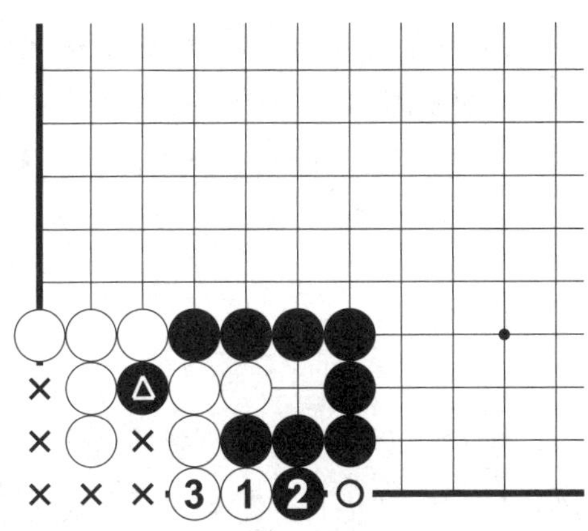

第1题正解　再模拟白棋先行，白1至白3正常进行，白棋后手。然后查出双方地盘大小，白棋的地盘是◭死子和×处，共8目；黑棋地盘我们这里依然截取一块，即○处，共1目。

这里要说明，没有封闭的地盘截取时，必须前后截取的地盘边界是一致的，就是前边过程在哪截取后边也在哪截取，不能任意更改。

另外，官子大小是通过地盘大小的差来计算的，所以虽然没有将整个地盘数出来，但只要截取的地盘边界不变，目数的差是不会改变的。以上两个道理通用，后边不再赘述。

通过以上两个过程，我们得出黑棋地盘是2目和1目；白棋地盘是6目和8目。将两组结果分别做差，得出黑棋地盘差是1目、白棋地盘差是2目。最后再将两个差做和，即3目，所以此官子大小是3目。

综上，此题答案为后手3目官子。

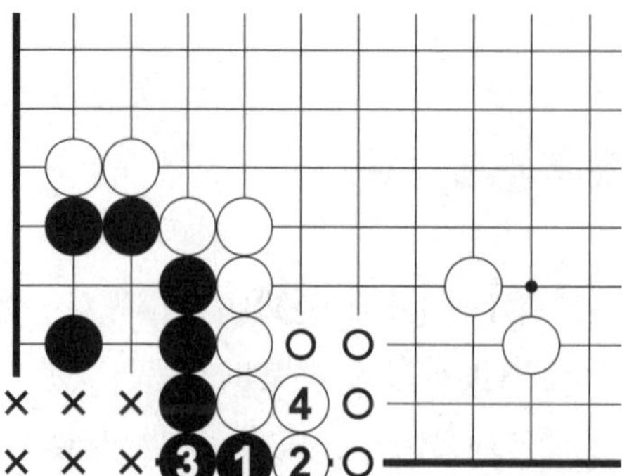

第2题正解　先模拟黑棋先行，黑1至白4正常进行，黑棋先手。然后查出双方地盘大小，黑棋地盘截取×处，共6目；白棋地盘截取○处，共4目。

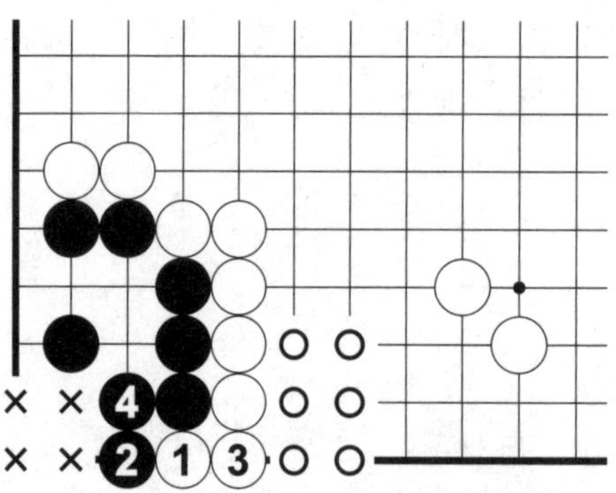

第2题正解　再模拟白棋先行，白1至黑4正常进行，白棋先手。然后查出双方地盘大小，黑棋地盘截取×处，共4目；白棋地盘截取○处，共6目。

通过以上两个过程，我们得出黑棋地盘是6目和4目；白棋地盘是4目和6目。将两组结果分别做差，得出黑棋地盘差是2目、白棋地盘差是2目。最后再将两个差做和，即4目，所以此官子大小是4目。

综上，此题答案为双先4目官子。

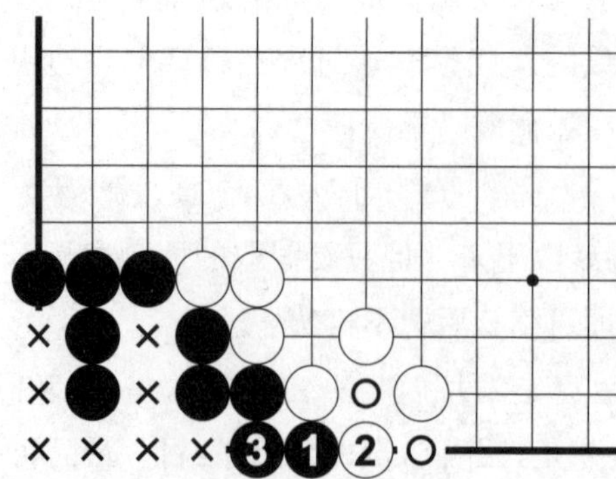

第3题正解　先模拟黑棋先行，黑1至黑3正常进行，黑棋后手。然后查出双方地盘大小，黑棋地盘截取×处，共8目；白棋地盘截取○处，共2目。

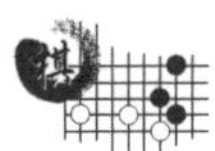

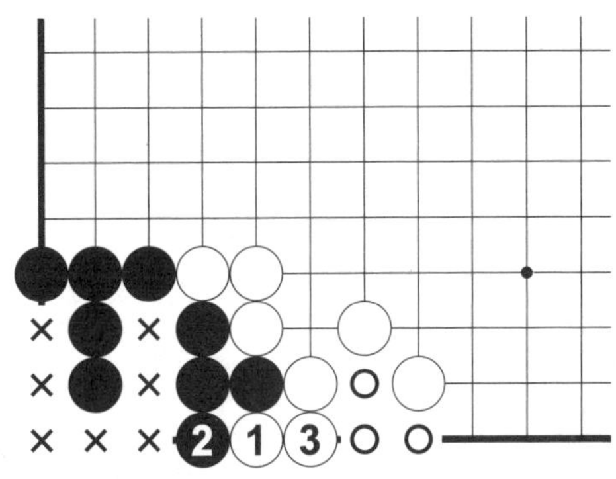

第3题正解　再模拟白棋先行，白1至白3正常进行，白棋后手。然后查出双方地盘大小，黑棋地盘截取×处，共7目；白棋地盘截取○处，共3目。

通过以上两个过程，我们得出黑棋地盘是8目和7目；白棋地盘是2目和3目。将两组结果分别做差，得出黑棋地盘差是1目、白棋地盘差是1目。最后再将两个差做和，即2目，所以此官子大小是2目。

综上，此题答案为后手2目官子。

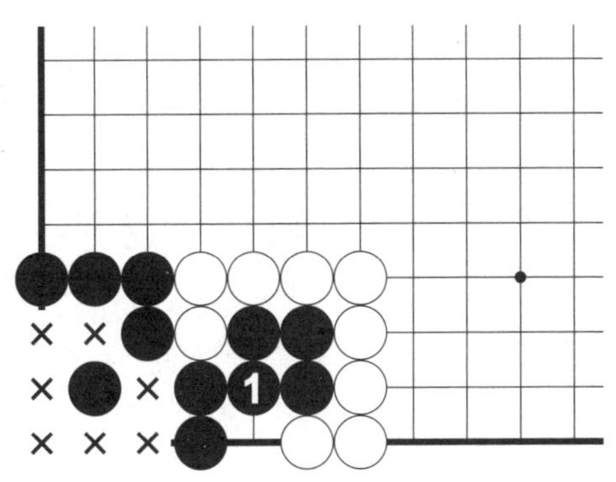

第4题正解　先模拟黑棋先行，黑1粘正常，后手。然后查出双方地盘大小，黑棋地盘截取×处，共7目；白棋地盘没有改变，我们就不再截取算做0即可。

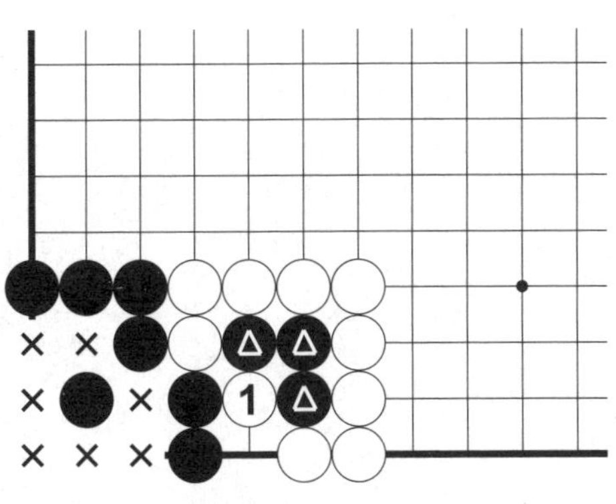

第4题正解　再模拟白棋先行，白1提子正常，后手。然后查出双方地盘大小，黑棋的地盘为×处，共7目；白棋地盘为△死子，共6目。

通过以上两个过程，我们得出黑棋地盘是7目和7目；白棋地盘是0目和6目。将两组结果分别做差，得出黑棋地盘差是0目、白棋地盘差是6目。最后再将两个差做和，即6目，所以此官子大小是6目。

综上，此题答案为后手6目官子。